KB188950

절대긍정의
신학적 실제

절대긍정 시리즈 **3**

절대긍정과 실천신학 개론

절대긍정의
신학적 실제

이영훈 지음

The Theological
Practice of
Absolute Positivity

교회성장연구소

Contents

Part 2 절대긍정의 기도(1): 삼위일체형 기도

Part 3 절대긍정의 기도(2): 4차원 영성형 기도

Part 4 절대긍정의 실제 영역: 오중긍정

Part 5 절대긍정의 삼중훈련

The Theological
Practice of
Absolute Positivity

Prologue

 기독교 신앙과 신학의 가장 중요한 출발점은 하나님은 '절대긍정의 좋으신 하나님'이라는 사실입니다. 좋으신 하나님은 만물과 인간을 창조하시고 "보시기에 심히 좋았더라"창 1:31고 말씀하시며 세상과 인간에 대해 긍정하셨습니다.

 또 하나님은 피조물인 인간이 교만과 불순종으로 죄를 짓고 타락하였음에도 불구하고 예수 그리스도의 십자가를 통하여 절대절망에 빠진 인간에 대해 절대긍정과 절대희망의 사랑과 은혜를 나타내셨습니다. 예수님의 십자가를 통해 나타난 좋으신 하나님의 절대주권과 절대사랑, 그리고 이에 대한 절대적인 믿음은 절대긍정의 신앙과 신학의 가장 중요한 기초가 된다고 볼 수 있습니다.

 저는 『절대긍정의 기적』교회성장연구소, 2023이라는 책에서 우리의 인생과 신앙에서 긍정지수PQ, Positivity Quotient가 아주 중요하다는 점을 제시했습니다. 긍정지수PQ가 높을수록 삶과 신앙의 행복도와 성취도가 높기 때문입니다. 그런데 절대긍정의 영성과 긍정지수를 높이도록 훈련하려면 절대긍정에 대한 신학적 이해가 필요합니다. 그래서 이번에 절대긍정의 신학에 대한 개론서를 펴내게 되었습니다. 이 책은 절대긍정의 신학을 모두 2권으로 나누어 조직신학적 체계와 실천신학적 체계로 다루었습니다.

제1권에서는 절대긍정 신학적 기초를 신론, 기독론, 성령론, 교회론과 연결하여 다루었습니다. 제2권에서는 절대긍정 신학적 실제를 절대긍정의 믿음과 예배, 절대긍정의 기도, 절대긍정의 적용과 훈련, 그리고 절대긍정의 하나님 나라 사역으로 나누어 소개하였습니다. 각 파트마다 10개의 절대긍정 신학지수TQ, Theology Quotient 체크 리스트를 실어, 모두 140개의 체크 리스트를 통하여 절대긍정 신학지수TQ를 측정하도록 하였습니다. 올바른 신학적 기초는 올바른 교회 사역과 목회와 신앙의 발전에 좋은 등불밝은 빛이 될 수 있습니다.

이 책과 더불어 『절대긍정 신학 수업』이라는 교재도 출판했습니다. 주제별로 신학 내용을 요약했고, 성경공부와 묵상 및 적용을 담은 교재입니다. 교회의 소그룹 훈련이나 신학교 등에서 사용하면 효과적일 것입니다. 이 책들을 통해 절대긍정의 신학과 영성으로 무장하여 여러분의 신앙과 사역이 더 업그레이드가 되시길 소망합니다. 이제 저와 함께 절대긍정 신학 여행journey을 출발할 준비가 되셨습니까?

여의도순복음교회 담임목사

이 영 훈

"

믿음이 없이는 하나님을

기쁘시게 하지 못하나니

하나님께 나아가는 자는 반드시 그가 계신 것과

또한 그가 자기를 찾는 자들에게

상 주시는 이심을 믿어야 할지니라

히브리서 11장 6절

"

Part

1

—

절대긍정의
믿음

—

Intro

믿음이란 하나님과 하나님의 말씀을 전적으로 신뢰하는 것이다. 하나님을 신뢰한다는 것은 하나님이 좋으신 창조주 하나님이시며 절대주권을 가진 분임을 믿는 것이다. 또 하나님의 전능하심과 전지하심과 무소부재하심과 그 권능을 믿는 것이다. 무엇보다 하나님의 선하신 인격과 절대적인 사랑을 믿는 것이다. 우리가 이렇게 하나님의 권능과 인격을 믿을 수 있는 것은 하나님의 계시된 말씀을 통해서이다. 그러므로 하나님의 계시된 말씀을 믿고 순종하며 예배하고 감사하는 것은 절대긍정의 믿음의 본질이다.

Chapter
01

절대긍정
믿음의 본질

    절대긍정의 믿음은 어떤 상황에서도 하나님을 신뢰하며 그분의 신실하심과 선하심을 믿고 순종하는 것을 의미한다.[1] 절대긍정의 믿음은 하나님 말씀에 대한 절대긍정과 절대순종으로 나타난다. 히브리서 저자는 "믿음은 바라는 것들의 실상이요 보이지 않는 것들의 증거"히 11:1라고 정의하고 있다. 다시 말해 믿음은 비록 보이지 않지만, 그것이 마치 존재하는 것처럼 보는 것을 의미한다. 어떻게 그럴 수 있는가? 하나님이 말씀으로 만물을 창조하시고 말씀으로 역사하시고 존재하시기 때문이다. 성경은 절대긍정의 믿음으로 승리의 삶을 살아간 사람들의 이야기로 가득하다.

---

1   알리스터 맥그래스, 『기독교 기초신학』, 박태수 역 (서울: CLC, 2016), 42-43, 178-179.

1. 아브라함의 절대긍정 믿음

아브라함이 하나님을 알지 못할 때, 여호와야훼 하나님은 그를 택하여 부르셨고 그는 하나님의 말씀에 순종하였다.

"너는 너의 고향과 친척과 아버지의 집을 떠나 내가 네게 보여 줄 땅으로 가라"_창세기 12:1

하나님은 아브라함이 어디로 가야할지, 그가 앞으로 무엇을 해야할지에 대해 아무것도 알려주지 않았다. 다만 "떠나라"고 말씀하시며 그에게 큰 민족을 이루고 복을 주겠다고 약속하셨을 뿐이다창 12:2-3.

아브라함의 아내 사라는 이미 여성으로서 생산능력이 상실된 상태였다창 18:11. 그러나 아브라함은 하나님의 약속을 의심하지 않았다. 사라는 자신의 몸과 눈에 비친 현실을 바라보았지만, 아브라함은 현실 너머 절대긍정의 하나님과 그분의 약속의 말씀을 바라보았기 때문이다. 아브라함은 절망적인 상황 가운데 있었지만 하나님의 약속을 의심하지 않았다. 결국 하나님께서는 그에게 아들 이삭을 주셨고 하나님의 약속은 성취되었다.

사도 바울은 나중에 그의 선조 아브라함의 순종을 다음과 같이 칭찬한다. "기록된 바 내가 너를 많은 민족의 조상으로 세웠다 하심과 같으니 그가 믿은 바 하나님은 죽은 자를 살리시며 없는 것을 있는 것으로 부르시는 이시니라"롬 4:17 아브라함이 믿는 하나님은 없는 것을 있는 것으로 부르시는 분이시기에, 그는 하나님의 말씀을 의심하지 않고 기꺼이 그 말씀에 순종할 수 있었던 것이다.

그러나 아브라함의 믿음의 순종은 여기서 그치지 않는다. 100세에 낳은 귀한 독자 이삭을 하나님께서는 번제로 바치라고 명하셨기 때문이다. 그런데 성경에 보면, 그는 다음 날 아침 일찍 일어나 하나님께서 지시한 모리아 산으로 그의 아들 이삭과 함께 떠났다창 22:3. 아브라함이 하나님 말씀에 대해 절대순종할 수 있었던 것은, 그에게는 좋으신 하나님을 향한 절대긍정의 믿음이 있었기 때문이다.[2] 어떠한 상황 가운데서도 말씀하신바 약속을 성취하시는 하나님을 절대적으로 신뢰하였기 때문이다. 이는 아브라함의 고백을 통하여 분명히 알 수 있다.

"이에 아브라함이 종들에게 이르되 너희는 나귀와 함께 여기서 기다리라 내가 아이와 함께 저기 가서 예배하고 우리가 너희에게로 돌아오리라 하고"_창세기 22:5

여기서 우리가 눈여겨보아야 할 부분은 '함께'와 '우리'라는 표현이다. 아브라함이 이삭과 함께 다시 돌아올 것을 종들에게 말하고 있기 때문이다. 하나님 말씀에 순종하여 아들 이삭을 제물로 바치러 가는데 아이와 함께 돌아오겠다고 말한다. 이 부분을 이해하고 해석하는데 있어서 히브리서 저자의 증언이 중요하다.

---

2   이영훈, "아브라함의 믿음", 여의도순복음교회 주일예배설교(2023. 10. 29).

"그에게 이미 말씀하시기를 네 자손이라 칭할 자는 이삭으로 말미암으리라 하셨으니 그가 하나님이 능히 이삭을 죽은 자 가운데서 다시 살리실 줄로 생각한지라 비유컨대 그를 죽은 자 가운데서 도로 받은 것이니라"_히브리서 11:18-19

이 구절에서 아브리함은 하나님께서 이삭을 죽은 자 가운데서 다시 살리실 것으로 믿었음을 알 수 있다. 왜냐하면 하나님께서 약속의 성취로 주신 아들이 바로 이삭이었기 때문이다. 아브라함은 하나님의 말씀을 절대적으로 신뢰했던 것이다. 아브라함이 믿음의 여정 가운데 실수도 있었지만 그때그때마다 그는 좋으신 하나님의 은혜를 체험하였고 하나님의 절대주권을 배울 수 있었다. 아브라함은 자신의 허물과 연약함 가운데서도 약속을 성취해 가시는 하나님을 통해 하나님께 대한 절대긍정의 믿음을 배우고 실천한 인물이었다.

2. 믿음의 명예의 전당 인물들

절대긍정의 믿음의 사람은 비단 아브라함뿐만이 아니다. 아벨, 에녹, 노아, 이삭, 야곱, 요셉, 모세 등 히브리서 저자에 따르면 성경의 수많은 인물이 믿음의 경주를 완주하고 믿음의 명예의 전당에 자신의 이름을 올렸다. 히브리서 저자는 이 외에도 기드온, 바락, 삼손, 입다, 다윗, 사무엘, 그리고 선지자들의 일을 다 말하려면 시간이 모자랄 정도라고 말하면서히 11:32, 절대긍정의 믿음을 가졌던 수많은 사람이 있다고 말한다. 그러면서 믿음의 인물들을 본받아 우리도 믿음의 경주를 잘해야 한다고 권면한다.

> "이러므로 우리에게 구름 같이 둘러싼 허다한 증인들이 있으니 모든 무거운 것과 얽매이기 쉬운 죄를 벗어 버리고 인내로써 우리 앞에 당한 경주를 하며"_히브리서 12:1

허다한 증인이란 절대긍정의 결승선을 통과한 수많은 사람이다. 이들은 하나님께 그 믿음을 인정받아 '믿음의 명예의 전당'에 자신의 이름을 올린 사람들이다. 믿음의 사람들에게도 고난이 없는 것은 아니다. 그러나 절대긍정의 믿음으로 하나님의 주권과 고난을 해석하면 고난을 극복하고 승리할 수 있는 지혜와 능력을 얻을 수 있다.

> 예수를 믿는 우리 모두에게는 어떤 문제도 어려움도 우연히 생겨난 것이 아닙니다. 모든 환난과 고난과 시험은 나에게 유익을 주시려고 하나님이 주시는 연단의 과정입니다. 축복의 과정입니다. 그 과정이 힘들고 어렵지만, 절대긍정의 믿음으로 헤쳐 나갈 때 하나님이 우리에게 큰 은혜를 부어 주실 것입니다.[3]

---

3   이영훈, "절대긍정과 감사의 기적", 여의도순복음교회 주일예배설교(2023. 11. 12).

믿음의 선조들은 고난 가운데 살고 있는 현재의 그리스도인에게 본이 되는 자들이다. 그러므로 우리도 하나님의 말씀에 대한 절대긍정의 믿음을 가지고 순종하며 믿음의 경주를 해야 한다.

3. 예수님의 절대긍정 믿음

사람의 몸을 입고 오신 예수 그리스도는 우리에게 절대긍정의 믿음의 모습으로 완벽한 본을 보여 주셨다. 예수님은 하나님 아버지의 뜻과 나라를 위해 헌신하셨다. 예수님의 양식은 나를 보내신 이의 뜻을 행하며 그의 일을 온전히 이루는 것이었다요 4:34. 예수님은 십자가의 고통과 고난 앞에서도 절대긍정의 믿음으로 다음과 같이 고백함으로 하나님 아버지의 뜻에 온전히 순종하셨다.

"아빠 아버지여 아버지께는 모든 것이 가능하오니 이 잔을 내게서 옮기시옵소서 그러나 나의 원대로 마시옵고 아버지의 원대로 하옵소서"
_마가복음 14:36

사도 야고보는 믿음이 온전해지기 위해 행함의 중요성을 강조하며 행함이 따르지 않는 믿음은 죽은 믿음이라고 말한다.

"이와 같이 행함이 없는 믿음은 그 자체가 죽은 것이라"_야고보서 2:17

믿음은 행함과 함께 일하고 행함을 통해 온전해진다. 우리도 믿는다고 말로만 하지 말고 아브라함처럼 행함을 통해 입증함으로써 온전한 믿음을 보여야 한다.[4] 예수님이 인정하시는 절대긍정의 믿음도 마찬가지이다. 절대긍정의 믿음은 어떤 환경에서도 하나님의 말씀에 순종하여 행하는 실천적 믿음이다. 누가복음 7장에는 예수님이 그 믿음을 인정하신 이방인 백부장의 이야기가 나온다.

"예수께서 함께 가실새 이에 그 집이 멀지 아니하여 백부장이 벗들을
보내어 이르되 주여 수고하시지 마옵소서 내 집에 들어오심을 나는 감
당하지 못하겠나이다 그러므로 내가 주께 나아가기도 감당하지 못할
줄을 알았나이다 말씀만 하사 내 하인을 낫게 하소서 나도 남의 수하에
든 사람이요 내 아래에도 병사가 있으니 이더러 가라 하면 가고 저더러
오라 하면 오고 내 종더러 이것을 하라 하면 하나이다 예수께서 들으시
고 그를 놀랍게 여겨 돌이키사 따르는 무리에게 이르시되 내가 너희에
게 이르노니 이스라엘 중에서도 이만한 믿음은 만나보지 못하였노라
하시더라 보내었던 사람들이 집으로 돌아가 보매 종이 이미 나아 있었
더라"_누가복음 7:6-10

백부장의 믿음은 예수님이 말씀하시기만 하면 그대로 이루어진다고 믿는 절대긍정의 믿음이었다. 우리가 절망에 처해 있을지라도 절

---

4   이영훈, 『신앙을 이해하다』 (서울: 교회성장연구소, 2022), 215-216.

대희망이신 예수님이 우리와 함께하시기 때문에 예수님의 손을 붙잡기만 하면 절대절망이 변하여 절대희망이 되는 것이다.[5]

> "믿음의 창시자요 완성자이신 예수를 바라봅시다. 그는 자기 앞에 놓여 있는 기쁨을 내다보고서, 부끄러움을 마음에 두지 않으시고, 십자가를 참으셨습니다. 그리하여 그는 하나님 보좌 오른쪽에 앉으셨습니다."
>
> _히브리서 12:2, 새번역

성경은 예수님이 '믿음의 창시자'이자 '믿음의 완성자'라고 말한다. 따라서 절대긍정의 믿음은 성경이 예수님에 대한 말씀이며, 예수님을 믿음의 창시자요 믿음의 주요 믿음의 완성자라는 것을 믿는 믿음이다. 성도는 그리스도와 연합된 관계에서 인격적인 믿음과 성령충만을 경험해야 한다. 이 믿음을 통해 예수님의 성품을 닮아가는 인격적 변화와 함께 하나님의 은혜 가운데 절대긍정의 믿음으로 성장하여 온전해진다.[6]

절대긍정의 믿음은 무엇보다도 하나님 말씀에 대한 태도와 깊은 연관성이 있다. 그것은 하나님 말씀을 사랑하는 것이며 그 말씀을 내면화하며 실천하는 것으로 나타나게 된다. 하나님의 말씀은 절대긍정의 사랑과 희망의 메시지로 가득 차 있다.[7]

---

5   이영훈, 『치료하는 광선을 비추리니』 (서울: 교회성장연구소, 2017), 61-62, 69.
6   이영훈, 『변화된 신분 변화된 삶』 (서울: 교회성장연구소, 2017), 84-120.
7   이영훈, 『절대긍정의 신학적 기초』 (서울: 교회성장연구소, 2024), 100, 142.

절대긍정의
믿음과 하나님 말씀

육체적으로 건강하려면 몸에 좋은 음식을 먹어야 하는 것처럼, 성도의 속사람도 강건하려면 하나님 말씀을 잘 먹어야 한다. 예수님은 사람이 떡으로만 살 것이 아니라 하나님의 말씀으로 살아야 한다고 강조하셨다.

"예수께서 대답하여 이르시되 기록되었으되 사람이 떡으로만 살 것이 아니요 하나님의 입으로부터 나오는 모든 말씀으로 살 것이라 하였느니라 하시니"_마태복음 4:4

절대긍정의 믿음을 가지려면 하나님 말씀을 사랑해야 하고 하나님의 말씀에 대한 경건의 습관을 가져야 한다딤전 4:7-8. 하나님 말씀을 항상 듣고receive, 읽고read, 연구하고research, 암송하고remember, 묵상하며 reflect, 하나님의 말씀으로 무장해야 한다.

1. 하나님 말씀에 대한 사랑

하나님을 사랑한다면, 또 사랑하기를 원한다면 하나님의 말씀을 사랑해야 한다. 또 하나님의 말씀을 사랑할 때 절대긍정의 믿음이 강해진다.

사랑하면 닮아간다고 합니다. 왜냐하면 사랑하는 사람의 몸짓, 표정, 습관을 따라하면서 작은 부분까지도 함께 느끼고 공감하고 싶어 하기 때문입니다. 마찬가지로 우리가 예수님을 진정으로 사랑하게 된다면 예수님께서 말씀하시고 행하신 그 모습을 닮아가기 위해, 실천하기 위해 노력할 것입니다. 그러므로 주님을 사랑한다면 그분의 말씀대로 살아가는 것이 하나님을 향한 진정한 사랑의 표현이라 할 수 있습니다.[8]

성경에서 가장 짧은 장이 바로 2개 구절만 있는 시편 117편이다. 반면에 가장 긴 장은 176개 구절이 있는 시편 119편이다. 이 시편 저자는 하나님의 말씀이 얼마나 좋은지 하루 종일 시간 가는 줄 모르고

---

8 이영훈, 『모든 일을 사랑으로 행하라』 (서울: 교회성장연구소, 2010), 194.

입술로 읊조린다고 고백하고 있다.

> "내가 주의 법을 어찌 그리 사랑하는지요 내가 그것을 종일 작은 소리
> 로 읊조리나이다"_시편 119:97

사람들은 자신이 좋아하는 것은 시간과 돈을 투자하며 하루 종일 몰두한다. 그런데 시편 저자는 주님의 말씀을 사랑하기 때문에 그 말씀을 읽고 묵상하면서 시간이 가는 줄 몰랐다는 것이다. 또한 시편 저자는 하나님 말씀의 속성에 대해 증언한다. 그 율법은 '완전하고 확실하며, 정직하고 순결하며, 정결하고 진실하다'라는 것이다.

> "여호와야훼의 율법은 완전하여 영혼을 소성시키며 여호와야훼의 증거
> 는 확실하여 우둔한 자를 지혜롭게 하며 여호와야훼의 교훈은 정직하
> 여 마음을 기쁘게 하고 여호와야훼의 계명은 순결하여 눈을 밝게 하시
> 도다. 여호와야훼를 경외하는 도는 정결하여 영원까지 이르고 여호와야
> 훼의 법도 진실하여 다 의로우니 금 곧 많은 순금보다 더 사모할 것이며
> 꿀과 송이꿀보다 더 달도다"_시편 19:7-10

시편 저자는 이러한 율법의 속성들을 통해 여호와야훼의 율법이 선하다는 사실을 말하고자 했다.[9] 이것은 시편 저자가 율법, 곧 하나님

---

9 피터 크레이기, 『시편(上)』, 손석태 역 (WBC 성경주석 19; 서울: 도서출판 솔로몬, 2000), 244.

의 말씀을 순금보다 더 사모하며 꿀과 송이꿀보다 더 달콤하다고 말하는 근거가 된다. 하나님의 율법을 사랑하는 이유는 결국 그것이 하나님의 선하심과 분리될 수 없기 때문이다. 우리가 섬기는 하나님이 은혜와 사랑이 풍성하신 절대긍정의 좋으신 하나님이라면 그분의 계획과 말씀, 그분의 은혜는 달콤할 수밖에 없고, 그 달콤함을 맛보아 알게 된 사람은 그분의 말씀을 사모할 수밖에 없다.

"주의 말씀의 맛이 내게 어찌 그리 단지요 내 입에 꿀보다 더 다니이다"
_시편 119:103

병든 사람은 밥맛이 없다. 하나님 말씀이 쓰거나 맛이 없다면 영적으로 병들었기 때문이다. 영적 배고픔갈망이 있을 때 비로소 하나님 말씀이 가장 맛있다.

2. 하나님 말씀 듣기receiving와 읽기reading

1) 하나님 말씀 듣기

먼저 하나님 말씀을 듣는 것이 중요하다. 믿음은 들음에서 나며 들음은 그리스도의 말씀에서 말미암기 때문이다롬 10:17. 성도의 모임과 예배에서 중요한 것이 하나님의 말씀이다신 4:10. 성도의 최고의 축복은 하나님 얼굴을 뵙거나 어떤 신비한 체험이 아니라 그분의 음성말씀을 듣는 것이다신 4:12. 믿음이 자라려면 말씀을 계속 듣는 것이 중요하다. 하나님 말씀은 영적인 양식과 같기 때문이다.

에스라와 느헤미야가 영적 개혁을 일으킬 때 무너져 내린 예루살렘 성벽을 재건할 뿐 아니라 무너진 하나님 말씀의 영적인 벽도 재건하였다. 학사 에스라가 하나님 말씀을 낭독하고 그 말씀을 깨닫도록 전할 때에 백성들이 그 말씀을 듣고 우는 역사가 일어났다.

"하나님의 율법책을 낭독하고 그 뜻을 해석하여 백성에게 그 낭독하는 것을 다 깨닫게 하니 백성이 율법의 말씀을 듣고 다 우는지라"_느헤미야 8:8-9

하나님의 말씀이 들리는 것은 복이고 말씀이 들리지 않는 것은 저주이다. 말씀이 들리고 깨닫게 될 때 회개의 역사가 나타나고 단단한 마음이 부드러운 마음으로 변한다. 마귀는 성도들이 복음의 핵심 없이 그저 재미있는 설교만 듣도록 전략을 짠다. 아파서 병원에 갔는데 병들었다는 이야기를 하지 않으면 어떻게 되겠는가? 병명과 이유를 알기 위해 우리가 병원에서 많은 검사를 하는 것처럼, 하나님 말씀을 들으며 자신의 영적인 병과 상태를 진단받는 것이 중요하다. 예수님은 "하나님의 말씀을 듣고 지키는 자가 복이 있느니라"고 말씀하셨다눅 11:28. 복 받는 비결은 무엇보다도 말씀으로 오신 예수 그리스도의 말씀을 들어야 하는 것이다. 설교자를 통해 말씀을 들을 때는 사람의 말로 아니하고 하나님의 말씀을 듣고 받는다는 믿음의 자세를 가져야 한다.

"이러므로 우리가 하나님께 끊임없이 감사함은 너희가 우리에게 들은 바 하나님의 말씀을 받을 때에 사람의 말로 받지 아니하고 하나님의 말씀으로 받음이니 진실로 그러하도다 이 말씀이 또한 너희 믿는 자 가운데에서 역사하느니라"_데살로니가전서 2:13

선지지 예레미야 시대에 하나님 말씀을 거부하고 무시하는 왕이 있었는데, 바로 유다왕 여호야김이었다. 여호야김은 주전 608년에 25세의 나이로 왕이 되어서 예루살렘에서 11년간 통치했다. 그의 통치는 '여호와야웨 보시기에 악을 행한' 통치였다대하 36:5. 그가 행한 악 가운데 최고의 악은 바로 '하나님 말씀의 두루마리를 불사른 것'이었다렘 36:20-23. 예레미야가 선포한 하나님의 말씀을 거부하고 무시한 것이다.

사도 바울은 "성령을 소멸하지 말며 예언을 멸시하지 말고"살전 5:19-20라고 말하였다. 여기서 우리는 성령의 역사와 예언의 말씀이 함께 역사함을 알 수 있다. 성령의 검이 바로 하나님의 말씀이기 때문이다. 성경은 완성된 최고의 예언의 말씀이다. 성령이 소멸되면 성경의 예언도 무시되고 멸시받게 된다. 바울은 다음과 같이 강조한다.

"구원의 투구와 성령의 검 곧 하나님의 말씀을 가지라"_에베소서 6:17

하나님의 영이신 성령님이 임하셔야 비로소 말씀이 들린다. 제사장의 아들이었던 에스겔이 30세에 선지자로 부름 받을 때 하나님의 영이 임하고 하나님의 말씀을 듣게 되었다.

> "그가 내게 말씀하실 때에 그 영이 내게 임하사 나를 일으켜 내 발로 세
> 우시기로 내가 그 말씀하시는 자의 소리를 들으니"_에스겔 2:2

하나님의 영이 임하니까 에스겔이 일어날 수 있었다. 하나님의 영
은 말씀으로 임하신다. 에스겔은 그 말씀을 통해 자신의 사명을 듣게
되었다. 이와 마찬가지로 하나님 말씀을 듣게 되면 내 환경에 얽매이
지 않고 주저앉아 있지 않고, 일어나 인생의 사명을 알고 달려가게
된다.

2) 하나님 말씀 읽기

성경 말씀을 규칙적으로 읽는 것이 중요하다.[10] 하나님은 시내산에
서 백성들과 언약을 맺고, 모세를 통하여 언약서를 백성들에게 낭독
하여 듣게 하였다출 24:7.

---

10 독일 라이프치히대학교 신학자들의 연구에 따르면, 독일 인구의 1.6% 만이 최소 하루에 한 번,
3.2% 만이 매주 성경을 읽는 것으로 밝혀졌다. 이는 '솔라 스크립투라(Sola Scriptura, 오직 성
경)'를 강령으로 시작된 종교개혁의 발흥지(勃興地)요, 세계 최초로 모국어 성경의 번역과 보
급이 이뤄진 독일 교회의 역사에 비추어볼 때 안타까운 모습이다. 이러한 현상은 비단 독일뿐
만이 아니다. 미주 한국일보 기사에 따르면, 미국 성인 중 성경을 읽는 사람은 2020년 1월 기준
미국 전체 기독교 인구의 9% 밖에 안 된다고 한다. "성경 매일 읽는 성인 10명 중 1명도 안 돼",
https://www.kcmusa.org/bbs/board.php?bo_table=mn01_1&wr_id=1044 (2023. 11. 14 검색).

"언약서를 가져다가 백성에게 낭독하여 듣게 하니 그들이 이르되 여호와야훼의 모든 말씀을 우리가 준행하리이다"_출애굽기 24:7

이것이 성경 읽기의 시초라 할 것이다. 이후 하나님께서는 모세를 통하여 하나님을 사랑할 것을 명령하시며, 이 말씀을 마음에 새길 뿐 아니라, 손목과 이마에 붙여 기호로 삼으며 집 문설주와 대문에도 써서 붙여 기록하라 말씀하셨다.

"이스라엘아 들으라 우리 하나님 여호와야훼는 오직 유일한 여호와야훼이시니 너는 마음을 다하고 뜻을 다하고 힘을 다하여 네 하나님 여호와야훼를 사랑하라 오늘 내가 네게 명하는 이 말씀을 너는 마음에 새기고 네 자녀에게 부지런히 가르치며 집에 앉았을 때에든지 길을 갈 때에든지 누워있을 때에든지 일어날 때에든지 이 말씀을 강론할 것이며 너는 또 그것을 네 손목에 매어 기호를 삼으며 네 미간에 붙여 표로 삼고 또 네 집 문설주와 바깥 문에 기록할지니라"_신명기 6:4-9

우리가 성경을 늘 가까이하고 꾸준히 읽어야 하는 까닭은 그것이 하나님의 명령이기 때문이다. 우리는 성경을 통해 하나님의 뜻과 사랑을 발견할 수 있다. 우리가 하나님을 사랑한다면, 하나님의 말씀인 성경을 읽는 것이 무거운 짐으로 느껴지지 않게 될 것이다. 그렇다면 성경은 어떻게 읽어야 할까?

성경을 읽는 방식으로는 음독音讀과 묵독默讀이 있다. 음독은 소리 내어 읽는 것이고, 묵독은 눈으로 읽는 것이다. 음독의 기원은 고대로 거슬러 올라간다. 지금과는 달리 종이와 붓이 귀하던 시절 기록된 텍스트는 일반 대중들이 접하기 쉽지 않았다. 따라서 '구전口傳'이라는 방법으로 성경은 사람과 사람을 통해 전달되었으며, 예배 시 함께 모여 소리 내어 성경을 읽고 주요 구절을 암송하던 방법이 일반적이었다. 이와 같은 성경 읽기의 이점은 말씀을 입술로 직접 고백하고, 귀로 듣는 것에 있다.

"믿음은 들음에서 나며 들음은 그리스도의 말씀으로 말미암았느니라"
_로마서 10:17

귀로 말씀을 들을 때, 우리의 영이 하나님 말씀에 반응하며 비로소 하나님을 향한 절대긍정의 믿음이 생겨나는 것이다. 반면은 묵독은 성경을 빠르게 읽어나가야 할 때 적합한 방식이다. 묵독을 통해 성경 독자들은 자간의 의미를 깊이 생각할 수 있다는 이점이 있다.

성경을 읽는 또 다른 방식으로는 정독精讀과 통독通讀도 있다. 정독은 말씀 구절에 담긴 하나님의 뜻을 숙고하며 읽는 것이다. 성경은 고대 언어로 일차적으로 고대 독자들을 향해 기록된 텍스트이기 때문에 당시의 시대 문화적 상황에 낯선 현대인이 이해하는데 어려움이 따를 수 있다. 그럴 때는 관주성경, 스터디바이블 혹은 다른 번역본을 참고

하여 읽는 것이 도움이 된다. 반면, 통독은 매일 정한 시간에 일정한 분량을 정해놓고 읽어 나가는 것이다. 한 구절 혹은 특정 부분의 의미를 파악하기 보다는 전체 의미와 맥락을 파악하기 유용한 방식이다. 통독을 통해 독자들은 큰 숲을 조망하게 되며, 정독을 통해 숲 안의 나무들을 볼 수 있게 된다. 어떤 방식으로 성경을 읽든지 교회 공동체나 성도 각자의 상황과 목적에 맞게 읽으면 될 것이다.

평양의 유명한 건달이었던 김익두는 예수를 만나고 목사가 되어 평생 776회의 부흥집회를 인도하고, 2만 8천 번의 설교를 하였다고 알려졌다. 그가 회심하게 된 계기는 바로 성경에 있었다. 그는 100회 이상 성경을 읽고 마음의 변화를 받아 세례침례를 받고, 복음전도자로서의 새 삶을 살게 되었다. 그가 하나님 말씀을 전하면 사람들의 마음이 뜨거워졌으며, 벙어리가 말문이 트이고, 앉은뱅이가 걷게 되는 기적이 일어났다. 이 모든 일의 원천은 그가 읽은 성경의 은혜와 성령의 권능에 있었다.

하나님의 말씀에는 한 사람뿐 아니라 그 사람을 통해 많은 사람을 주님께 돌아오게 만드는 능력이 있다. 항상 성경을 듣고 읽는 경건의 습관은 절대긍정의 믿음을 갖게 한다.

3. 하나님 말씀 공부researching와
암송remembering

1) 하나님 말씀 공부

절대긍정의 믿음을 가지려면 하나님 말씀에 대해 진지한 태도를 지녀야 한다. 베뢰아 사람들은 하나님 말씀을 간절한 마음으로 받고 그 말씀을 날마다 묵상하고 연구하는 태도를 가졌다.

> "베뢰아에 있는 사람들은 데살로니가에 있는 사람들보다 더 너그러워 서 간절한 마음으로 말씀을 받고 이것이 그러한가 하여 날마다 성경을 상고하므로"_사도행전 17:11

여기서 '상고하였다'로 번역된 헬라어는 '아나크리노ἀνακρίνω'인데, '철저히 조사하다', '신중히 공부하다' 등의 의미를 담고 있다. 다시 말해 베뢰아 사람들은 바울이 전한 성경을 단순히 듣는 데서 그쳤던 것이 아니라, 그것이 정말 그러한지 의구심을 갖고 철저히 조사하며 공부했던 것이다. 여기서부터 '베뢰아적이다'라는 말이 탄생하게 되었는데, 이는 열린 마음으로 주의 깊게 성경을 연구하는 사람들을 일컫는 말이다. 그렇다면 성경은 어떻게 공부해야 할까?

신·구약성경 중 구약성경은 히브리어로 신약성경은 헬라어로 기록되었다. 고전어는 사어死語로서 지금 시대에는 사용되지 않는다. 또한 성경은 처음 기록하였을 당시 염두에 둔 독자들이 있다. 그들은 성서 시대의 문화와 언어에 익숙한 사람들이었다. 따라서 처음 독자들은 성경을 해석하는데 큰 어려움이 없었을 것이다. 그러나 우리가 성경을 해석하고 공부하는 것은 수천 년의 시간을 거슬러 올라가야 하는 만큼 연구와 노력이 요구된다. 우리는 여러 학자들의 헌신의 결과물인 여러 성경 번역본들과 더불어 다양한 주석서와 해설서를 통해 성경공부에 도움을 받을 수 있을 것이다.

성경은 책별, 인물별, 혹은 주제별로 연구할 수 있다. 성경은 하나의 책이지만 66권구약성경 39권, 신약성경 27권의 작은 책들로 구성되어 있다. 성령께서는 각기 다른 시대와 상황 속에서 여러 저자의 손을 빌려 성경을 기록하게 하셨기 때문이다. 그러나 한분 성령께서 각 기록자에게 영감을 주셔서 쓰게 하셨기에 성경의 핵심 내용은 서로 충돌되지 않으며, 상호보완적이며, 통일성을 지닌다. 그러므로 성경을 책별로 연구하는 일은 중요하다. 하나님께서 왜 그 기록자를 통해 말씀을 전하게 하셨는지, 당시의 시대적 배경과 독자들이 처한 상황은 무엇이었는지에 대한 공부가 필요한 것이다.

성경은 인물별로도 연구할 수 있다. 인물별 연구는 아브라함, 다윗, 사도 바울 등과 같은 믿음의 인물들의 일대기를 살펴보며 그들의 삶 속에 개입하고 역사하신 하나님에 대해 탐구하는 것이다. 성경을 통해 우리는 실수 없이 완벽한 사람은 없었다는 사실을 알게 된다.

아브라함, 다윗, 베드로, 바울 등과 같은 사람들은 분명 인간적인 관점에서 보았을 때는 중대한 흠결을 갖고 있던 사람들이다. 그러나 성경은 그러한 사람들을 통해 세상을 향한 당신의 위대한 구원사역을 이루신 하나님의 은혜에 초점을 두고 있다. 인물별 연구를 통하여 우리는 우리 자신의 연약함을 성경 인물들을 통해 발견하며, 그들이 체험한 하나님이 지금 우리의 삶 속에서도 여전히 역사하고 계심을 확신할 수 있는 것이다.

성경은 또 주제별로 연구할 수 있다. 우리가 그리스도인으로 살아가다 보면 여러 질문에 봉착할 수 있다. 예컨대 "하나님은 누구신가?", "인간은 어떠한 존재인가?", "교회란 어떤 곳인가?", "구원이란 무엇인가?" 등의 질문이다. 조직신학組織神學은 이러한 질문들에 대한 성경의 증언을 주제별로 해석하고 정리해 놓은 신학의 한 분야이다. 우리가 성경의 한 주제에 관심이 생긴다면, 그 주제를 다룬 신학 서적이나 신앙 서적을 성경과 더불어 참고하는 것은 분명 영적 성장에 유익이 된다. 이를 통해 기독교에 관심을 갖는 사람들에게 그리스도와 복음을 변증辨證할 힘을 얻게 된다.

교회에서 접하는 여러 용어들에 대한 궁금증을 갖는 것도 성경공부의 시작이 될 수 있다. 예를 들어 '아멘אָמֵן'은 히브리어로 '참으로 그러하다', '진실로' 등의 뜻을 의미한다. 구약에서는 이스라엘 백성이 지도자의 말을 확증할 때 말미에 사용하였으며신 27:15 이하 참조, 신약에서는 기도와 송영 혹은 축복의 끝에롬 1:25; 갈 6:18 등, 예수님과 그분의 말씀에 대한 진실성을 강조하기 위해 사용되었다계 3:14. 그러나 우리는 이 말의 의미도 모른 채 신앙생활을 하는 경우가 허다하다. 대화 가운데 습관을 따라 '아멘'을 남발하기도 하며, 설교자는 성도들의 '아멘'을 유도하기까지 한다.

성경에 대한 지식은 하나님에 대한 영성과 비례하기도 한다. 성경에 대한 올바른 공부와 이해를 통해 우리는 하나님의 뜻과 마음에 합한 신앙생활을 할 수 있는 지혜와 능력을 얻을 수 있다.

2) 하나님 말씀 암송

성경은 우리에게 하나님의 말씀을 마음판에 새기라고 명한다.

"내 아들아 내 말을 지키며 내 계명을 간직하라 내 계명을 지켜 살며 내 법을 네 눈동자처럼 지키라 이것을 네 손가락에 매며 이것을 네 마음판에 새기라"_잠언 7:1-3

여기서 '새긴다'라는 말은 돌이나 쇠 같은 것에 글자를 조각할 때 사용하는 단어이다. 하나님의 말씀을 마음판에 새기라고 한 것은 완악하고 굳은돌과 같은 우리 마음에 하나님의 말씀을 깊이 새기듯이 간직하라는 의미이다.

"너희는 우리로 말미암아 나타난 그리스도의 편지니 이는 먹으로 쓴 것

이 아니요 오직 살아 계신 하나님의 영으로 한 것이며 또 돌판에 쓴 것

이 아니요 오직 육의 마음판에 쓴 것이라"_고린도후서 3:3

그러나 돌과 같이 딱딱하고 완악한 것이 인간의 마음이다겔 3:7. 이런 완악한 마음에 말씀이 들어가도록 하기 위해서는 돌판에 글을 새기듯이 힘있게 새겨야만 한다. 인간의 기억은 쉽게 사라질 수 있기 때문에 돌에 글을 새기듯 말씀을 새기며 잊지 않도록 암송해야 하는 것이다겔 11:19-20.

말씀 암송의 기원은 예수님 이전 시대에까지 거슬러 올라간다. 두루마리 형태의 책은 희귀하여 자연스럽게 암송한 말씀을 의지할 수밖에 없었다. 그러므로 구약의 성경 교육은 기본적으로 말씀을 암송하는데서 시작되었다.[11] 신약성경 저자들이 주로 인용했던 구약성경은 헬라어로 된 '70인역 성경LXX'[12]이었는데, 사도들은 자신들이 암송했던 성경 구절들이 성령의 영감에 힘입어 어떻게 예수 그리스도 안에서 성취되었는지를 증언했다눅 24:44.

---

11 김영래, "성경 시대 학습 방법과 기독교교육: 암기와 하브루타", 『신학과 세계』 Vol. 101, (2021), 282.

12 히브리어 성경을 헬라어(그리스어)로 번역한 권위 있는 성경으로, 전승에 따르면 이스라엘 12지파에서 6명씩 파견된 72명의 성경학자가 번역한데서 유래되었다. 알렉산드로스 대왕의 헬레니즘 정책의 영향으로 중동지역은 그리스 문명권 안으로 들어오게 되었다. 많은 이가 그리스어를 사용하게 되었으며, 심지어 유대인 중에는 히브리어 성경을 읽지 못하는 세대가 등장하게 되었다. 70인역 성경은 이들을 위해 헬라어로 번역된 구약성경이다.

말씀 암송의 중요성이 여기에 있다. 그것이 성경 저자들의 권위에 기초하기 때문이다. 말씀 암송이 유익한 것은 성경 저자들이 그리하였던 것처럼 지금도 성령께서 필요한 순간마다 암송했던 말씀을 레마로 생각나게 하시기 때문이다.

"보혜사 곧 아버지께서 내 이름으로 보내실 성령 그가 너희에게 모두
것을 가르치고 내가 너희에게 말한 모든 것을 생각나게 하리라"
_요한복음 14:26

말씀 암송은 단순히 성경 지식을 쌓는 것을 의미하지 않는다. 매 순간 순간이 영적 전투인 성도의 삶 속에서 구체적으로 말씀의 인도를 받을 수 있도록 지침이 되어 주기 때문이다. 암송한 말씀 구절은 영적 전쟁에서 무기로 사용할 수 있고엡 6:17, 때를 따라 돕는 은혜를 얻게 할 수 있다히 4:16; 약 1:5.

말씀 암송은 물론 하루아침에 되는 것이 아니다. 한꺼번에 암송하면 금방 잊어버리지만 한두 구절씩 반복하여 계속 암송해 가는 것은 학습 효과가 크다. 좋은 암송 습관을 들이는 한 가지 방법은 그날의 여가 시간을 활용하는 것이다. 달리는 시간이나 차를 타고 가는 시간에 암송하거나 복습하고 묵상하는 것이다. 한꺼번에 많이 하기보다

---

13   이영훈, 『성공에 이르는 12가지 지혜』 (서울: 교회성장연구소, 2023), 109-110.

꾸준히 해 나가는 것이 중요하다. 처음에 좋은 습관을 들여야 지속적인 암송을 해 나갈 수 있게 된다. 하나님 말씀은 우리를 구원하고 거룩하게 하며 소망과 생명과 평안을 준다. 성경을 늘 암송하면 절대긍정의 믿음으로 더욱 강해지고 하나님의 큰 축복을 받게 할 것이다.

4. 하나님 말씀 묵상reflecting

하나님 말씀을 묵상하는 것은 매우 중요하다. 묵상이란 단순히 하나님의 말씀을 읽는 것을 넘어선다. 묵상은 하나님의 말씀을 깊이 생각하고, 그 말씀으로 내 생각과 의지를 다스리게 하는 것이다.[13] 시편 저자는 다음과 같이 고백한다.

"내가 날이 밝기 전에 부르짖으며 주의 말씀을 바랐사오며 주의 말씀을
조용히 읊조리려고 내가 새벽녘에 눈을 떴나이다"_시편 119:147-148

말씀을 묵상하고 삶에 적용하는 것은 참된 성도의 자세이다시 1:2-3: 수 1:8: 눅 6:45. 성경 말씀을 접하고 24시간이 지난 후에, 들은 것은 5%, 읽은 것은 15%, 공부한 것은 35% 정도지만, 암송한 것은 100%를 기억한다고 한다. 더욱이 말씀을 묵상하며 실제 생활 속에서 적용한다면 200% 이상 말씀을 활용하는 것이다. 짧은 한 구절의 말씀이라도 붙들고 적용할 수 있다면 삶의 현장에서 사탄의 공격을 능히 이길 수 있다.

고아의 아버지 조지 뮬러George Müller는 열여섯 살이 되던 해에 절도 죄로 감옥에 들어갔었고, 대학에 들어간 후에도 술과 여자, 노름 등으로 방탕한 생활을 했던 사람이었다. 그러던 뮬러가 스무 살이 되던 해 성경 속의 그리스도를 만나게 되었다. 시편 68편 5절에 있는 하나님은 '고아의 아버지'라는 말씀이 그의 일평생 사역의 방향이 되었다. 그래서 그의 전 재산 13만 5천 달러를 모두 불쌍한 고아들을 돕는 일에 사용하였다. 그의 일생은 고아를 돌보는 사명에 붙들리게 되었고 고아의 아버지가 되었다.

> "복 있는 사람은 악인들의 꾀를 따르지 아니하며 죄인들의 길에 서지 아니하며 오만한 자들의 자리에 앉지 아니하고 오직 여호와야훼의 율법을 즐거워하여 그의 율법을 주야로 묵상하는도다"_시편 1:1-2

시편 저자는 '복 있는 사람'이 '하나님의 말씀을 묵상하는 자'라고 말한다. 복 있는 사람은 하나님의 말씀을 즐거워하고 주야로 그 말씀을 묵상한다. 여기서 '묵상하다'로 번역된 히브리어는 '하가הָגָה'인데, 세 가지 원어적 의미를 살펴볼 필요가 있다.

첫째, '하가'는 낮은 소리로 '읊조리다'라는 뜻이다. 다시 말해 성서 시대 히브리인들은 말씀을 단순히 눈으로만 읽지 않고 소리 내어 읊조리며 그것을 귀로 들으며 하나님의 말씀을 대하였던 것이다. 실제로 성경을 눈으로만 읽다 보면 집중력이 흐트러질 때가 있다. 잡념이

들고, 성경을 통해 나에게 말씀하시는 하나님의 음성을 놓칠 수 있는 것이다. 그러므로 낮은 목소리로 말씀 구절을 읊조리며 음미할 때 분명 하나님의 뜻에 더욱 깊어질 것이다.

둘째, '하가'는 '으르렁거리다'라는 뜻을 지닌다. 이는 사냥감을 앞에 둔, 혹은 먹이를 앞에 둔 사자의 모습이다. 성경은 말씀을 대하는 우리의 태도가 이러해야 한다고 말하는 것이다. 성경은 마귀가 마치 '우는 사자 같이 두루 다니며 삼킬 자를 찾는다'라고 말한다벧전 5:8. 마귀의 태도가 그렇다면 성경을 대하는 우리의 태도도 '나는 이 말씀이 아니면 마귀와의 영적 싸움에서 패배할 수밖에 없다'라는 필사의 각오로 성경을 묵상해야 할 것이다. 사도 바울은 "구원의 투구와 성령의 검 곧 하나님의 말씀을 가지라"엡 6:17고 권면한다. 말씀은 마귀와의 영적 싸움에서 공격하는 무기이다. 우리는 하나님 말씀에 대한 깊은 묵상이 없다면 마귀와의 싸움에서 승리할 수 없다는 것을 기억해야 한다.

셋째, '하가'는 '계획하다'라는 뜻을 갖고 있다. 시편 2편 1절을 보면 "어찌하여 이방 나라들이 분노하며 민족들이 헛된 일을 꾸미는가"라고 나온다. 여기서 '꾸미는가'로 번역된 원어가 바로 '하가'이다. 다시 말해 말씀을 읊조리고 영적 전쟁의 승리의 도구로서만 아니라, 우리의 인생과 삶을 계획하고 이끄는 구체적 원리로 적용할 수 있어야 한다는 의미이다. 다른 시편 저자는 "주의 말씀은 내 발에 등이요 내 길에 빛이니이다"시 119:105라고 고백하였다. 하나님 말씀을 통하여 인생의 구체적인 인도함을 받는 것은 굉장히 중요한 일이다. 말씀 묵상은 단순히 신앙의 지식을 쌓는 것이 아니다. 우리 삶을 인도하는 지침 원리로 적용해야 하는 것이다.

　이와 같은 말씀 묵상은 좋으신 하나님에 대한 믿음과 결코 분리될 수 없다. 말씀 묵상은 하나님께서 택하신 백성에게 늘 절대긍정의 희망의 메시지를 주시며, 그분의 주권으로 선한 길로 인도할 것이라는 확신이 없다면 불가능하다. 하나님의 선하심을 믿으며 그분을 절대 신뢰할 때 하나님의 말씀을 사랑하며 묵상할 수 있다. 주야로 말씀을 묵상하며 주님과 교제하기를 즐거워하는 것이다. 해와 달과 별세상이 다 어두워지고 사라져도 하나님 말씀만은 영원하다욜 3:15; 눅 21:33; 벧전 1:24-25. 모든 은혜와 축복과 기적과 생명이 다 하나님의 말씀 안에 있다.[14] 절대긍정의 믿음은 하나님 말씀을 사랑하여 순종하는 것이며, 그 능력의 말씀으로 무장하여 하나님의 사명과 비전을 이루게 한다.

14　이영훈, "땅과 식물을 주신 하나님", 여의도순복음교회 특별새벽기도회설교(2023. 11. 15).

절대긍정의
믿음과 예배

절대긍정의 믿음은 하나님의 말씀을 전적으로 믿고 순종한다. 또한 어떠한 상황 속에서도 변함없이 하나님을 신뢰함으로 하나님을 향한 절대긍정의 예배와 찬송을 올려드리게 된다. 절대긍정은 우리의 삶 속에서 단순히 부정을 걷어 내거나 긍정의 양을 최대한 늘리는 것이 아니다.[15] 절대긍정의 하나님을 향한 절대긍정은 우리의 믿음과 예배의 모습으로 나타나는 것이다.

---

15 국제신학연구원, 『순복음 신학 개론』 (서울: 서울말씀사, 2002), 64-68 참조.

1. 절대긍정의 예배

성경은 창조주 하나님을 아는 것이 지혜와 지식의 근본이라고 말한다잠 1:7, 9:10. 창조주 하나님을 예배하고 그분을 찬송하는 것은 인간의 거룩한 특권이며 창조의 목적이기도 하다사 43:21. 우리가 온전히 예배할 때, 인생의 사명을 온전히 이루어 가는 것이며 하나님께 가장 큰 영광을 돌리는 것이다. 좋으신 하나님의 창조와 주권과 구원이 인간을 향한 하나님의 절대긍정이라면 예배란 하나님을 향한 인간의 절대긍정의 경배 예식이다.

예배는 나를 창조하신 하나님을 섬기는 것이다. 구약성경에서 예배에 대한 핵심 용어는 '아바드עֲבַד'이다. 이 말에는 '섬기다'라는 의미가 있는데, 명사형으로 사용될 때는 '섬기는 종'이란 의미도 갖는다. 다시 말해 하나님을 예배하는 것은 내가 '종'으로서 '주인'이신 하나님을 섬긴다는 의미를 담고 있는 것이다. 신약성경에서 예배를 뜻하는 헬라어 '프로스퀴네오προσκυνέω'는 종이 주인에게 문안할 때 엎드려 경의를 표하면서 입맞춤하는 애정의 의미가 담겨 있다요 4:20-24. 예배의 영어 단어인 'worship'은 'weorthscipe'에서 유래되었는데 'worth가치, weorth'와 'ship신분, scipe'의 합성어로 '하나님께 합당한 가치인 존경과 경의와 헌신을 드린다'라는 의미를 담고 있다.[16]

---

16   김순환, 『예배학 총론』(서울: 대한기독교서회, 2017), 21.

하나님께 대한 경외는 하나님이 어떤 분이신지 또 내가 누구인 줄 아는 것으로 예배의 출발이 된다. 예배에서의 섬김은 하나님의 존재, 성품, 위대하신 권능을 인정하고 경배하며 감사하는 제의와 또 삶에서 하나님을 섬기는 모든 행위를 포함한다. 그러므로 하나님을 향한 존경과 경외심과 섬김이 없는 예배는 본래의 가치를 상실하여 종교적인 예식으로 전락하게 된다.[17]

우리가 예배를 통해 하나님을 섬기는 이유는 위대하신 창조주 하나님이 그분의 크신 사랑으로 우리를 먼저 섬기셨기 때문이다. 이 세상의 어느 종교도 하나님이 사람의 몸을 입고 왔다는 성육신의 교리나 하나님의 아들이 십자가에서 고난 받고 죽으심으로 구원하셨다는 희생과 사랑의 교리 같은 것이 없다. 위대한 창조주 하나님이 인간을 창조하시고 타락한 인간을 예수 그리스도 안에서 재창조하사 구원하시는 것은 죄와 사망의 절망 가운데 빠져있는 인간에게 절대긍정의 희망의 메시지요 하나님의 은혜다. 그러므로 인간은 예배를 통해 하나님의 구원의 은혜와 영원한 사랑을 감사하고 경배하게 된다.

모든 예배는 삼위일체적 예배가 되어야 한다. 그것은 성령의 능력으로by the power of the Holy Spirit, 예수 그리스도의 보혈의 은총을 통해 through the blood of Jesus Christ, 하나님 아버지께to the Father God 올려드리는 거룩한 예식이다. 예수님은 참된 예배는 '영과 진리로in spirit and in truth'

---

17 위의 책, 22-23.

예배하는 것이라고 말씀하셨다요 4:24. 예배에는 예수 그리스도의 구원의 은혜와 하나님의 진리의 말씀과 성령의 역사가 나타나야 한다. 예배 가운데 삼위일체 하나님과의 만남이 없거나 성령님의 인도하심에 대한 민감성이 없다면 우리는 예배자가 아니라 단지 예배 평가자나 관객에 머물 수 있다.

하나님을 섬기는 예배는 하나님의 절대긍정의 사랑과 은혜에 대한 우리의 믿음의 반응이다. 그러므로 예배에는 하나님께 대한 찬양, 하나님의 말씀을 듣는 것, 하나님께 올려드리는 기도, 하나님께 감사하는 봉헌헌금 등의 요소가 포함된다. 예배는 우리 삶의 최우선순위가 되어야 한다.

의인 노아가 방주에서 나오자마자 가장 먼저 한 일은 하나님께 제단을 쌓고 번제를 드린 것이었다창 8:20. 아브라함도 조카 롯과 헤어지고 나서 제일 먼저 한 일이 헤브론에 있는 마므레 상수리 수풀에 이르러 거주하며 거기서 여호와야훼를 위하여 제단을 쌓은 것이었다창 13:18.

절대긍정의 하나님을 섬기고 경외하는 자는 어떤 상황에서도 자신의 존재 목적이 하나님을 예배하는 것임을 잊지 않고 예배를 최우선순위로 두게 된다. 성도가 함께 모여 드리는 예배는 중요하다. 주일예배, 수요예배와 금요예배, 기도회 등 특정한 시간에 한자리에 모여 성도가 함께 드리는 예배는 기독교의 핵심이다. 공적 예배에 잘 참석하는 것은 성도의 절대긍정의 믿음과 헌신의 중요한 표징이다.

존 랭카스터John Lancaster는 교회의 예배공동체의 본질적 사명에 대해 다음과 같이 말하였다.

예배에 실패하는 교회는 참 사명을 이루는 데에 실패하는 교회이다. 전도를 아무리 하고 사람들의 필요를 아무리 채워준다고 하더라도 교회의 가장 큰 사명은 여전히 하나님께 나아가는 예배의 사명이다.[18]

성도의 삶으로서의 예배도 중요하다. 이것은 생활 가운데 몸과 마음을 산 제물로 드리는 전인격적인 영적 제사이다.

"그러므로 형제들아 내가 하나님의 모든 자비하심으로 너희를 권하노니 너희 몸을 하나님이 기뻐하시는 거룩한 산 제물로 드리라 이는 너희가 드릴 영적 예배니라"_로마서 12:1

성도의 선한 행실과 나눔과 구제도 하나님이 기뻐하시는 제사가 될 수 있다히 13:16. 그럴 때 성도는 예배의 영광을 통해 세상에 하나님의 나라를 보여 주게 된다.[19] 하나님 나라에 가면 방언이나 예언 같은 성령의 은사나, 전도, 성경공부 등은 폐하게 되어도고전 13:8-10, 하나님을 향한 예배는 항상 존재하기 때문이다계 4:8.[20] 절대긍정의 믿음은

---

18   John Lancaster, *The Spirit-filled Church: A complete Handbook for the Charismatic Church* (Springfield: Gospel Publishing House, 1975), 77-78.
19   홍영기, 『하나님 나라 비전 프로젝트』 (서울: 대한기독교서회, 2002), 147.
20   김순환, 『예배학 총론』, 53-60.

하나님을 기쁘시게 하는 예배와 전혀 분리될 수 없다. 절대긍정의 하나님을 믿는다면 우리는 어떤 상황이나 환경에서도, 공적인 예배나 삶의 예배를 통하여 항상 하나님을 경배하고 예배할 수 있다.

2. 절대긍정의 찬송

절대긍정의 예배는 하나님을 향한 '절대긍정의 찬송'으로 나타난다. 찬송은 피조물인 인간이 하나님을 경배하며 영광을 돌리는 거룩한 노래이다.[21] 하나님을 향한 최초의 의미 있는 찬송은 모세와 이스라엘 백성들이 출애굽 사건을 경험하고 난 직후 하나님의 구원을 찬송하기 위해 불렀다출 15:1, 20-21. 백성들은 하나님의 구원을 찬송하였으며, 악기와 함께 춤을 추며 하나님을 찬송하였던 것이다. 구약성경에서 백성들은 하나님의 출애굽 사건을 기억하며 구원의 하나님을 찬송하였다. 신약성경에 이르러 찬송의 근거는 십자가에서 죽음을 이기시고 부활하신 예수 그리스도께 있다. 하나님의 아들 예수님께서는 몸을 찢고, 피를 흘려 죽으심으로 세상을 구원하셨다. 예수님의 십자가 은혜를 통한 하나님의 구원은 교회와 성도들의 상시적인 찬송의 이유가 된다.

---

21 최광덕, 『예배와 찬송, 그리고 회복』 (서울: 씨아이알, 2022), 101.

"그러므로 우리는 예수로 말미암아 항상 찬송의 제사를 하나님께 드리자 이는 그 이름을 증언하는 입술의 열매니라"_히브리서 13:15

성도가 항상 찬송할 수 있는 이유는 예수 그리스도의 은혜가 어제나 오늘이나 영원토록 동일하기 때문이다히 13:8. 우리의 상황이 아무리 변하여도, 결코 변함이 없는 예수 그리스도의 십자가 사랑과 은혜를 생각하면 항상 하나님을 찬송할 수 있다. 이러한 절대긍정의 믿음의 예배는 하나님의 구원의 찬송과 은혜의 노래와 분리될 수 없다.

또한, 찬양과 감사는 성령충만의 표징이다. 성령으로 충만하고 절대긍정의 믿음을 갖게 되면 마음으로 주님께 노래하고 찬송하며 범사에 예수 그리스도의 이름으로 항상 하나님 아버지께 감사하게 된다.

"술 취하지 말라 이는 방탕한 것이니 오직 성령으로 충만함을 받으라 시와 찬송과 신령한 노래들로 서로 화답하며 너희의 마음으로 주께 노래하며 찬송하며 범사에 우리 주 예수 그리스도의 이름으로 항상 아버지 하나님께 감사하며 그리스도를 경외함으로 피차 복종하라"_에베소서 5:18-21

사도 바울은 이러한 찬송을 서로 화답하며 노래할 것을 권면한다. 찬송은 홀로 하나님과 독대하며 경배하는 것이기도 하지만, 서로 화답하며 예수 그리스도의 몸 된 교회 안에서 '함께' 하나님을 찬송하는 것이기도 하다.

회중 찬송은 예배를 위해 모인 회중이 함께 하나님을 찬송하는 예전이다. 개신교 예배에서 중요한 위치를 차지하는 회중 찬송은 종교개혁 시기에 마르틴 루터Martin Luther에 의해 탄생하였다. 루터는 로마 가톨릭교회의 음악과의 차별화를 시도히였는데 '내 주는 강한 성이요'새찬송가 585장 등의 수많은 곡을 작곡하여 회중 찬송으로 부르게 하였다. 루터는 중세 시기의 여덟 개의 교회 선법을 열두 개로 확대하여 오늘날 장조와 단조의 조성을 위한 음악을 처음으로 시도하였다.[22] 성도들이 함께함으로 찬양할 때 하나님의 임재와 기적이 일어나게 된다대하 5:13, 20:21-22; 행 16:25-26.

시편은 찬양의 시 모음집이다. 그중 시편 150편은 시편 전체의 결론이자 모든 성도의 찬양의 의무를 말하고 있다.

"할렐루야 그의 성소에서 하나님을 찬양하며 그의 권능의 궁창에서 그를 찬양할지어다"_시편 150:1

시편 150편은 '할렐루야'로 시작된다. '할렐루야'의 '할렐הלל'은 히브리어로 '찬양하다, 자랑하다'라는 의미이다. 죄로부터 '할례'받은 성도의

---

22 위의 책, 53.

마음에는 어떤 상황에서도 하나님께 대한 '할렐'이 넘쳐나게 된다. '루¹'는 '너희들'이란 의미이다. 일차적으로는 하나님의 백성이 된 성도들을 의미하지만, 더 나아가 세상의 모든 인간과 피조물을 의미하기도 한다사 43:21. '야¹¹'는 '여호와야훼 하나님'을 말한다. 이 세상에 다른 신은 없다. 여호와야훼 하나님은 스스로 계신 영원한, 유일하신 하나님으로출 3:14; 사 26:4; 시 37:25, 세상 모든 피조물의 찬양을 받기에 합당하신 분이다.

시편 150편 1절은 찬양의 장소를 이야기한다. 우리는 교회 성소에서 하나님을 찬양해야 한다. 교회에는 언제나 은혜의 찬양이 힘차게 넘쳐흘러야 한다. 또 마음의 성소에서 찬양해야 한다. 하나님은 우리 마음 하늘에도 계시고 우리 영혼에 지성소를 만드셨다. 구약 성막이 이동한 것처럼, 성도의 몸도 움직이는 하나님의 성전이다고전 3:16. 그러므로 어디에 있든지 주님을 찬양할 때 주님이 그 가운데 임재하시고 그곳이 거룩한 전이 될 수 있다시 22:3. 성경은 하나님을 권능의 궁창에서 찬양하라고 말한다시 150:1. 또, 히브리인들에게 궁창은 하늘의 하나님을 상징한다. 심판도 구원도 하늘에서 내려오고 비나 만나와 같은 모든 은혜가 하늘에서 내려온다. 그러므로 권능의 궁창은 하나님의 모든 은총과 영광을 드러낸다약 1:17; 시 19:1. 성도의 마음 안에도 영적인 궁창이 있다. 그러므로 그 마음에 계신 하늘의 하나님을 모시며 찬양해야 한다. [23]

---

23 이영훈, "궁창(하늘)을 창조하신 하나님", 여의도순복음교회 특별새벽기도회설교(2023. 11. 14).

하나님을 찬양할 때 제반 악기로 찬양해야 하지만시 150:3-5, 사람의 몸이 최고의 악기이다. 성도들은 자기의 목소리로 찬양해야 한다. 또 손뼉을 치며시 47:1, 손을 들고시 28:2, 서서시 134:1, 무릎을 꿇고계 4:10, 또 발로 춤추면서 찬양할 수 있다대상 13:8.

"호흡이 있는 자마다 여호와야훼를 찬양할지어다 할렐루야"_시편 150:6

시편 150편 6절은 시편의 마지막 구절이다. 지구상에 호흡이 없는 생물은 없다. 육체적 호흡psyche이 있다면 창조주 하나님께 마땅히 찬양해야 한다. 우리가 움직이며 기동하는 호흡bios도 있지만, 영적인 생명으로서의 호흡zoe도 있다. 성도는 영적으로 살아 있어야 한다. 매일, 매순간, 하루에 일곱 번 이상씩 찬양해야 한다시 119:164.

우리는 하나님을 아는 만큼 찬양하게 된다. 다윗은 하나님의 전지하심과 무소부재하심을 깊이 느꼈을 때 감격의 시를 쓰며 하나님을 찬양하였다시 139편. 그러므로 찬양을 더 잘 하려면 하나님을 더 깊이 알아가야 한다. 찬양이 '하나님이 누구이시며 어떤 분이신가에 대해 감격하며 경배하는 것'이라면, 감사는 '하나님이 나를 위해 행하신 일에 대하여 영광을 돌리는 것'이다. 시편의 마지막 단어가 '할렐루야'시 150:6라면 신약성경의 마지막 단어는 '아멘'계 22:21이다. 하나님의 능력과 성품과 진리의 말씀과 구원의 은혜는 모두 다 찬송의 대상이자 절대긍정의 아멘이 되는 것이다계 19:1.

3. 절대긍정과 절대감사

하나님께 대한 절대긍정의 믿음을 가진 자는 하나님께 절대긍정의 예배와 찬송을 올려드린다. 감사는 예배와 찬송의 핵심이다. 감사의 마음 없이 진정한 예배나 찬송이 이루어지지 않기 때문이다. 절대감사는 하나님을 향한 최고의 예배가 된다.[24]

"감사로 제사를 드리는 자가 나를 영화롭게 하나니 그의 행위를 옳게 하는 자에게 내가 하나님의 구원을 보이리라"_시편 50:23

감사의 제사는 하나님을 영화롭게 한다. 그래서 하나님은 성도들에게 "범사에 감사하라"살전 5:18고 명하셨다. 이는 무조건 감사, 한평생 감사, 절대감사이다. 삶의 일부분이 아니라 범사에 감사하는 것이 성도를 향한 하나님의 뜻이다. 만일 성도가 환경이나 사람을 바라보며 감사의 조건을 찾는다면 범사에 감사하는 것은 불가능하다. 고난과 어려움이 닥칠 때는 낙담과 원망과 분노가 생기기 쉽기 때문이다. 하지만 "범사에 감사하라"는 절대감사는 오직 절대긍정의 사랑의 하나님을 바라볼 때 가능해진다.

절대감사의 근거는 바로 예수 그리스도의 십자가를 통해 나타난

---

24 이영훈, 『감사의 기적』 (서울: 두란노서원, 2015), 138.

좋으신 하나님의 사랑이다롬 5:5. 하나님은 예수님을 통해 우리를 절대적으로 긍정하고 계신다. 그리고 어떤 상황에도 모든 것을 합력하여 선이 되게 만드신다롬 8:28. 우리의 범사가 절대긍정의 사랑의 하나님의 통치와 섭리 안에 있기에, 어떠한 고난과 어려움 속에서도 주님은 우리를 인도하시고 보호하신다. 그래서 때로 나의 뜻과 다른 일이 생길지라도 감사하며, 고난과 박해 가운데서도 감사하며, 호흡이 다하는 순간까지도 하나님께 감사의 고백을 드리게 된다. 이처럼 우리 인생의 모든 일에 감사할 때 하나님께서는 가장 큰 영광을 받으신다.

> 절대긍정의 하나님을 믿고 감사하면 하나님의 때에, 하나님의 방법을 따라 놀라운 일이 다가옵니다. 감사를 통해 절대긍정의 믿음을 표현하면 고난이 변하여 축복이 되고, 슬픔이 변하여 기쁨이 되고, 절망이 변하여 희망이 되는 은혜를 경험하게 됩니다.[25]

성경은 원망하고 불평하는 사람들은 하나님의 위대하신 역사에 참여할 수 없다는 것을 말한다. 성경은 하나님과 지도자 모세를 원망했던 이스라엘 백성들이 그 삶을 광야에서 마감하게 되었다고 기록하고 있다민 14:28-30. 이스라엘의 백성 중, 하나님이 예비하신 축복의 땅 가나안에 들어간 사람은 절대긍정의 믿음을 갖고 입술로 고백한 여호수아와 갈렙뿐이었다. 좋은 것은 좋아서 감사하고 좋지 않은 것은

---

25 이영훈, 『절대긍정의 기적』 (서울: 교회성장연구소, 2023), 207.

좋게 될 것을 믿으며 범사에 감사할 수 있어야 한다. 욥은 형통할 때에도 감사했지만 시험과 극심한 고난 중에도 원망하지 않고 감사했다. 이는 선하신 절대긍정의 하나님의 주권을 믿기 때문에 가능한 것이었다.

> "내가 모태에서 알몸으로 나왔사온즉 또한 알몸이 그리로 돌아가올지라 주신 이도 여호와야훼시요 거두신 이도 여호와야훼시오니 여호와야훼의 이름이 찬송을 받으실지니이다 하고 이 모든 일에 욥이 범죄하지 아니하고 하나님을 향하여 원망하지 아니하니라"_욥기 1:21-22

옥중서신은 사도 바울이 감옥에서 쓴 편지로서 에베소서, 골로새서, 빌립보서, 빌레몬서를 포함한다. 이 편지들을 보면 놀라운 사실을 발견할 수 있는데 그것은 각 편지에 '감사'라는 단어가 자주 등장한다는 것이다.[26] 보통 밖에 있는 사람이 감옥에 갇힌 사람을 위로하는 것이 일반적이다. 그러나 사도 바울은 감옥에 갇힌 상황에서도 하나님께 감사의 고백을 드리며 더 나아가 교회들과 성도들에게 감사할 것을 권면하고 있다. 사도 바울이 감옥 안에 있음으로 공적 예배를 드리거나 주관할 수는 없었지만, 절대절망의 상황 가운데도 절대감사의 고백을 통해 하나님께 온전한 예배를 드리고 있었던 것이다.

---

26 사도 바울은 감사를 명령하거나(엡 5:4, 20; 빌 4:6; 골 2:7, 3:15-17, 4:2), 스스로 감사하다고 고백한다(엡 1:16; 빌 1:3; 골 1:3, 12; 몬 1:4).

사도 바울은 골로새 교회 성도들에게 절대긍정의 굳센 믿음과 감사의 깊은 상관관계를 말하고 있다. "믿음에 굳게 서서 감사함을 넘치게 하라"골 2:7 믿음이 강한 자의 특징은 넘치는 감사이고 절대감사의 그리스도인은 굳센 믿음을 가진 자라는 것이다.

예수님도 우리에게 절대감사의 예배자로서의 본이 되신다. 예수님은 최후의 만찬 때 감사의 기도를 드리셨다.

"또 잔을 가지사 감사 기도 하시고 그들에게 주시니 다 이를 마시매"
_마가복음 14:23

우리는 이 상황이 예수님께서 잡히시기 전날 밤 제자들과 함께 모인 자리인 것을 기억해야 한다. 이 밤이 지나면 예수님은 십자가에 못 박혀 죽임을 당할 것이다. 이런 절체절명의 고난을 앞두고서도 예수님은 하나님 아버지께 감사기도를 드리셨던 것이다. 십자가의 현실은 너무나 절망적이지만, 예수님은 부활의 소망과 하나님의 인류에 대한 구원의 비전을 보신 것이다. 그래서 절대절망의 십자가는 절대긍정의 믿음과 감사의 예배로 이미 절대긍정의 부활과 영생의 소망으로 변화되어 있었던 것이다.

감사의 마음으로 드리는 예배는 하나님을 절대적으로 긍정하는 영적 행위이기에 예배자 자신도 긍정의 에너지를 가진 긍정의 사람으로 변화하게 한다. 감사와 긍정의 관계를 연구하는 긍정 심리학도 감사를 잘하는 사람들이 어려운 상황 가운데서도 긍정적인 이유들을 발견한다고 말한다.[27] 감사가 긍정적인 정서들자존감, 우호성, 성실성, 낙관성, 회복력 등을 더 많이 갖게 함으로 삶에 대한 만족감과 안정감이 부정적인 사람들보다 더 높다는 것이다. 절대감사의 믿음으로 부정적인 생각과 싸우면 어려움을 기쁨으로 극복하고 성공적인 삶을 살아갈 수 있다.[28]

탈무드에도 "세상에서 가장 지혜로운 사람은 배우는 사람이고 세상에서 가장 행복한 사람은 감사하며 사는 사람이다"라는 격언이 있다. 좋으신 하나님에 대한 절대긍정의 믿음은 어떠한 상황에서도 성도들이 감사할 수 있게 하고 문제를 극복하는 태도로 말미암아 더 건강하고 행복한 삶으로 이끈다고 말할 수 있다. 사도 바울은 다음과 같이 말했다.

> "그런즉 누구든지 그리스도 안에 있으면 새로운 피조물이라 이전 것은 지나갔으니 보라 새 것이 되었도다"_고린도후서 5:17

여기서 '피조물'로 번역된 헬라어 '크티시스κτίσις'는 '창조물'이라는 의미를 담고 있다. 하나님은 그리스도 안에서 우리를 완전히 새로운

---

27 마틴 셀리그만, 『긍정의 심리학』, 김인자·우문식 역 (안양: 물푸레, 2020), 130-132.
28 이영훈, 『성공에 이르는 12가지 지혜』, 73-74.

존재로 재再창조하셨다. 우리는 이전의 부정적인 죄성의 자아가 예수 그리스도와 함께 십자가에 못 박혔다는 사실을 기억해야 한다. 미움과 분노, 불평과 용서하지 못하는 마음, 부정적인 생각 등은 옛 자아에 속한 모습이다. 예수 그리스도는 모든 일에 절대긍정의 믿음으로 하나님께 아멘으로 응답하셨다빌 2:8; 고후 1:20.

이제 그리스도 안에서 새롭게 창조된 우리는 모든 부정적인 마음을 버리고 하나님 앞에 절대긍정과 절대감사의 믿음으로 나아가야 할 것이다. 무엇보다 우리는 한평생 감사의 찬송을 부름으로써 절망으로 가득한 세상에 하나님의 축복을 흘러보내어 희망의 빛을 비추어야 한다.[29]

하나님에 대한 절대긍정의 믿음은 하나님의 말씀에 대한 절대사랑과 절대순종의 태도로 나타날 수 있다. 그리고 절대긍정의 믿음은 온전한 공적 예배뿐 아니라 삶으로서의 예배도 최우선순위에 두는 모습으로 나타난다. 그래서 어떤 환경 가운데에도 하나님을 경배하고 찬송하며 절대감사의 고백을 항상 하나님께 올려드리게 된다.

---

29 이영훈, "절대긍정 절대감사", 주일예배설교(2021. 1. 3).

The Theological
Practice of
Absolute Positivity

"

이와 같이 성령도 우리의 연약함을 도우시나니
우리는 마땅히 기도할 바를 알지 못하나
오직 성령이 말할 수 없는 탄식으로
우리를 위하여 친히 간구하시느니라

로마서 8장 26절

"

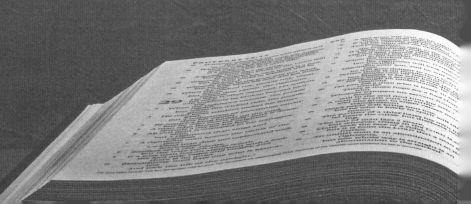

Part

2

—

절대긍정의 기도(1): 삼위일체형 기도

—

Intro

기도는 영적인 호흡이다. 숨을 쉬지 않으면 육체의 생명을 유지할 수 없듯이 기도하지 않으면 영적 생명력을 보전할 수 없다. 또한 기도할 때 하나님의 마음과 뜻을 알 수 있으며 하나님이 주시는 비전으로 우리의 삶이 인도받을 수 있다.[30]

절대긍정의 기도란 전능하신 하나님에 대한 절대긍정의 믿음으로 드리는 간절한 기도이다. 이번 파트에서 절대긍정의 기도 모델로 삼위일체형 기도를 소개하고자 한다. 그것은 하나님의 말씀으로 드리는 성구기도, 예수님의 보혈을 적용하는 보혈기도, 그리고 성령님이 주시는 하늘의 영적 언어로 기도하는 방언기도이다. 이러한 세 가지 기도 모델은 성부 하나님과 성자 예수님과 성령 하나님을 전적으로 긍정하는 믿음의 기도 모델이다.

---

30 이영훈, 『오직 기도로』 (서울: 교회성장연구소, 2022), 서문. 이 책은 기도에 대한 종합적인 내용을 자세하게 수록하고 있다.

Chapter 04

절대긍정의 기도 모델(1): 성구기도

1. 성구기도의 의미

성구기도는 성경 말씀을 직접 인용하거나 묵상하면서 하는 기도이다. 많은 성도가 성경이 기도의 책the book of prayer이라는 사실을 깊이 모른다. 우리는 성경에서 수많은 기도문을 발견할 수 있다. 성경에는 아브라함의 중보기도창 18:22-33, 모세의 기도출 33:12-16; 시 97편, 솔로몬의 기도왕상 8:22-53, 아굴의 기도잠 30:7-9, 느헤미야의 기도느 1:4-11, 바울의 기도빌 1:9-11 등 믿음의 인물들의 기도가 많이 나온다.

하나님의 말씀은 우리를 기도의 세계로 초대하고invites us to pray, 기도하는 법을 가르쳐 주며instructs us in prayer, 기도에 영감을 불러일으키도록

inspires our prayer 도와준다.[31] 그러므로 성구기도를 하다 보면 성경과 더 가까워지고 하나님 말씀을 사랑하는 기도의 영적 비밀을 배우게 된다.

2. 성구기도의 유익

하나님의 말씀을 붙잡고 기도하는 성구기도는 무엇보다 기도에 대한 강한 열망을 불어넣어 준다. 그러므로 개인적으로나 교회 기도회 때나 하나님 말씀을 먼저 읽거나 들은 뒤에 기도하는 것이 중요하다.

성경은 다니엘이 어떻게 해서 강력한 기도의 결단을 하게 되었는지 보여 준다. 다니엘은 예레미야서의 두루마리를 읽다가 이스라엘 민족을 향한 하나님의 계획과 섭리를 알게 되었다.

> "곧 그 통치 원년에 나 다니엘이 책을 통해 여호와야훼께서 말씀으로 선지자 예레미야에게 알려 주신 그 연수를 깨달았나니 곧 예루살렘의 황폐함이 칠십 년만에 그치리라 하신 것이니라 내가 금식하며 베옷을 입고 재를 덮어쓰고 주 하나님께 기도하며 간구하기를 결심하고"
> _다니엘 9:2-3

다니엘이 말씀을 읽다가 기도에 대해 결단한 것처럼, 우리도 하나님

---

31 홍영기, 『기도부흥 프로젝트』(인천: 도서출판 바울, 2002), 34.

의 말씀을 읽을 때 하나님을 사모하며 하나님께 가까이 나아가 기도하고 싶은 열망을 갖게 된다. 기도를 잘하는 비결은 하나님의 말씀을 사랑하는 것이다. 말씀을 사랑하며 읽고 기도할 때 하늘의 금고가 열리고 하나님의 복이 부어지는 통로가 될 수 있다.[32]

또 다른 성구기도의 중요한 유익은 하나님의 뜻에 따라 기도할 수 있다는 것이다. 기도의 목적은 자신의 뜻을 관철하는 데에 있지 않고 하나님의 뜻을 알고 그 뜻에 순종하는 데에 있다. 그러므로 성도는 하나님의 말씀을 의지하며 기도해야 한다.[33] 하나님 말씀의 감화 없이는 하나님의 마음에 맞는 온전한 기도를 할 수 없기 때문이다. 하나님의 말씀을 따라 하는 성구기도는 우리가 살아계신 하나님을 경험하게 하고, 우리의 마음과 생각과 뜻을 하나님의 말씀의 검으로 수술받게 함으로 온전하게 해 준다.

"하나님의 말씀은 살아 있고 활력이 있어 좌우에 날선 어떤 검보다도 예리하여 혼과 영과 및 관절과 골수를 찔러 쪼개기까지 하며 또 마음의 생각과 뜻을 판단하나니"_히브리서 4:12

성구기도는 또한 성경 말씀의 읽기와 묵상과 암송을 겸하는 기도이

---

32 이영훈, 『작은 예수의 영성 1』 (서울: 넥서스CROSS, 2014), 225.
33 이영훈, 『변화된 신분 변화된 삶』, 125-139.

기에 풍성한 영적 자양분을 얻게 한다. 말씀 읽기는 식사와 같은 것이어서 말씀을 읽을 때 영적 양식벧전 2:2과 기쁨렘 15:16을 얻을 수 있다. 성구기도는 우리가 영적으로 피상적인 수준에서 머무르지 않도록 기도의 수준을 끌어올려 준다.

3. 성구기도의 방법

먼저 우리는 다양한 상황에서 말씀을 읽고 인용하며 성구기도를 활용할 수 있다. 예를 들어 사람들이 병들었을 때 우리는 하나님의 '치유의 약속의 말씀'을 인용하며 기도할 수 있다.

성구기도 예시 1

"믿는 자들에게는 이런 표적이 따르리니 곧 그들이 내 이름으로 귀신을 쫓아내며 새 방언을 말하며 뱀을 집어올리며 무슨 독을 마실지라도 해를 받지 아니하며 병든 사람에게 손을 얹은즉 나으리라 하시더라"
_ 마가복음 16:17-18

마가복음 16장 17절에 나오는 '믿는 자들'이란 말에 자신의 이름을 넣어서 선포하며 치유의 약속의 말씀을 붙잡고 기도할 수 있다.

"믿는 _____에게는 이런 표적이 따르리니 곧 예수님의 이름으로 귀신을 쫓아내며 새 방언을 말하며 … 병든 사람에게 손을 얹은즉 나으리라" _마가복음 16:17-18

성구기도 예시 2

나 자신이나 사람들이 여러 가지 무거운 문제로 인하여 괴로워할 때에도 우리는 '예수님의 희망의 말씀'을 인용하며 기도할 수 있다.

"수고하고 무거운 짐 진 _____아(야) 다 내게로 오라 내가 _____(이)를 쉬게 하리라" _마태복음 11:28

사람들의 구원을 위해 기도할 때도 우리는 말씀을 인용하여 사용하여 기도할 수 있다.

"우리 주 예수 그리스도의 하나님, 영광의 아버지께서 지혜와 계시의 영을 _____(이)에게 주사 하나님을 알게 하시고 _____(이)의 마음의 눈을 밝히사 그의 부르심의 소망이 무엇이며 성도 안에서 그 기업의 영광의 풍성함이 무엇이며 그의 힘의 위력으로 역사하심을 따라 믿는 우리에게 베푸신 능력의 지극히 크심이 어떠한 것을 _____ 알게 하시기를 구하노라" _에베소서 1:17-19

우리는 영적인 축복을 위해서도 성구기도를 활용할 수 있다.

"그의 영광의 풍성함을 따라 그의 성령으로 말미암아 _____(이)의 속
사람을 능력으로 강건하게 하시오며 믿음으로 말미암아 그리스도께서
_____(이)의 마음에 계시게 하시옵고 _____(이)가 사랑 가운데
서 뿌리가 박히고 터가 굳어져서 능히 모든 성도와 함께 지식에 넘치는 그
리스도의 사랑을 알고 그 너비와 길이와 높이와 깊이가 어떠함을 깨달아
하나님의 모든 충만하신 것으로 _____(이)에게 충만하게 하시기를 구
하노라"_에베소서 3:16-19

우리가 마음과 영혼을 하나님의 성품과 그분의 말씀에 주목한다면
기도의 내용이나 자세가 놀랍게 변화될 것이다.

둘째, 말씀 묵상을 통한 성구기도이다. 예수님은 "사람이 떡으로만
살 것이 아니요 하나님의 입으로부터 나오는 모든 말씀으로 살 것이라"
마 4:4고 말씀하셨다. 말씀을 읽는 중에 '성령의 감동이 오는 말씀'을 더
깊이 묵상하면서 기도할 수 있다. 말씀을 묵상할 때 살아계신 하나님의
지혜와 능력이 임하게 된다. 하나님은 가나안 입성을 위해 전쟁을 수행
해야 하는 지도자 여호수아에게 하나님의 말씀을 주야로 묵상하라 명하
셨고, 말씀을 묵상하며 순종할 때 형통하게 될 것이라는 약속을 주셨다.

"이 율법책을 네 입에서 떠나지 말게 하며 주야로 그것을 묵상하여 그

안에 기록된 대로 다 지켜 행하라 그리하면 네 길이 평탄하게 될 것이며 네가 형통하리라"_여호수아 1:8

말씀을 읽고 묵상하는 것은 단숨에 훈련되지 않는다. 시간과 마음을 정하여 투자해야 하고 성령님의 지혜와 능력을 계속 구해야 한다. 말씀을 '묵상한다'라는 것은 소가 '되새김질한다'라는 의미를 포함한다. 소가 풀을 계속해서 씹고 넘길 때에 영양분이 되듯이, 하나님의 말씀을 듣거나 읽은 다음 기도와 함께 말씀을 묵상하면 영적인 영양분을 깊이 빨아들일 수 있다. 이런 식으로 말씀 묵상의 기도를 계속 할수록 우리는 영적으로 꾸준히 성장할 수 있다.

묵상기도 예시 1

"야베스가 이스라엘 하나님께 아뢰어 이르되 주께서 내게 복을 주시려거든 나의 지역을 넓히시고 주의 손으로 나를 도우사 나로 환난을 벗어나 내게 근심이 없게 하옵소서 하였더니 하나님이 그가 구하는 것을 허락하셨더라"_역대상 4:10

야베스는 복을 주시는 분이 하나님이시라는 것을 정확히 알고 있었고 하나님께 세 가지로 절대긍정의 믿음의 기도를 드렸다.[34] 첫째로, 자

---

34 이영훈, 『오직 기도로』, 272-281.

신의 믿음의 영토가 넓어지게 해 달라고 기도하였다. 둘째로, 주님의 손으로 도와달라고 기도하였다. 셋째로, 환난을 벗어나 근심이 없게 해 달라고 기도하였다. 우리도 야베스의 기도를 자신의 기도로 만들어서 복의 근원이신 하나님께 하나님의 복을 구해야 한다. 이 말씀을 묵상하며 자신의 이름을 넣어서 기도할 수 있다.

"_____(이)가 이스라엘 하나님께 아뢰어 이르되 주께서 _____ (이)에게 복을 주시려거든 _____(이)의 지역을 넓히시고 주의 손으로 _____을(를) 도우사 _____(이)로 환난을 벗어나 _____(이) 에게 근심이 없게 하옵소서 하였더니 하나님이 _____(이)가 구하는 것을 허락하셨더라" _역대상 4:10

묵상기도 예시 2

"그러나 자족하는 마음이 있으면 경건은 큰 이익이 되느니라 우리가 세상에 아무 것도 가지고 온 것이 없으매 또한 아무 것도 가지고 가지 못하리니" _디모데전서 6:6-7

우리는 이렇게 기도할 수 있다. "주님, 제게 자족하는 마음을 주옵소서. 저를 붙들어 주셔서 세상 것에 욕심을 내지 않게 해 주소서. 주님만이 제 소망이 되게 해 주소서!" 이 구절에 자신의 이름을 넣고 묵상하며 기도할 수 있다.

"그러나 자족하는 마음이 있으면 경건은 큰 이익이 되느니라 _____ (이)가 세상에 아무 것도 가지고 온 것이 없으매 또한 아무 것도 가지고 가지 못하리니"_디모데전서 6:6-7

이렇게 말씀 묵상의 기도를 계속해 나가면 성도의 속사람은 하나님의 말씀으로 강건하게 되어 영적으로 꾸준히 성장하고 성숙해질 수 있다. 성경은 "주의 말씀은 내 발에 등이요 내 길에 빛이니이다"시 119:105라고 말한다. 말씀 묵상은 영혼의 내면을 변화시켜서 속사람을 강건하게 한다.

셋째, 말씀 암송을 통한 성구기도이다. 특별히 암송한 말씀을 사용하여 기도하는 것은 큰 유익이 있다. 말씀에 근거한 기도는 하나님의 뜻과 일치하는 기도이기 때문이다.

예를 들어, 하나님에게 응답받아야 할 기도 제목이 있다면 예레미야 33장 3절 말씀을 의지하여 다음과 같이 기도할 수 있다. "하나님 아버지, '너는 내게 부르짖으라 내가 네게 응답하겠고 네가 알지 못하는 크고 은밀한 일을 네게 보이리라'렘 33:3고 말씀하셨습니다. 이 말씀을 의지하여 기도합니다. 약속의 말씀대로 내게 응답하여 주옵소서." 이렇게 암송한 말씀을 믿음으로 고백하며 기도하면 하나님이 그 기도에 속히 응답해 주실 것이다.[35]

---

35   이영훈, 『성공에 이르는 12가지 지혜』, 115–116.

암송한 말씀은 성도의 사고방식을 하나님의 말씀에 맞추어서 절대긍정과 절대감사의 인격을 형성하여 온전히 예수님의 성품으로 성화시킨다. 말씀을 암송하면 마귀를 대적할 수 있는 말씀의 능력이 주어지고 마 4:1-11, 하나님의 약속을 붙들고 기도할 수 있는 믿음의 능력이 주어진다엡 1:17-18, 3:16-17. 또한 기록된 하나님의 말씀인 로고스가 우리에게 용기와 위로를 주는 살아 있는 하나님의 말씀인 레마로 새롭게 되어 전능하신 하나님의 능력을 체험할 수 있다. 암송하고 있는 말씀은 다른 사람들을 위로하거나 권면할 수 있는 능력도 갖게 한다.

> "사람은 그 입의 대답으로 말미암아 기쁨을 얻나니 때에 맞는 말이 얼마나 아름다운고"_잠언 15:23

미국에서 레이크우드 교회를 담임하고 있는 조엘 오스틴Joel Osteen 목사의 어머니가 어느 날 간암 말기 판정을 받았다. 어머니의 상태가 너무 심각해서 의사도 더는 손을 쓸 방법이 없다고 말했다.

하지만 그의 어머니는 낙심하지 않았다. 오히려 하나님께서는 분명히 치료하실 수 있다고 믿었다. 그래서 치료에 관련된 말씀을 메모지에 써서 안방, 거실, 화장실 등 눈에 잘 보이는 곳곳에 붙여 놓았다. 그리고 매일 그 말씀을 보고 읽으면서 자신이 치료받았음을 믿음으로 고백했다.

"그가 채찍에 맞으므로 우리는 나음을 받았도다"사 53:5 "예루살렘 부근의 수많은 사람들도 모여 병든 사람과 더러운 귀신에게 괴로움 받는 사람을 데리고 와서 다 나음을 얻으니라"^{행 5:16} 이 같은 치료에 관련된 말씀을 읽고 묵상하며 믿음으로 고백했다. "아멘! 나도 다 나음을 얻었습니다!"

그의 어머니가 이렇게 믿음으로 말씀을 계속 고백하자, 하나님이 그 고백대로 역사하셨고 결국 그녀의 말기 암은 사라져버리고 말았다. 우리의 삶 가운데 하나님의 말씀을 믿고 의지하고 고백하면 그 말씀의 능력이 우리에게 나타나게 되는 것이다.[36]

미국 해군 항공대 소속이었던 제레미아 덴튼_{Jeremiah A. Denton Jr.}은 베트남 전쟁에서 포로로 잡혀 수용소에 갇히게 되었다. 그는 7년 수감 중 대부분의 시간을 독방에 감금된 채 생활했고, 끔찍한 고문을 당하기도 했다. 그런데 그는 혹독한 고문의 고통에서 살아남아 석방 되었고 나중에는 미국 앨라배마주 연방상원의원으로 선출되었다. 어느 기자가 그에게 어떻게 포로 생활의 고통과 지루함을 견딜 수 있었는가를 질문했다. 그 질문에 그는 자신이 생존할 수 있었던 이유는 바로 성경 말씀을 암송하고 있었고 그 말씀을 묵상하면서 기도하였기 때문이라고 대답했다. 이렇게 말씀 암송은 우리가 성경을 직접 가지고 있지 않거나 힘든 상태에 있을 때에 영적인 위로와 힘을 얻을 수 있는 가장 탁월한 방법이 된다.

---

36 위의 책, 116-117.

성구기도를 주문식으로 하는 것을 주의해야 한다. 평상시에는 하나님 말씀을 읽지도 않고 묵상하지도 않다가 기도할 때만 그저 한두 구절만 인용하여 기도하는 식이라면 풍성한 기도 생활을 기대할 수 없다. 규칙적으로 하나님 말씀을 읽고 묵상하는 생활이 병행되어야 효과적인 성구기도를 실행할 수 있다.[37]

---

37 홍영기, 『기도부흥 프로젝트』, 40-41.

절대긍정의 기도 모델(2): 보혈기도

1. 보혈기도의 의미

보혈기도란 예수님의 보혈의 능력을 믿고 의지하며 보혈을 적용하는 기도이다. 예수님은 십자가에서 물과 피를 모두 쏟으시고 "다 이루었다"요 19:30라고 말씀하셨다. 이 말은 인간의 모든 죄악과 그로 인해 찾아온 저주의 문제를 다 해결하시고 우리를 구원하셨다는 의미이다. 예수님의 보혈은 죄와 사망에 빠져있는 인간에게 하나님 나라의 영생과 자유를 주는 하나님 사랑의 결정체이다.[38]

---

[38] 이영훈, 『기도의 기적』 (서울: 두란노서원, 2013), 170.

"우리가 아직 죄인 되었을 때에 그리스도께서 우리를 위하여 죽으심으로
하나님께서 우리에 대한 자기의 사랑을 확증하셨느니라"_로마서 5:8

기독교 신앙의 핵심은 예수 그리스도의 십자가와 보혈이다고전 1:18.
기독교는 '기도교'이다. 기도가 없이는 기독교 신앙이 존재하지 못한
다. 기독교의 기도 가운데 핵심은 바로 예수님의 보혈의 은총과 권능
에 대한 기도이다. 우리가 예수님의 보혈로 기도할 때 삶의 모든 죄
악과 불행과 저주가 청산되며 하나님의 풍성한 사랑이 성령으로 말
미암아 우리 마음에 부어지게 된다.

"소망이 우리를 부끄럽게 하지 아니함은 우리에게 주신 성령으로 말미
암아 하나님의 사랑이 우리 마음에 부은 바 됨이니"_로마서 5:5

또 예수님의 보혈을 믿고 의지하는 모든 성도는 담대히 하나님의
보좌로 나아갈 수 있게 되었다.[39] 그래서 보혈기도를 드릴 때마다 하
나님의 사랑으로 말미암아 담대함을 얻을 수 있다.

"그러므로 형제들아 우리가 예수의 피를 힘입어 성소에 들어갈 담력을
얻었나니 그 길은 우리를 위하여 휘장 가운데로 열어 놓으신 새로운 살
길이요 휘장은 곧 그의 육체니라"_히브리서 10:19-20

---

39 이영훈, 『십자가의 기적』 (서울: 두란노서원, 2014), 161-162.

2, 보혈기도의 유익

예수님의 보혈기도에는 먼저 죄 사함absolution의 능력이 있다. 성경은 그냥 예수를 믿으라고 하지 않고 회개하고 죄 사함을 받으라고 말한다.

> "베드로가 이르되 너희가 회개하여 각각 예수 그리스도의 이름으로 세례침례를 받고 죄 사함을 받으라"_사도행전 2:38

인간의 가장 큰 문제는 가난의 문제도, 질병의 문제도, 가정의 문제도 아니고 바로 죄의 문제이다. 죄는 영혼의 암과 같다. 이것이 반드시 해결이 되어야 한다. 죄는 하나님과 인간의 사이를 분리시키고 사 59:1-2, 기도 응답을 막고시 66:18, 또 대인관계를 파괴한다창 4:3-8.

인간은 죄를 회개하고 죄 사赦함을 받아야 한다마 26:28. 한자어 '사赦'자에 붉을 적赤 자가 있는 것은 피를 상징할 수 있다. 예수님 피를 통해서만 죄 용서를 받을 수 있다. 예수님 보혈로 기도해야만 죄로부터 깨끗함을 받을 수 있다.

> "그가 빛 가운데 계신 것 같이 우리도 빛 가운데 행하면 우리가 서로 사귐이 있고 그 아들 예수의 피가 우리를 모든 죄에서 깨끗하게 하실 것이요"_요한1서 1:7

예수님의 보혈은 죄에서 우리를 해방하여 죄의 지배를 받지 않게 한다계 1:5. 예수님의 피로 말미암아 의로움을 입고 하나님과 바른 관계에 놓일 수 있다롬 5:9. 예수님은 그분의 피로 우리를 거룩하게 하신다히 13:12. 기도할 때 성도들은 예수님의 피로 말미암아 하나님의 성소에 들어갈 담력을 얻게 된다.

> "그러므로 형제들아 우리가 예수의 피를 힘입어 성소에 들어갈 담력을 얻었나니"_히브리서 10:19

보혈의 능력을 의지하는 기도는 다른 사람의 죄를 용서할 수 있는 마음도 갖게 한다. 예수님은 제자들에게 "우리가 우리에게 죄 지은 자를 사하여 준 것 같이 우리 죄를 사하여 주시옵고"마 6:12라고 기도할 것을 가르치셨다. 제임스 패커James I. Packer 목사는 "하나님의 용서하심으로 살아가는 사람은 하나님의 용서하심을 본받아야 한다"라고 말한 바 있다.[40] 기독교의 황금률인 "무엇이든지 남에게 대접을 받고자 하는 대로 너희도 남을 대접하라 이것이 율법이요 선지자니라"마 7:12는 말씀을 실천해야 한다. 보혈의 능력을 의지하여 기도할 때 예수 그리스도의 영이신 성령님이 우리 마음에 하나님의 사랑과 용서의 마음을 부어 주실 것이다.

---

40 제임스 패커, 『주기도문』, 김진웅 역 (고양: 이레서원, 2022), 88.

"예수께서 모든 도시와 마을에 두루 다니사 그들의 회당에서 가르치시

며 천국 복음을 전파하시며 모든 병과 모든 약한 것을 고치시니라"

_마태복음 9:35

보혈기도에는 치유의 능력이 있다. 질병은 하나님의 뜻이 아니다. 예수님은 천국 복음을 전파하시면서 모든 병과 약한 것들을 고치셨다. 우리가 구원을 받을 때에 이미 치유도 선물로 받은 것을 믿어야 한다. 주님은 모든 병을 고치신다시 103:3. 성경은 예수님이 채찍에 맞음으로 보혈을 흘리심으로 우리가 치유를 받았다고 선포한다사 53:5; 벧전 2:24; 마 8:17. 예수님의 십자가와 보혈을 통하여 죄나 질병의 저주는 그 힘을 잃어버렸다. 이제 더 이상 질병이 우리를 다스리지 못한다. 그러므로 십자가 보혈의 능력을 믿고 고백하고 선포해야 한다.

보혈기도에는 축사의 능력이 있다. 성도도 귀신의 억압을 받을 수 있다. 마귀는 성도의 혼지정의과 마음생각과 몸을 공격하여 억압한다. 마귀의 활동 목적은 사람을 도둑질하고 죽이고 멸망시키는 것이다요 10:10. 그런데 성경은 예수님의 십자가가 마귀를 무력화시켰다고 말한다골 2:15. 십자가는 예수님의 고난과 죽음과 흘리신 보혈을 의미한다. 그래서 어린 양 예수님의 피로 마귀를 이길 수 있게 된다계 12:11. 예수님 보혈이 뿌려지는 순간 마귀는 더 이상 힘을 쓰지 못한다. 예수님의 보혈로 마귀는 합법적으로 물러간다.

"또 우리 형제들이 어린 양의 피와 자기들이 증언하는 말씀으로써 그를

이겼으니 그들은 죽기까지 자기들의 생명을 아끼지 아니하였도다"

_요한계시록 12:11

보혈기도에는 저주를 물리치고 축복을 가져오는 능력이 있다. 이스라엘 백성이 출애굽 하기 전에, 하나님은 모세를 통해 이스라엘 백성들에게 어린 양을 잡아 그 피를 좌우 문설주와 인방에 바르라고 명하셨다출 12:7. 어린 양의 피를 바르지 않은 집의 첫 태생은 바로의 장자로부터 옥에 갇힌 사람의 장자는 물론, 가축의 처음 난 것 모두 죽임을 당했다출 12:29. 하지만 어린 양의 피를 문설주와 인방에 바른 집마다 재앙과 저주가 넘어서 지나가 버렸다.

"내가 애굽 땅을 칠 때에 그 피가 너희가 사는 집에 있어서 너희를 위하

여 표적이 될지라 내가 피를 볼 때에 너희를 넘어가리니 재앙이 너희에

게 내려 멸하지 아니하리라"_출애굽기 12:13

유월절Passover이란 말의 의미는 그러므로 '넘어간다'라는 의미를 갖는다. 하나님의 명령에 순종하여 어린 양의 피를 바른 이스라엘 백성들은 죽음의 재앙과 저주를 당하지 않고, 애굽에서 해방되어 약속의 땅 가나안으로 출발하게 되었다.[41] 하나님이 유월절 어린 양의 사건

---

41 이영훈, 『감사의 기적』, 49-51.

을 영원한 규례로 지키라고 명하신 것은 예수님의 보혈이 우리에게 죽음과 저주를 피하고 참된 생명과 축복을 가져다줌을 기억하게 하기 위함이었다. 예수님 보혈을 의지하여 기도할 때 우리 삶에 저주가 끊어지고 하나님의 복이 임하게 된다.

3. 보혈기도의 방법

예수님의 보혈에 대한 지식과 그 보혈의 권능을 믿고 기도로 적용하는 것은 큰 차이가 있다. 그럼 보혈기도의 방법에는 어떤 것이 있을까?

첫째, 예수 그리스도의 보혈을 마시는 기도를 해야 한다. 예수님 보혈을 기도 가운데 마시게 되면 예수님의 보혈 속에 담긴 하나님의 생명이 우리 속에 흘러 들어오게 된다.

> "예수께서 이르시되 내가 진실로 진실로 너희에게 이르노니 인자의 살을 먹지 아니하고 인자의 피를 마시지 아니하면 너희 속에 생명이 없느니라 내 살을 먹고 내 피를 마시는 자는 영생을 가졌고 마지막 날에 내가 그를 다시 살리리니 내 살은 참된 양식이요 내 피는 참된 음료로다"
> _요한복음 6:53-55

음식이나 음료를 마시면 사람의 몸에 영향이 나타난다. 마찬가지로 예수님의 보혈을 기도로 마시게 되면 영혼육에 변화가 나타난다. 보혈을 마시는 기도는 성찬 예식에서 포도주를 마실 때 할 수 있고, 일상생활 가운데에도 물이나 음료를 마실 때 할 수 있다.

둘째, 예수 그리스도의 보혈을 바르는 기도를 할 수 있다. 구약시대의 제사장들은 동물의 희생의 피를 오른쪽 귓부리와 엄지손가락과 엄지발가락에 발랐다.

> "제사장은 그 속건제물의 피를 취하여 정결함을 받을 자의 오른쪽 귓부리와 오른쪽 엄지 손가락과 오른쪽 엄지 발가락에 바를 것이요"_레위기 14:14

오른쪽 귓부리에 바른다는 것은 예수님의 보혈을 통해 세상의 부정적인 소리를 차단하고 하나님의 음성을 듣게 되는 것이다. 오른쪽 엄지 손가락에 바른다는 것은 우리가 손으로 하는 모든 일에 하나님의 은혜를 구하는 것이다. 오른쪽 엄지 발가락에 바른다는 것은 우리가 가는 모든 곳에 하나님의 인도함을 받게 되는 것이다. 아침에 화장품이나 선크림을 바를 때, 예배를 드릴 때, 예수님 보혈을 바르는 기도를 할 수 있다. 우리는 이렇게 기도할 수 있다. "예수님의 피를 제 영과 혼과 몸에, 그리고 제가 하는 일과 섬기는 교회에 바릅니다." 예수님 보혈을 바를 때, 어둠의 영을 차단하고 하나님의 보호하심을 받을 수 있다.

셋째, 예수 그리스도의 보혈을 뿌리는 기도를 할 수 있다. 하나님은 이스라엘 백성과 언약을 세우실 때, 모세를 통해 피를 뿌리게 하셨다.

"모세가 피를 가지고 반은 여러 양푼에 담고 반은 제단에 뿌리고 언약서를 가져다가 백성에게 낭독하여 듣게 하니 그들이 이르되 여호와야훼의 모든 말씀을 우리가 준행하리이다 모세가 그 피를 가지고 백성에게 뿌리며 이르되 이는 여호와야훼께서 이 모든 말씀에 대하여 너희와 세우신 언약의 피니라"_출애굽기 24:6-8

이것은 하나님이 언약을 반드시 이행하실 것을 확증하는 표시였다. 모세가 뿌린 피는 예수님의 언약의 보혈을 상징하는 것이다. 성경은 하나님이 우리를 택하신 것이 순종과 피 뿌림을 얻게 하기 위하여 택하셨다고 말한다.

"곧 하나님 아버지의 미리 아심을 따라 성령이 거룩하게 하심으로 순종함과 예수 그리스도의 피 뿌림을 얻기 위하여 택하심을 받은 자들에게 편지하노니"_베드로전서 1:2

하나님 말씀에 대한 순종도 중요하지만 예수님의 보혈을 뿌리는 것도 중요한 것이다.

넷째, 예수 그리스도의 보혈을 붓는 기도를 할 수 있다. 마시는 것보다, 바르는 것보다, 뿌리는 것보다, 붓는 것이 더 많은 양이다. 예수님은 십자가 위에서 자신의 피를 다 쏟으셨다.

"그 중 한 군인이 창으로 옆구리를 찌르니 곧 피와 물이 나오더라"
_요한복음 19:34

예수 그리스도의 보혈은 사랑과 용서, 그리고 구원과 은혜의 원천이 된다. 예수님의 보혈을 붓는 기도를 한다는 것은 예수님의 십자가 희생과 사랑이 우리에게 더 풍성하게 부어지기를 기도하는 것이다. 우리가 매일 매순간 예수님 보혈의 능력을 믿고 의지하고 기도할 때 기도의 차원이 높아지고 우리의 삶에 풍성한 은혜와 능력이 나타나게 된다. 영혼이 잘됨 같이 범사에 잘되며 강건하게 되는 은총이 넘치게 되는 것이다.

Chapter
06

절대긍정의 기도 모델(3): 방언기도

1. 방언기도의 의미

　방언기도는 하늘의 기도의 언어로 하나님과 깊은 교제를 위해 주시는 성령의 은사이다. 방언은 성령께서 사람의 영을 통해서 기도하는 것으로 하나님 나라의 초자연적인 언어이다. 방언기도는 성도 안에 충만하게 임재하신 성령님의 역사를 나타내는 증거이기도 하다. 부활하신 예수 그리스도가 승천하실 때 제자들에게 성령을 보내주실 것을 약속하셨고, 오순절 날이 되어 약속하신 성령이 임하셨을 때 그 표적이 바로 방언이었다.[42]

---

[42]　이영훈, 『절대긍정의 신학적 기초』, 198-200.

"그들이 다 성령의 충만함을 받고 성령이 말하게 하심을 따라 다른 언어들로 말하기를 시작하니라"_사도행전 2:4

예수님은 믿는 자들에게 따르는 표적 가운데 하나가 바로 새 방언을 말하는 것이라고 말씀하셨다. 방언은 성령의 임재와 충만의 확증을 주는 것이다.

"믿는 자들에게는 이런 표적이 따르리니 곧 그들이 내 이름으로 귀신을 쫓아내며 새 방언을 말하며"_마가복음 16:17

방언은 성령님이 주시는 기도의 언어이다. 그러므로 방언기도는 강하게 역사하시는 성령님의 능력을 체험하게 되는 기도이다. 그래서 마귀가 그 내용을 알아듣지 못하며 방해할 수도 없다.

"방언을 말하는 자는 사람에게 하지 아니하고 하나님께 하나니 이는 알아 듣는 자가 없고 영으로 비밀을 말함이라"_고린도전서 14:2

방언은 '영으로 비밀을 말하는 것'으로 하나님과 나누는 비밀 대화이다. 그래서 방언기도는 일반 사람들이나 성도들도, 방언 통역의 은사가 임하기 전에는 알아들을 수 없다. 방언기도는 오직 하나님만 들으시기에 성도는 방언을 통해 하나님과 친밀해지며, 하나님과의 교통이 깊어지게 된다. 그러므로 방언은 하나님께 대한 절대긍정의 믿음

을 강화해준다.[43]

2. 방언기도의 유익

방언기도는 다음과 같은 큰 유익을 준다. 첫째, 방언기도는 성도 자신의 덕을 세워준다.[44]

"방언을 말하는 자는 자기의 덕을 세우고 예언하는 자는 교회의 덕을 세우나니"_고린도전서 14:4

예언은 교회의 덕을 세우지만 방언은 자신의 덕을 세운다. 여기서 '덕을 세우다'의 헬라어는 '오이코도메오οἰκοδομέω'인데, '집'이라는 말의 '오이코스οἶκος'와 '세우다'의 말인 '데모δέμω'의 합성어로 '집을 세운다'라는 의미이다. 그래서 방언을 말하면 흔들리지 않는 믿음의 집을 세울 수 있다. 믿음의 건축은 성령의 기도와 사랑과 긍휼을 통해 이루어진다유 1:20-21. 끊임없는 방언기도로 하나님과 영적 대화를 할 때 성도의 믿음이 강해지게 된다. 방언으로 기도할 때 또 하나님이 주시는 영혼의 안식을 얻게 된다.

---

43 이영훈, 『오직 기도로』, 227-228.
44 위의 책, 229.

"그러므로 더듬는 입술과 다른 방언으로 그가 이 백성에게 말씀하시리라 전에 그들에게 이르시기를 이것이 너희 안식이요 이것이 너희 상쾌함이니"_이사야 28:11-12

둘째, 방언기도는 성령님의 도우심을 구할 수 있게 한다. 성령님은 인격적인 분이기 때문에 성령님을 인정하고 그분의 능력을 의지하는 성도에게 역사하신다. 성도는 인생의 중요한 결정을 해야 할 때 방언으로 기도하여 하나님의 뜻을 분별하고 도우심을 구할 수 있다. 방언기도는 성도들의 연약함을 위해서 하나님의 뜻대로 성령님이 간구하는 기도이기 때문에 성도들은 어려움에 부딪혔을 때 하나님의 도우심을 구할 수 있다고전 12:11.

"이와 같이 성령도 우리의 연약함을 도우시나니 우리는 마땅히 기도할 바를 알지 못하나 오직 성령이 말할 수 없는 탄식으로 우리를 위하여 친히 간구하시느니라"_로마서 8:26

특히 큰 시련과 고난에 처했을 때 방언기도는 큰 유익을 준다.[45] 방언기도를 통해 담대함을 얻고 하나님의 인도하심에 대한 확신이 생기는 것이다.[46] 성령님은 방언기도를 통해 성도의 삶에서 하나님 뜻이

---

45 위의 책, 231.
46 이영훈, 『오직 성령으로』, (서울: 교회성장연구소, 2022), 111.

이루어지도록 중보하시고, 위기에서 구해 주시고, 하나님의 지혜로 문제를 해결해 주신다.

셋째, 방언기도는 깊은 기도의 세계로 인도해 준다. 성령으로 세례침례를 받고 방언이 터져 나오면 그때부터 깊은 영적 차원의 세계로 들어가게 된다.[47]

방언기도는 성령님이 대신하는 기도이며 성령님께서 우리를 위해 직접 인도해 주시는 기도이다. 그렇기 때문에 우리의 외적 환경과 상관없이 기도할 수 있게 도와준다. 방언기도는 우리의 노력으로 하는 것이 아니고 성령께서 인도하시는 것이기에 기도가 막히지도 않고 힘도 들지 않는다. 모국어로 기도하면 마귀가 생각으로 자주 방해하고 잡생각이 날 수 있지만, 방언으로 기도하면 기도하는 것이 어렵지 않고 장시간 기도가 가능하게 된다. 우리가 걱정과 염려로 근심하고 있다고 해도 방언으로 기도하면 성령님께서 우리가 구하고 있지 못한 것까지도 구하게 하신다.

넷째, 방언기도는 불신자들에게 복음을 전하는 도구가 될 수 있다. 방언은 믿지 않는 자들을 위한 표적이다. 이런 방언을 '글로솔라리아 γλωσσολαλια'라고 한다.

사도행전 2장에는 방언기도를 통해 복음을 받아들인 유대인들이 회

---

47 위의 책, 105.

개하여 세례침례를 받고 초대교회의 성도들이 된 이야기가 나온다. 이들은 오순절 날 세계 각국에서 예루살렘으로 온 유대인들이었다. 이들은 예루살렘에서 성령으로 충만한 사도들의 방언기도를 듣고 놀랐다. 사도들이 자신들이 사는 나라의 말들로 기도하였기 때문이다.

"오순절 날이 이미 이르매 그들이 다같이 한 곳에 모였더니 홀연히 히늘로부터 급하고 강한 바람 같은 소리가 있어 그들이 앉은 온 집에 가득하며 마치 불의 혀처럼 갈라지는 것들이 그들에게 보여 각 사람 위에 하나씩 임하여 있더니 그들이 다 성령의 충만함을 받고 성령이 말하게 하심을 따라 다른 언어들로 말하기를 시작하니라 그 때에 경건한 유대인들이 천하 각국으로부터 와서 예루살렘에 머물러 있더니 이 소리가 나매 큰 무리가 모여 각각 자기의 방언으로 제자들이 말하는 것을 듣고 소동하여 다 놀라 신기하게 여겨 이르되 보라 이 말하는 사람들이 다 갈릴리 사람이 아니냐 우리가 우리 각 사람이 난 곳 방언으로 듣게 되는 것이 어찌 됨이냐"_사도행전 2:1-8

사도 바울은 그래서 '방언은 믿지 아니하는 사람들을 위한 표적'고전 14:22이 된다고 말하고 있다. 방언은 우리로 하여금 하나님의 말을 하도록 훈련시켜준다. 하나님이 가장 원하시는 소원이 영혼을 구원하는 것이다. 그래서 오늘날에도 방언기도는 복음을 전하는 유용한 도구가 될 수 있다.[48]

---

48 이영훈, 『오직 기도로』, 228-239.

"그러므로 방언은 믿는 자들을 위하지 아니하고 믿지 아니하는 자들을 위하는 표적이나 예언은 믿지 아니하는 자들을 위하지 않고 믿는 자들을 위함이니라"_고린도전서 14:22

3. 방언기도의 방법

첫째, 방언으로 기도하기 위해 방언의 은사를 인정하고 사모해야 한다. 방언의 은사를 받기 위해서 먼저 예수님을 영접하고 성령이 이미 와 계심을 믿어야 한다.

"성령으로 아니하고는 누구든지 예수를 주시라 할 수 없느니라"_고린도전서 12:3

그리고 방언의 은사 받기를 사모해야 한다. 성령의 은사를 받기 원하는 사람은 사모하는 마음으로 간구해야 한다. 성령 체험하고 방언이 나타나는 것은 자연적인 현상이고 성도가 사모해야 하는 능력의 체험이다.[49]

둘째, 방언으로 기도하기 위해 성령충만을 받아야 한다. 성령충만을 받았을 때 나타나는 여러 현상 가운데 가장 대표적인 특징이 방언

---

49 이영훈, 『오직 성령으로』, 117.

이다. 방언은 성령님이 말씀하시도록 자신을 내어드리는 기도이다. 따라서 방언 기도는 성령의 역사에 대한 전적인 순종이다. 성령의 불이 임하여 가슴이 뜨거워지고 방언을 말하게 되는 경험을 믿는 그리스도인이라면 모두가 경험하도록 성령충만을 받아야 한다.[50]

"술 취하지 말라 이는 방탕한 것이니 오직 성령으로 충만함을 받으라"
_에배소서 5:18

셋째, 방언기도를 생활화하도록 훈련해야 한다. 지속적인 방언기도의 훈련과 습관을 통해 방언이 자연스럽게 기도 생활의 중요한 부분이 되도록 해야 한다.

성령세례침례를 경험한 이후에도 성도들이 죄를 짓고 사탄의 유혹에 넘어지는 이유는 성령충만을 지속하지 못하기 때문이다. 따라서 매 순간 성령님을 사모하여 마음속에 모시고 동행할 때 재충만을 받을 수 있게 된다.[51] 지속적인 방언기도를 통해 깊은 기도와 찬미로 하나님께 나아가 그분과 깊은 교제를 나누어야 한다. 방언기도의 생활화를 경건의 습관으로 만들어야 한다.[52]

사도 바울은 "내가 너희 모든 사람보다 방언을 더 말함으로 하나님

---

50 이영훈, 『성공에 이르는 12가지 지혜』, 44-45.

51 위의 책, 46-47.

52 이영훈, 『오직 기도로』, 213.

께 감사하노라"고전 14:18고 고백하였다. 바울의 탁월한 선교 사역의 비밀은 하나님과의 친밀한 교통이었고 그 핵심에는 방언기도가 있었다. 하나님의 계시를 주관하시는 분은 성령님이심으로고전 2:10, 우리는 날마다 방언으로 기도하며 성령님과 교제해야 한다.

"오직 하나님이 성령으로 이것을 우리에게 보이셨으니 성령은 모든 것
곧 하나님의 깊은 것까지도 통달하시느니라"_고린도전서 2:10

넷째, 방언으로 기도할 때 마음으로도 같이 기도해야 한다. 방언기도는 영으로 하는 기도이며, 한참을 기도해도 무슨 말로 기도하는지 모르기 때문에 방언으로 기도할 때 우리의 마음으로 같이 기도해야 한다. 바울은 마음으로, 영으로 기도하여 풍성한 기도의 세계를 경험하였다.

"그러면 어떻게 할까 내가 영으로 기도하고 또 마음으로 기도하며 내가
영으로 찬송하고 또 마음으로 찬송하리라"_고린도전서 14:15

이것을 이중 기도라고 하는데, 하나님은 이러한 이중 기도를 받으신다. 먼저 우리의 마음에서 하는 기도를 하나님께서 받으시고 우리의 영이 하는 기도도 상달되는 것이다. 이중으로 기도할 때 하나님은 우리의 기도 가운데 역사하시고 은혜를 베풀어 주신다. [53]

---

53 이영훈, 『오직 성령으로』, 171.

방언은 우리가 이 땅을 떠나게 될 때 폐하게 될 것이다고전 13:8. 그러나 이 땅에 있는 동안에는 기도로 권능을 입고 승리하도록 주어진 성령의 은사이다. 그러므로 이 선물을 믿음으로 받고 잘 활용해야 한다. 성령님의 임재하심을 늘 사모해야 한다. 방언기도는 매일 매순간 성령님과 교제하고 대화하고 동행하여 동역할 수 있게 한다. 방언기도는 성도가 하나님의 능력과 영광에 연결되게 하고 하나님의 권능을 체험할 수 있는 절대긍정의 믿음의 기도이기에, 우리는 방언으로 기도하도록 힘써야 한다.

하나님의 말씀과 예수님의 보혈과 성령님의 은사는 하나님께서 인간에게 주신 가장 귀한 선물이다. 우리는 이러한 선물을 가지고 기도를 배우며 기도의 세계로 더 깊이 들어가야 한다. 그럴 때 절대긍정의 사랑의 하나님을 만나게 되고 더 깊은 절대긍정의 믿음을 갖게 될 것이다.

The Theological
Practice of
Absolute Positivity

"

아무것도 염려하지 말고

오직 모든 일에 기도와 간구로,

너희 구할 것을 감사함으로 하나님께 아뢰라

그리하면 모든 지각에 뛰어난 하나님의 평강이

그리스도 예수 안에서

너희 마음과 생각을 지키시리라

빌립보서 4장 6-7절

"

Part

3

—

절대긍정의 기도(2): 4차원 영성형 기도

—

Intro

기도하는 성도는 살아있는 그리스도인이며 능력 있는 그리스도인이다.
성도는 하나님의 말씀과 예수님의 보혈과 성령님의 기도의 은사를 항
상 생각하며 영적 호흡을 멈추어서는 안 된다. 이번 파트에서는 절대긍
정의 기도 모델로 4차원 영성형 기도의 세 가지 모델을 소개하고자 한
다. 그것은 찬송기도와 합심기도와 시각화기도이다. 찬송기도는 하나
님의 절대긍정의 생각과 믿음과 말로 하나님을 경배하고 높이는 기도
이다. 합심기도는 공동체가 한 마음과 믿음으로 하나님의 비전을 바라
보며 드리는 기도이다. 시각화기도는 믿음으로 이미지를 그리며 하나
님께 올려드리는 기도이다. 삼위일체형 기도가 올바르고 고차원적으로
기도하게 한다면, 4차원 영성형 기도 모델은 기도를 더 강하고 생기 있
게 만들어준다.

Chapter 07

절대긍정의 기도 모델(4):
찬송기도

1. 찬송기도의 의미

찬송기도는 찬양으로 기도의 제사를 드리는 것이다. 기도에는 간구하는 것 이상의 의미가 있다. 기도는 바로 하나님을 만나고 높이며 찬양하는 것이다. 기도의 대상이신 하나님은 찬양받기에 가장 합당하신 분이시기 때문이다. 찬송기도의 대상은 하나님이시기에 그 안에는 부정적인 요소가 없다. 찬송기도 가운데 온전히 하나님께만 초점을 두기 때문이다. 하나님을 향한 찬양은 성도가 영적으로 살아 있다는 증거이다. 찬송기도는 우리 안에 있는 감사와 감격과 은혜를 표현하는 기도이다.[54] 구약의 시편을 분석해보면, 시편은 찬송을 통해

---

54 홍영기, 『기도부흥 프로젝트』, 177.

하나님께 기도하는 '찬송기도'로 볼 수 있다.

초대교회 성도들의 예배와 믿음 생활에서 아주 중요한 것은 늘 하나님을 찬송하는 일이었다. 예수님이 승천하신 이후, 제자들이 예루살렘에서 제일 먼저 시작한 일은 기도였다. 누가는 그 기도가 바로 찬미의 기도임을 말하고 있다.

"축복하실 때에 그들을 떠나 [하늘로 올려지시니] 그들이 [그에게 경배하고] 큰 기쁨으로 예루살렘에 돌아가 늘 성전에서 하나님을 찬송하니라"_누가복음 24:51-53

예수님 제자들이 마가 다락방에 모여 기도할 때 그 기도는 찬송의 기도였다. 부활하신 주님의 은혜와 구원에 대한 감사와 감격, 찬송과 사랑이 그들의 마음속에 흘러넘쳤기 때문이다. 그래서 성경은 초대교회 성도들이 기쁨과 순전한 마음으로 음식을 먹고 하나님을 찬미하였다고 말하고 있다. 이렇게 절대긍정의 믿음으로 드리는 예배와 기도에는 하나님께 드리는 찬송이 빠질 수 없는 것이다.

"날마다 마음을 같이하여 성전에 모이기를 힘쓰고 집에서 떡을 떼며 기쁨과 순전한 마음으로 음식을 먹고 하나님을 찬미하며 또 온 백성에게 칭송을 받으니 주께서 구원 받는 사람을 날마다 더하게 하시니라"_사도행전 2:46-47

2. 찬송기도의 유익

첫째, 찬송기도는 하나님을 영화롭게 한다. 성경은 인간이 창조된 목적도 하나님을 찬송하기 위함이라고 말한다.

"이 백성은 내가 나를 위하여 지었나니 나를 찬송하게 하려함이니라"
_이사야 43:21

리처드 포스터Richard J. Foster는 우리의 찬양에 기뻐하시고 감동받으시는 하나님의 마음을 '하나님의 눈물'이라고 표현한 바 있다.[55] 하나님은 그저 초월적이거나 무감각한 분이 아니시다. 우리와 인격적으로 대화하고 교통하기 원하시며 우리가 드리는 감사와 찬미를 아주 기뻐하신다. 찬송기도를 하다 보면 반드시 감사가 포함된다. 감사는 우리를 위해 행하신 하나님의 역사와 은혜에 대해 하나님께 영광을 돌리는 것이다. 시편은 감사에 대한 단어로 가득 차 있으며 감사는 언제나 하나님을 영화롭게 한다

"여호와야훼 나의 하나님이여 내가 주께 영원히 감사하리이다"_시편
30:12

---

55 리처드 포스터, 『기도』, 송준인 역 (서울: 두란노서원, 1995), 120-121.

"감사로 제사를 드리는 자가 나를 영화롭게 하나니 그의 행위를 옳게 하는 자에게 내가 하나님의 구원을 보이리라"_시편 50:23

둘째, 찬송기도는 기쁨과 승리를 가져온다. 찬송기도를 하다 보면 문제와 환경에 억눌린 슬픈 마음이 변하여 기쁜 마음이 되게 한다. 그래서 근심과 슬픔의 옷을 벗고 찬송과 기쁨의 옷을 입게 한다사 61:3. 주님이 주시는 기쁨으로 어둠의 영들을 떠나가게 하는 하나님의 능력을 체험하게 된다.[56]

"여호와야훼께 구속 받은 자들이 돌아와 노래하며 시온으로 돌아오니 영원한 기쁨이 그들의 머리 위에 있고 슬픔과 탄식이 달아나리이다"_이사야 51:11

역대하 20장에 보면, 여호사밧 왕이 모압과 암몬과의 전쟁에서 군악대를 앞세워 하나님을 찬송함으로써 승리했던 기사가 나온다대하 20:21-22. 찬송기도는 마귀의 공격을 물리치는 하나님의 능력이 되어 기도의 응답을 체험하게 한다.[57] 바울과 실라도 빌립보 감옥에 갇혔을 때 밤중에 하나님께 노래하며 기도함으로 감옥 문이 열리고 죄수들이 구원받는 기적이 일어났다행 16:25-34. 우리가 하나님의 도우심을 바라

---

56 이영훈, "감사와 찬양", 여의도순복음교회 주일예배설교(2016. 11. 20).
57 이영훈, "내 영혼이 주를 찬양하며", 여의도순복음교회 주일예배설교(2009. 12. 13).

보면서 찬송할 때 두려움을 이기고 하나님의 구원을 받게 된다.[58]

　찬양과 감사는 여러분의 절망의 자리를 흔들어버리고 여러분을 묶었던 모든 결박을 풀어버리는 위대한 기적을 가져오는 것입니다. 감사와 찬양을 드릴 때 하나님이 절망이 변하여 희망이 되게 만들어 주시고, 문제가 변하여 축복이 되게 만들어 주신 것입니다.[59]

　셋째, 찬송기도는 하나님의 임재 가운데 들어가게 하여 성령으로 충만하게 한다. 찬송기도와 성령충만은 깊은 연관성이 있다. 하나님께 드리는 끊임없는 찬송은 성령의 충만함으로 가능하다. 또 성령으로 충만한 성도는 영혼에 감사와 찬송이 넘쳐나서 늘 하나님을 높이고 예배하게 된다.[60]

　"술 취하지 말라 이는 방탕한 것이니 오직 성령으로 충만함을 받으라 시와 찬송과 신령한 노래들로 서로 화답하며 너희의 마음으로 주께 노래하며 찬송하며 범사에 우리 주 예수 그리스도의 이름으로 항상 아버지 하나님께 감사하며"_에베소서 5:18-20

　성령으로 충만하여 항상 하나님을 찬송하고 감사하며 기도할 때

58 　조용기, "전쟁터에서 부르는 노래", 여의도순복음교회 주일예배설교(2015. 2. 22).
59 　이영훈, "하나님을 찬송하라", 여의도순복음교회 주일예배설교(2017. 9. 3).
60 　이영훈, 『오직 기도로』, 97.

하나님이 기뻐하시고 하늘의 문을 활짝 여사 쌓을 곳이 없도록 넘치는 은혜와 축복을 부어 주신다. 모든 좋은 것은 다 하늘의 아버지께로부터 내려온다약 1:17. 우리가 감사와 찬송기도의 향을 하나님께 올려드릴 때 하나님은 흠향하시고 그분의 영과 은혜와 사랑을 더 풍성하게 내려주신다.

믿음이 성숙할수록 절대긍정과 절대감사와 찬송으로 무장하게 된다.[61] 모든 기도의 시작도 결론도 찬송과 감사가 되어야 한다. 하나님의 존전으로 먼저 나아가는 것도 감사와 찬미를 통해서이다.

"감사함으로 그의 문에 들어가며 찬송함으로 그의 궁정에 들어가서 그에게 감사하며 그의 이름을 송축할지어다"_시편 100:4

찬송기도의 시로 알려진 시편의 마지막 절도 호흡이 있는 자마다 하나님을 찬양하라고 결론짓는다. 우리는 호흡이 다하는 날까지 찬송하며 기도해야 한다. 선하신 하나님의 절대주권의 사랑을 믿는 성도는 언제나 "범사에 감사하라"살전 5:18는 말씀에 순종하며 하나님의 은혜를 기쁨으로 노래할 수 있다. 찬송기도는 영적 활력을 잃어버리지 않도록 강한 긍정 에너지를 더해 준다.

---

61   이영훈, "감사함으로 그 문에 들어가며", 여의도순복음교회 주일예배설교(2017. 11. 19).

"호흡이 있는 자마다 여호와야훼를 찬양할지어다 할렐루야"_시편 150:6

3. 찬송기도의 방법

첫째, 찬송기도를 잘하기 위해서는 먼저 하나님에 대해 깊이 알아가야 한다출 15:1-8. 찬송기도의 초점은 하나님 자신에게 있다. 우리가 하나님의 인격과 권능과 사랑의 은총을 알면 알수록 더 감격하게 되고 하나님을 찬송할 수 있다. 우리는 하나님을 아는 만큼 찬양하게 된다. 그래서 하나님에 대해 계시된 성경을 더 배우고 공부해야 한다. 그리고 우리의 삶을 통해 역사하시는 하나님을 체험하고 묵상하며 매일 절대감사의 믿음을 가져야 한다.

"이 때에 모세와 이스라엘 자손이 이 노래로 여호와야훼께 노래하니 일
렀으되 내가 여호와야훼를 찬송하리니 그는 높고 영화로우심이요 말과
그 탄 자를 바다에 던지셨음이로다 여호와야훼는 나의 힘이요 노래시며
나의 구원이시로다 그는 나의 하나님이시니 내가 그를 찬송할 것이요
내 아버지의 하나님이시니 내가 그를 높이리로다"_출애굽기 15:1-2

성경을 읽으면 하나님의 보호하심시 59:16-17, 하나님의 도우심시 68:19, 하나님의 사랑시 107:8, 하나님의 신실하심시 71:22, 하나님의 무소부재하심시 139:1-14, 하나님의 거룩하심계 4:8 등을 알게 된다. 찬송기도를 잘하

기 위해서는 이렇게 하나님의 능력과 성품 등에 관한 말씀을 읽고 묵상하며 하나님을 찬미해야 한다. 설교를 들을 때에도 그 메시지를 통하여 항상 하나님이 어떤 분이신가를 묵상하며 깨닫고 찬송기도 하는 것이 좋다.

둘째, 찬송기도를 드릴 때는 항상 감사와 병행히는 것이 효과적이다시 30:4, 69:30, 109:30 등. 또 주님을 찬양한다는 일반적인 고백과 더불어 구체적인 찬양 제목도 생각하는 것이 좋다. 구체적으로 찬양하면 더욱 풍성한 기도의 장이 열리게 된다.

> "내가 입으로 여호와께 크게 감사하며 많은 사람 중에서 찬송하리니 그가 궁핍한 자의 오른쪽에 서사 그의 영혼을 심판하려 하는 자들에게서 구원하실 것임이로다"_시편 109:30-31

예를 들어, 하나님의 인도하심을 묵상하며 찬양으로 기도하면 하나님께 더 세밀한 기도의 내용이 드려질 수 있다. 감사의 찬송기도를 드릴수록 인생을 긍정적으로 바라보는 관점이 생기고 절대긍정의 비전을 갖게 된다. 기도와 감사와 찬송기쁨은, 마치 삼위일체와 같이 서로 밀접하며 절대긍정의 믿음에 핵심적인 요소이다.

셋째, 성경은 새 노래로 하나님을 찬양하라고 명한다. 새 노래로 찬양하라는 말은 두 가지 의미를 갖고 있다. 먼저 새로운 노래를 작사 작곡하여 끊임없이 하나님을 찬양하라는 것이다. 이전에 알던 찬송만 부르지 말고 계속해서 새 찬송을 만들고 배우고 부르라는 것이다.

"새 노래 곧 우리 하나님께 올릴 찬송을 내 입에 두셨으니"_시편 40:3

"할렐루야 새 노래로 여호와야훼께 노래하며 성도의 모임 가운데에서 찬양할지어다"_시편 149:1

새 노래로 찬양하라는 것은 또 새 마음으로 찬양하라는 것이다. 하나님의 영이 임하면 단단한 마음이 부드러운 새 마음으로 변화된다겔 11:19. 이 마음은 하나님의 율례를 아는 마음이요 하나님의 은총에 감사하는 마음이다. 새 마음은 하나님의 선물이다. 하나님의 임재 가운데 드리는 찬송기도는 똑같은 찬송을 부른다 하더라도 날마다 새로운 마음으로 부르는 찬송기도가 된다. 찬송기도의 똑같은 형식보다 더 중요한 것은 날마다 새로운 감사와 감격의 마음을 갖는 것이다.

"내가 만일 방언으로 기도하면 나의 영이 기도하거니와 나의 마음은 열매를 맺지 못하리라 그러면 어떻게 할까 내가 영으로 기도하고 또 마음으로 기도하며 내가 영으로 찬송하고 또 마음으로 찬송하리라"_고린도전서 14:14-15

찬송기도는 우리로 하여금 시공간을 초월하여 성령의 임재 가운데 찬양과 기도의 사람이 되게 한다. 그래서 영으로 노래하고 마음으로 노래할 수 있고 영으로 기도하고 마음으로 기도할 수 있게 된다고 전 14:14-15. 찬송기도를 많이 할수록 우리는 하나님과 더 친밀해지고 어떤 환경에서도 하나님의 절대긍정의 비전을 이루는 사명자가 될 것이다.

절대긍정의 기도 모델(5):
합심기도

1. 합심기도의 의미

합심기도는 공동체가 믿음으로 함께 드리는 연합 기도이다. 혼자 기도할 때는 기도의 동력을 잃을 수 있지만, 성도들이 마음과 힘을 합하여 함께 기도하면 더 강력한 기도의 은혜를 경험할 수 있다.

> "한 사람이면 패하겠거니와 두 사람이면 능히 당하나니 세 겹 줄은 쉽게 끊어지지 아니하느니라"_전도서 4:12

끈이 한 겹으로 되어있으면 금방 쉽게 끊어질 수 있다. 두 겹으로 되어 있으면 끊기가 더 어려워진다. 그러나 세 겹으로 되어 있는 끈은 끊기가 아주 어렵다. 마찬가지로 두세 명 이상의 성도가 함께 모여 기도할 때 아주 강력한 영적 결속력과 에너지가 나오게 된다. 주님의 이름으로 최소 두 명 이상만 마음을 합하여 모여도 그 관계는 끊기 힘든 영적 세 겹 줄이 되는 것이다. 합심기도에는 언제나 주님의 임재와 은총이 나타나게 된다.

> "진실로 다시 너희에게 이르노니 너희 중의 두 사람이 땅에서 합심하여 무엇이든지 구하면 하늘에 계신 내 아버지께서 그들을 위하여 이루게 하시리라"_마태복음 18:19

합심기도의 근거는 하나님의 존재 양식에 있다. 하나님은 삼위일체로 존재하신다. 하나님 자신은 유일신이시지만, 홀로 거하지 않으시고 성부, 성자, 성령 하나님의 세 위격으로 존재하신다창1:28.

> "주 예수 그리스도의 은혜와 하나님의 사랑과 성령의 교통하심이 너희 무리와 함께 있을지어다"_고린도후서 13:13

또 '3'이란 숫자는 온전함을 의미하는 숫자이다. 예수님도 베드로, 야고보, 요한이라는 세 명의 수제자를 데리고 다니셨다. 성경은 천국에서 다른 것들은 다 폐하여 없어져도 믿음, 소망, 사랑, 이 세 가지는 항상 있을 것이라고 말한다.

"그런즉 믿음, 소망, 사랑, 이 세 가지는 항상 있을 것인데 그 중의 제일 은 사랑이라"_고린도전서 13:13

합심기도에는 하나님의 사랑아가페, agape의 결속이 내재되어 있다. 하나님은 공동체를 귀하게 보시기에 공동체적인 합심기도를 귀하게 여기신다. 교회사적으로도 교회 부흥은 언제나 합심기도와 함께 이루어졌다.

2. 합심기도의 유익

첫째, 합심으로 기도하면 하늘로부터 기도의 응답이 내려온다. 특히 통성으로 드려지는 합심기도는 하나님의 마음을 움직이게 하는 간절함이 있다. 혼자의 기도나 믿음만으로는 부족할 수 있다. 그러므로 힘과 마음을 합하여 기도하고 믿음으로 서로 격려해야 한다. 성도가 연합하여 서로를 도우며 기도하면 하나님이 기적을 베풀어 주신다.

중풍병자의 네 친구가 지붕을 뜯고 그 친구를 달아서 내릴 때, 예수께서는 중풍병자의 믿음이 아니라 "그들의 믿음을 보시고" 말씀하셨다. 예수님이 그 친구들의 하나된 마음과 믿음과 기도를 보시고 중풍병자를 고쳐주셨다는 것이다. 주님은 성도들이 연합하여 절대긍정의 믿음으로 기도할 때, 다른 사람의 죄도 사해 주시고 병도 고쳐주시고 기도 응답도 경험하게 하신다.

> "예수께서 그들의 믿음을 보시고 중풍병자에게 이르시되 작은 자야 네
> 죄 사함을 받았느니라 하시니"_마가복음 2:5

둘째, 합심으로 기도할 때 영적 전쟁에서 승리하게 된다. 이스라엘 백성들은 강대국의 압제와 고통 가운데 신음할 때마다 하나님께 합심하여 부르짖어 기도하였다. 사무엘이 통치하던 시대에 이스라엘 백성들은 미스바에 모여 합심으로 기도함으로 블레셋과의 전쟁의 위기를 극복하였다삼상 7:5-6.[62] 합심으로 기도할 때마다 '에벤에셀Ebenezer'의 은혜가 나타나게 된다.

> "사무엘이 돌을 취하여 미스바와 센 사이에 세워 이르되 여호와야훼께
> 서 여기까지 우리를 도우셨다 하고 그 이름을 에벤에셀이라 하니라"
> _사무엘상 7:12

이스라엘이 출애굽하고 광야에서 아말렉이 급습했을 때, 여호수아는 군대를 이끌고 전쟁에 나가서 싸웠고 모세는 산꼭대기에 올라가서 기도를 하였다. 그런데 성경을 보면, 이스라엘의 전쟁의 승패를 결정지었던 것은 여호수아의 전략이나 군대의 숫자와 무기의 질이

---

62 이영훈, 『오직 기도로』, 113-114.

아니었고 모세의 손의 상태였다. 즉 모세가 손을 들면 이스라엘이 이기고 손을 내리면 졌던 것이다.

> "여호수아가 모세의 말대로 행하여 아말렉과 싸우고 모세와 아론과 훌은 산 꼭대기에 올라가서 모세가 손을 들면 이스라엘이 이기고 손을 내리면 아말렉이 이기더니"_출애굽기 17:10-11

여호수아가 죽음을 무릅쓰고 적진에서 병사들과 함께 사력을 다하여 싸웠는데, 전쟁의 승패는 여호수아의 칼끝에 있었던 것이 아니라 모세의 손끝에 있었던 것이다. 모세가 손을 들고 기도했다는 것은 하나님께 대한 항복의 기도를 의미한다. 세상 전쟁에서는 항복하면 지고 그것으로 끝이다. 그러나 영적인 전쟁에서는 하나님께 두 손 들고 먼저 항복해야 마귀가 항복하고 우리가 승리하게 된다.

모세의 팔이 피곤해서 내려오게 되자 아론과 훌이 옆에서 양 팔을 지탱해 주며 모세와 함께 합심으로 기도해 주었다출 17:12. 세 사람 다 모두 노인이었고 힘과 기력은 부족했지만, 서로 사랑하는 마음으로 팔을 붙들고 한 마음으로 하나님을 바라보자 놀라운 영적인 능력이 나타나게 되었다. 모세와 아론과 훌의 합심기도가 이스라엘에게 대승을 가져다준 것이다. 하나님은 이때 자신의 이름을 '여호와야훼 닛시우리에게 승리의 깃발을 주시는 하나님'로 계시해 주셨다출 17:15. 이렇게 합심기도는 어떤 환경에서도 영적인 승리와 기적을 체험하게 한다.

셋째, 합심기도는 성령의 임재와 능력을 경험하게 하고 부흥을 가져온다. 초대교회 오순절 날 제자들이 마가의 다락방에 함께 모여 오로지 기도에 힘쓸 때 강한 성령의 역사가 나타난 것이다.

"오순절 날이 이미 이르매 그들이 다같이 한 곳에 모였더니 … 그들이 다 성령의 충만함을 받고 성령이 말하게 하심을 따라 다른 언어들로 말하기를 시작하니라"_사도행전 2:1-4

합심기도로 성령의 충만을 경험한 예수님의 제자들은 가는 곳마다 영적 부흥을 일으키게 되었다. 초대교회는 함께 모여 기도함으로 성령의 능력을 받아 하나님의 기적을 체험할 수 있었다. 베드로가 옥에 갇혔을 때 초대교회 성도들이 합심으로 함께 모여 기도하므로 베드로가 옥에서 나오는 기적을 체험하게 되었다행 12:4-10.

존 맥스웰John C. Maxwell은 하나님이 일으키시는 부흥에는 다음과 같은 여섯 가지 특징이 있다고 말하였다.[63]

(1) 사람들이 모여 기도한다.
(2) 하나님이 임재하신다.
(3) 사람들이 회개한다.

---

63 존 맥스웰, 『기도 동역자』, 정인홍 역 (서울: 디모데, 1997), 189-191.

(4) 하나님이 사람들을 새롭게 소생시키신다.

(5) 사람들이 다른 사람들에게 전도하며 사랑을 나눈다.

(6) 하나님이 사람들에게 능력을 주셔서 영적 변화가 일어난다.

부흥은 이렇게 합심기도로부터 시작된다. 기도의 불이 꺼지지 않는 곳에 하나님의 역사가 나타난다. 기도가 식으면 믿음이 식고, 기도가 식으면 열심이 사라진다. 기도가 식으면 가정이 흔들리고, 기도가 그치면 교회가 침체되고, 기도가 없으면 나라도 어려워진다. 합심으로 기도할 때 영적으로 살게 되고 교회가 부흥한다. 모세와 아론과 훌처럼, 합심기도의 손을 하나님께 올려드려야 한다출 17:12. 그럴 때 성령의 긍정의 비전과 에너지가 임하게 되고 승리와 부흥의 역사가 일어나는 것이다.

3. 합심기도의 방법

믿음으로 올려드리는 합심기도는 하나님의 기적을 경험할 수 있기에 매우 중요하다. 먼저 공예배를 드릴 때 합심과 통성으로 기도하는 것이 중요하다. 절대긍정의 예배에는 설교와 찬송뿐 아니라 기도도 중요한데, 합심하여 드리는 통성기도는 교회의 영적 분위기를 바꾸어 준다. 공예배 때의 합심기도는 기도 제목을 공유하여 함께 통성으로 기도하는 것이 좋다. 또 교회에서도 구역속회에서나 소그룹에서 두

세 사람 이상이 주기적으로 모여 기도하게 해야 한다.

> "믿음의 기도는 병든 자를 구원하리니 주께서 그를 일으키시리라 혹시
> 죄를 범하였을지라도 사하심을 받으리라 그러므로 너희 죄를 서로 고
> 백하며 병이 낫기를 위하여 서로 기도하라 의인의 간구는 역사하는 힘
> 이 큼이니라"_야고보서 5:15-16

　둘째, 합심기도는 중보기도 사역을 함께하는 것이 효과적이다. 혼
자 기도하면 자신의 기도 제목에만 초점을 두기 쉽다. 그러나 함께
모여 기도하면 개인뿐 아니라 상대방과 자신이 속한 공동체와 교회
를 위해 기도하게 됨으로 성숙한 기도 생활을 할 수 있다. 구약의 에
스더는 모든 유대인과 함께 금식하며 합심으로 기도하여 하나님께서
이스라엘 민족을 위기로부터 구원하게 했다에 4:16. 합심기도 시에는
지도자를 위한 기도를 드려야 한다. 사도 바울은 기도의 최우선순위
가 지도자를 위한 기도라고 말하였다.

> "내가 첫째로 권하노니 모든 사람을 위하여 간구와 기도와 도고와 감사
> 를 하되 임금들과 높은 지위에 있는 모든 사람을 위하여 하라 이는 우리
> 가 모든 경건과 단정함으로 고요하고 평안한 생활을 하려 함이라 이것이
> 우리 구주 하나님 앞에 선하고 받으실 만한 것이니"_디모데전서 2:1-3

　지도자를 위한 합심기도는 영적으로 성숙한 사고를 하게 하고, 자

신이 속한 공동체와 교회를 변화시키는 능력이 있다. 중보기도 사역은 승천하신 예수님과 우리 안에 내주하시는 성령님의 사역이다.

"다시 살아나신 이는 그리스도 예수시니 그는 하나님 우편에 계신 자요 우리를 위하여 간구하시는 자시니라"_로마서 8:34

"이와 같이 성령도 우리 연약함을 도우시나니 우리가 마땅히 기도할 바를 알지 못하나 오직 성령이 말할 수 없는 탄식으로 우리를 위하여 친히 간구하시느니라 마음을 살피시는 이가 성령의 생각을 아시나니 이는 성령이 하나님의 뜻대로 성도를 위하여 간구하심이니라"_로마서 8:26-27

합심으로 모여 진행하는 중보기도 사역을 통해 예수님과 성령님의 사역에 동참하게 되는 것이다. 교회는 '남을 위해 매일 기도할 수 있는 자가 참으로 복된 자'임을 가르쳐야 한다.

셋째, 합심기도의 중요한 초점은 불신자 전도가 되어야 한다. 세계적으로 인정을 받은 성공적인 합심기도의 모델로서 영국의 브라이언 밀즈Brian Mills의 '3인조 기도 운동'을 말할 수 있다.[64] 이것은 세 사람이 함께 모여 정기적으로 기도 모임을 갖는 것이다. 3인조 기도 운동의

---

64 브라이언 밀즈, 『3인조 기도 운동』, 이경진 역 (서울: 나침반, 1992).

특징은 불신자들을 위해 기도하는 '합심기도 전도 운동'이라는 것이다. 세 사람이 모일 때 각각 전도 대상자 세 명씩, 총 아홉 명의 태신자를 정하여 함께 기도하는 것이다. 이 합심기도 모임은 교회에서 뿐 아니라 학교나 직장이나 동네 등 사회에서도 함께 만난다. 모여서 기도할 때 기도 카드를 작성하고 기도 제목 비밀 서약을 받는다. 그리고 서로의 영적인 성숙과 불신자 전도를 위해 기도하는 것이다. 1980년대 중반에 시작한 이 3인조 기도 운동은 수만 개의 기도 조직으로 성장하게 되었다.

교회에서도 합심 중보기도단을 만들 수 있고 일반 직장이나 사회에서도 만들 수 있다. 교회는 이러한 합심기도팀이 성도들의 일터나 이웃에서 만들어지고 영적 각성과 전도의 부흥을 위해 기도하도록 독려할 수 있다. 전도와 선교는 합심기도의 중요한 초점이 되어야 한다.

절대긍정의 믿음으로 합심하여 기도할 때 마무리는 언제나 감사의 기도가 되어야 한다. 하나님 안에서 만나는 믿음의 친구와 합심기도 사역은 강력한 용기와 능력과 에너지를 가져다 준다. 합심기도를 통해 원수 마귀가 물러가고 하나님의 보호와 승리를 경험하게 되는 것이다.

절대긍정의 기도 모델(6):
시각화기도

1. 시각화기도의 의미

시각화기도란 영적인 그림을 그리는 기도이다. 시각화기도는 하나님 말씀에 대한 비전을 이미지화하는 믿음의 기도와 영적 상상력의 기도가 있다. 먼저 말씀의 비전을 이미지화하는 믿음의 기도는 아브라함의 사례에서 찾아볼 수 있다. 하나님은 조카 롯과 헤어진 아브라함에게 눈을 들어 동서남북 주변 땅을 바라보라고 말씀하신다.

> "롯이 아브람을 떠난 후에 여호와야훼께서 아브람에게 이르시되 너는 눈을 들어 너 있는 곳에서 북쪽과 남쪽 그리고 동쪽과 서쪽을 바라보라 보이는 땅을 내가 너와 네 자손에게 주리니 영원히 이르리라"_창세기 13:14-15

여기서 "바라보라"로 번역된 히브리어는 '라아ראה'인데 구약성경에서 자주 등장하는 단어로 실재實在하는 대상을 바라볼 때 사용되는 단어이다.[65] 여기서도 같은 의미로 사용되었다. 하나님께서 아브라함에게 하신 약속은 실제적인 약속이었다. 실재하는 땅을 바라보라 말씀하셨으며, 그가 바라보는 넓은 땅을 주시겠다고 약속한 것이다. 그 넓은 땅은 물론 아브라함이 다 볼 수 없었을 것이다. 그러니 그가 하나님의 말씀을 근거로 상상하며 믿음으로 그 땅을 바라보았을 때, 하나님은 그 약속을 나중에 성취하셨다.

시간이 조금 흐른 뒤, 하나님은 아브라함에게 또 한 번 나타나셔서 이번에는 "하늘의 별을 보라"고 말씀하셨다.

"그를 이끌고 밖으로 나가 이르시되 하늘을 우러러 뭇별을 셀 수 있나 보라 또 그에게 이르시되 네 자손이 이와 같으리라 아브람이 여호와야훼를 믿으니 여호와야훼께서 이를 그의 의로 여기시고"_창세기 15:5-6

하늘의 별이 셀 수 없을 만큼 많은데, 아브라함의 자손도 그렇게 많아질 것이란 약속이다. 아브라함의 눈에 보이는 것은 끝없이 펼쳐진

---

65 예컨대 성경은 창조되어 실재하는 빛을 하나님께서 '보시고 좋아하셨다'라는 사실을 강조하고 있다. 하나님께서는 존재하지 않는 빛을 보고 말씀하신 것이 아니다. 마찬가지로 이삭이 나이가 들어 "잘 보지 못하더니"(창 27:1)라고 증언을 할 때도 '라아'라는 단어를 사용하였다. 이삭은 눈이 어두워져 사물을 실제로 보지 못하는 상황이었던 것이다.

밤하늘과 별들이었지만, 그는 그 너머 하나님의 약속의 자손들을 상상하며 바라보았다. 그것이 하나님께는 믿음으로 여겨졌다롬 4:17. 이렇게 시각화기도의 근원은 사실 여호와야훼 하나님으로부터 기원한다.

시각화기도에는 또 영적 상상력의 기도가 있다. 이것은 어떤 사람이나 사건에 대해 영적 상상력으로 이미지화하여 드리는 기도이다. 어떠한 현장을 그림으로 바라보듯 상상하면서 그 현장 속으로 자신을 집어넣고 예수님을 초청하는 기도인 것이다.[66] 물론 아무 생각이나 상상이 다 기도로 되는 것이 아니다. 여기에는 성경 말씀의 기초 위에 형성된 거룩한 상상력이 필요하다. 이 유형의 시각화기도는 믿음으로 바라보며 기도하는 것을 강조한 조용기 목사가 제시한 기도모델이기도 하다.[67] 조용기 목사는 특별히 야곱의 사례창 31:8-15를 통해 바라봄의 법칙을 강조한 바 있다.

2. 시각화기도의 유익

첫째, 시각화기도는 성령님과 더 친밀하게 해 준다. 비전과 꿈은 성령의 언어이므로 시각화기도를 통해 성령님의 임재 가운데 들어가게 된다.

---

[66] 홍영기, 『기도부흥 프로젝트』, 228.
[67] 조용기, "바라봄의 법칙", 여의도순복음교회 주일예배설교(2018. 9. 2).

사도행전 16장에 보면 사도 바울의 전도팀이 앞길이 막혀서 어려움을 겪고 있을 때 하나님의 환상을 보게 된다. 환상을 통해 바울은 하나님께서 자신의 전도팀을 그들에게 보내길 원하신다는 사실을 확신하게 된다.

> "마게도냐 사람 하나가 서서 그에게 청하여 마게도냐로 건너와서 우리를 도우라 하거늘 바울이 그 환상을 보았을 때 우리가 곧 마게도냐로 떠나기를 힘쓰니 이는 하나님이 저 사람들에게 복음을 전하라고 우리를 부르신 줄로 인정함이러라"_사도행전 16:9-10

여기에 보면 성령님이 주도적으로 비전과 환상을 보이시고, 이를 통해 바울의 전도팀을 인도하고 있음을 알 수 있다. 우리의 마음이 성령님께 열려 있으면, 성령님은 거룩한 소원을 주시고빌 2:13, 하나님의 환상과 꿈을 바라보도록 훈련시키며 인도하신다.

둘째, 시각화기도는 더 깊은 하나님의 말씀을 체험하게 한다. 시각화기도는 아무런 기초 없이 단지 인간의 상상력만으로 이루어지는 것이 아니다. 이는 하나님의 말씀을 기초로 이루어지는 것이다.

성경 말씀을 읽으면서 그 특정한 상황 속으로 내가 직접 들어가서, 나의 신앙과 믿음의 기도의 고백을 하나님께 드리는 것이다. 그러므로 시각화기도의 주재료는 성경 말씀이다. 성경 속의 수많은 장면이 우리의 마음 가운데 내재되고 각인되어 있다면, 성령님이 주시는 거룩한 상상력을 통해 깊은 말씀의 세계를 경험하게 된다.

> "믿음으로 모든 세계가 하나님의 말씀으로 지어진 줄을 우리가 아나니 보이는 것은 나타난 것으로 말미암아 된 것이 아니니라"_히브리서 11:3

셋째, 시각화기도는 더 높은 차원의 능력의 기도를 할 수 있다. 하나님의 말씀의 비전을 바라보든, 우리가 하나님 말씀 속으로 들어가든, 예수님을 우리의 상황속으로 초청하든 주님과의 실제적인 만남을 전제로 하기에 영적인 성숙이 이루어질 수 있다.

영적인 바라봄의 법칙을 통하여 우리의 영혼이 주님과 실제적인 연합을 이루게 되고, 궁극적으로 우리와 함께하시는 하나님을 경험하게 된다. 절대긍정의 믿음 없이는 시각화기도를 드릴 수 없다. '응답해 주시면 좋고 안 되면 어쩔 수 없다'라고 생각하면 아무 일도 일어나지 않는다.[68] 말씀과 성령 안에서 믿음으로 상상하고 바라본 대로 이루어지길 신뢰하며 기도해야 한다.

> "믿음이 없이는 하나님을 기쁘시게 하지 못하나니 하나님께 나아가는 자는 반드시 그가 계신 것과 또한 그가 자기를 찾는 자들에게 상 주시는

---

[68] 이영훈, 『성공에 이르는 지혜』, 125.

이심을 믿어야 할지니라"_히브리서 11:6

3. 시각화기도의 방법

시각화기도의 방법에는 세 가지 유형이 있다. 첫 번째 유형은 하나님의 말씀을 믿음으로 붙잡고 바라보는 기도이다. 아브라함이 자식이 없었지만, 하나님의 약속의 말씀을 비전으로 바라본 것처럼창 15:6, 우리도 하나님의 말씀이 이뤄질 것을 바라보며 기도해야 한다.

우리가 성령으로 기도할 때, 성령님이 말씀으로 비전을 주신다욜 2:28. 기록된 로고스의 말씀이 나에게 은혜가 되고 적용이 될 수 있는 레마의 말씀이 되는 것이다롬 10:17. 그럴 때 하나님의 말씀이 나의 능력이 되고 하나님의 비전이 나의 비전이 된다. 하나님이 하박국 선지자에게 말씀하신 것처럼 '달려가면서도 읽을 수 있는 하나님의 비전의 말씀을 마음에 새기며' 기도하는 것이 중요하다.

"여호와얘웨께서 내게 대답하여 이르시되 너는 이 묵시를 기록하여 판에 명백히 새기되 달려가면서도 읽을 수 있게 하라"_하박국 2:2

두 번째 유형은 성경이 증언하는 사건 현장 속으로 자신이 직접 들어가는 기도이다. 성령을 통해 받은 말씀을 시각화하여 성경 본문 속으로 들어가는 기도이다. 예를 들어 인생의 풍랑을 만나 두려움 가운데 있다면 다음의 성경 본문 속으로 들어갈 수 있다.

> "하루는 제자들과 함께 배에 오르사 그들에게 이르시되 호수 저편으로 건너가자 하시매 이에 떠나 행선할 때에 예수께서 잠이 드셨더니 마침 광풍이 호수로 내리치매 배에 물이 가득하게 되어 위태한지라 제자들이 나아와 깨워 이르되 주여 주여 우리가 죽겠나이다 한대 예수께서 잠을 깨사 바람과 물결을 꾸짖으시니 이에 그쳐 잔잔하여지더라 제자들에게 이르시되 너희 믿음이 어디 있느냐 하시니 그들이 두려워하고 놀랍게 여겨 서로 말하되 그가 누구이기에 바람과 물을 명하매 순종하는가 하더라"_누가복음 8:22-25

이 본문을 주의 깊게 읽고 묵상하면서 내가 그 당시에 예수님의 제자가 되어 예수님과 함께 배를 탔고 풍랑을 만났을 때의 모습을 상상하는 것이다. 성경 본문의 현장으로 들어가는 그림을 마음에 그려보는 것이다. 그럼 다음과 같이 자신의 이름을 넣어가며 본문을 읽고 상상해 볼 수 있다.

어느 날 예수님이 제자들(자기 이름 _____)과 함께 배를 타시고 "호수 저편으로 건너가자" 하고 말씀하셨다. 그래서 우리는 떠났는데 가는 도중에 예수님은 잠이 드셨다. 그때 갑자기 큰 폭풍이 휘몰아쳐서 배가 침몰하게 되었다. 그러자 나와 제자들이 예수님을 깨우며 "주님, 주님, 우리가 죽게 되었습니다!" 하고 부르짖었다. 예수님이 일어나 바람과 성난 파도를 꾸짖자 폭풍이 그치고 물결이 잔잔해졌다. 그때 예수님이 우리 제자들에게 "너희 믿음은 어디 있느냐?" 하고 물으시자 우리는 두려워하고 놀라며 "도대체 이 분이 누구신데 바람과 물을 보고 명령해도 복종하는가?" 하고 서로 수군거렸다.

물론 예수님의 책망에 대해 묵상하며 스스로의 깨달음을 마음껏 기도로 고백할 수 있다 그리고 성령님이 주시는 감동으로 시각화기도를 적용하며 마무리하면 된다.

세 번째 유형은 예수님을 특정 상황에 초청하여 드리는 기도이다. 예수님 중심의 기도 방법으로 성경 말씀을 가지고 기도하는 대상이나 사건에 예수님을 초대하여 예수님의 뜻을 구하는 것이다. 만약 누군가 아픈 사람이 있다고 가정해 보자. 그럼 예수님이 그 사람에게 심방 가셔서 안수하여 손을 얹는 모습을 상상해 보는 것이다. 그리고 주님이 채찍에 맞아 피를 흘리심으로 그 사람이 나음을 입었다는 말씀을 가지고 그 아픈 사람에게 설명하고 예수님께 치유를 부탁하는 것이다. 그리고 그 아픈 사람을 안수하는 예수님의 모습과 예수님의 안수를 받고 병상에서 일어나는 모습을 상상하며 기도하는 것이다.

"그가 찔림은 우리의 허물 때문이요 그가 상함은 우리의 죄악 때문이라 그가 징계를 받으므로 우리는 평화를 누리고 그가 채찍에 맞으므로 우

리는 나음을 받았도다"_이사야 53:5

또 친구나 가족 중에 누군가 예수님을 믿지 않는 사람이 있다면 다음의 말씀을 붙잡고 그 사람을 위해 기도하는 것이다.

"주 예수를 믿으라 그리하면 너와 네 집이 구원을 받으리라"_사도행전 16:31

주님이 그 사람에게 가셔서 터치하시고 예수님의 생명이 그 사람에게 들어가는 것을 상상한다. 그 사람이 예수님을 주로 영접하고 시인하고 믿는 모습을 상상한다. 그리고 그 사람이 교회 예배당에 나와 박수로 찬양하고 기도하며 예배드리는 모습을 상상하는 것이다. 이런 유형의 기도는 영적인 거룩한 상상력을 활용하는 것이 중요하다. 이렇게 우리는 시각화기도를 통해 성령님과 교제하며 주님의 비전과 말씀이 개인과 공동체에 이루어지는 모습을 상상하며 기도할 수 있다.

절대긍정의 기도는 말 그대로 하나님의 인격과 능력과 말씀과 비전에 대해 전적으로 긍정하며 믿음으로 드리는 기도이다. 우리는 절대긍정의 기도 모델로 찬송기도와 합심기도와 시각화기도를 살펴보았다. 이러한 기도를 실천할수록 우리의 마음이 뜨거워지고 하나님의 비전을 바라보게 된다.

"너희가 기도할 때에 무엇이든지 믿고 구하는 것은 다 받으리라 하시니
라"_마태복음 21:22

    예수님은 우리에게 기도 응답의 가장 중요한 비결을 가르쳐 주셨
다. 그것은 '절대긍정의 믿음'으로 하는 기도이다. 살아계신 하나님
아버지는 좋으신 하나님이시며, 하나님의 자녀인 우리의 기도에 응
답하신다는 사실을 믿고 간절하게 기도해야 한다.[69] 절대긍정의 믿음
을 가진 자라면 하나님의 말씀에 전적으로 순종함으로 예배하고 찬
송하며 기도함으로 하나님과 친밀해져야 할 것이다.

---

69 이영훈, 『오직 기도로』, 174-191.

The Theological
Practice of
Absolute Positivity

그러나 너희는 택하신 족속이요
왕 같은 제사장들이요 거룩한 나라요
그의 소유가 된 백성이니
이는 너희를 어두운 데서 불러 내어
그의 기이한 빛에 들어가게 하신 이의
아름다운 덕을 선포하게 하려 하심이라

베드로전서 2장 9절

Part

4

절대긍정의
실제 영역: 오중긍정

Intro

우리를 사랑하시는 좋으신 하나님, 그리고 모든 것에 합력하여 선을 이루시는 하나님을 믿는 사람은 아무리 어렵고 힘든 상황에도 절대긍정의 믿음과 적극적인 삶의 태도를 유지할 수 있다. 하나님을 향한 절대긍정의 믿음은 삶의 다섯 가지 영역에 긍정적인 영향을 주는데 가장 먼저일어나는 변화는 바로 자신에 대한 긍정이다. 자신에 대한 생각은 다른모든 생각의 출발점이며 자신을 긍정하지 않는 자는 다른 모든 것을 올바르게 긍정할 수 없다. 그래서 절대긍정의 믿음은 자신에 대한 긍정뿐아니라 타인에 대한 긍정, 일과 사명에 대한 긍정, 환경에 대한 긍정, 미래에 대한 긍정에도 놀라운 변화를 일으킨다. 이번 파트에서는 이러한오중긍정에 대해 살펴보려고 한다.

자신에 대한
절대긍정

자신에 대한 긍정은 행복한 삶의 시작이며, 인생의 실패와 성공을 가르는 중요한 요소이다. 자기 긍정의 수준은 자신의 이미지를 어떻게 그리는지와 직결되며 이것은 기도의 내용과 수준을 결정하기 때문에 자신에 대한 긍정은 믿음의 성장 여부에도 영향을 준다.

1. 하나님이 주신 절대긍정의 자화상

우리는 하나님의 걸작품이다. 하나님은 우리를 그분의 형상으로 지극히 존귀하고 아름다운 사랑의 대상으로, 하나님과 교제의 대상으로 창조하셨다. 성경은 인간에 대한 하나님의 특별한 관심과 사랑을 잘 보여 준다.

하나님은 말씀으로 온 우주와 그 안에 있는 것들을 지으셨다. 그런
데 인간을 지으실 때는 특별한 과정을 거치신다. 하나님께서 친히 흙
으로 빚으시고 그 코에 생기를 불어 넣으시니 인간은 생명을 가진 존
재가 되었다창 2:7. 인간은 하나님의 형상, 곧 하나님을 닮아 거룩함과
지혜로움, 선함과 아름다움을 지닌 존재로 지어졌다, 또 하나님을 대
신하여 창조 세계를 다스리는 대리인으로 지어졌다. 모든 피조물 중
가장 귀하고 특별한 존재로 창조된 것이다.

죄를 짓기 전에 인간은 하나님과 함께 각종 실과로 가득한 에덴동
산을 거닐며 하나님과 친밀한 교제를 나누었다. 그들은 하나님의 영
광으로 옷 입고 있었기 때문에 인간적인 옷을 입지 않아도 부끄럽지
않았고 하나님 앞에서 조금도 마음속에 거리낌이 없었다. 아담과 하
와는 하나님을 아는 지식과 지혜로 충만하여 온전히 하나님을 예배
하였다. 그리고 하나님이 지으신 에덴동산의 각종 피조물들을 다스
렸다창 2:19. 그들은 절대긍정의 자화상을 가지고 행복한 삶을 살았다.
하나님을 온전히 알고 그분과 교제하는 삶, 그리고 그분의 이름을
기뻐하며 그에게 영광 돌리는 것, 이것이 인간에게 주어진 특별한 사
명이었다. 시편 저자는 우리에게 보이신 하나님의 특별한 사랑과 인
간에게 부여된 사명의 아름다움에 대해 이렇게 고백한다.

"사람이 무엇이기에 주께서 그를 생각하시며 인자가 무엇이기에 주께서 그를 돌보시나이까 그를 하나님보다 조금 못하게 하시고 영화와 존귀로 관을 씌우셨나이다"_시편 8:4-5

하나님의 형상과 모양대로 지음 받은 인간은, 피조 세계를 다스리고 이 땅에서 하나님의 대리인이 되라는 부름을 받았습니다. 이 때문에 하나님께서 인간에게 모든 동물의 이름을 짓는 특권을 부여하셨습니다. 인간을 동물들을 다스리고 지배하도록 부름 받았습니다. … 인간은 피조 세계의 주인으로 하나님의 영광을 위해 살라는 부름을 받았습니다. 웨스트민스터 소요리문답을 인용하고자 합니다. 그 첫 번째 질문은 이렇습니다. "사람의 제일 되는 목적이 무엇인가?" 답변은 이렇습니다. "하나님을 영화롭게 하는 것과 그분을 즐거워하는 것입니다." 이것이 바로 인간에게 부여된 사명입니다.[70]

2. 죄로 인해 망가진 절대긍정의 자화상

하나님의 명령에 불순종한 인간에게 두려움이 찾아왔다. 그들은 서로의 시선으로부터 자기의 몸을 가리고 하나님의 눈을 피해 나무 사이에 몸을 숨겼다. 마귀의 유혹에 넘어가서 죄를 짓고 하나님의 형

---

70 마틴 로이드 존스, 『내가 자랑하는 복음』, 강봉재 역 (서울: 복 있는 사람, 2008), 129.

상을 잃어버리고 벌거벗고 부끄러운 자화상을 갖게 된 것이다.

"이에 그들의 눈이 밝아져 자기들이 벗은 줄을 알고 무화과나무 잎을 엮어 치마로 삼았더라 그들이 그 날 바람이 불 때 동산에 거니시는 여호와(야훼) 하나님의 소리를 듣고 아담과 그의 아내가 여호와(야훼) 하나님의 낯을 피하여 동산 나무 사이에 숨은지라 여호와(야훼) 하나님이 아담을 부르시며 그에게 이르시되 네가 어디 있느냐 이르되 내가 동산에서 하나님의 소리를 듣고 내가 벗었으므로 두려워하여 숨었나이다"_창세기 3:7-10

자화상이 일그러진 아담은 자존감을 잃어버리고 비열해졌다. 하나님께서 "내가 네게 먹지 말라 명한 그 나무 열매를 네가 먹었느냐"창 3:11라고 물으셨을 때, 아담은 자기 잘못을 인정하지 않고 여자에게 책임을 돌렸다. 죄를 짓고 불의하고 추악하게 된 자기의 모습을 감추기 위해 하나님과 사람의 시선에서 몸을 숨기고, 변명하고, 남에게 책임을 전가하는 사람이 된 것이다.

아담을 유혹하여 하나님을 거역하게 한 마귀는 지금도 끊임없이 인간의 자화상을 공격하여 부정적인 생각과 낮은 자존감을 가지게 하고, 낙심과 두려움, 상처와 분노, 비교의식과 열등감 등을 우리 마음에 심어 놓는다. 자신을 존중하지 못하고 사랑하지 못하는 사람은 무엇을 해도 행복을 느끼지 못하기 때문에 우울과 쾌락에 빠지기 쉽다. 그뿐 아니라 과거의 상처와 실패에 사로잡혀 미움과 원망과 분노로 가득한 삶을 살아가기도 한다. 그리고 이런 부정적인 자화상은 하나님과 이웃에 대해, 자신의 환경과 미래에 대해서도 부정적인 자세를 가지게 한다.

비굴한 자화상을 가진 사람은 비굴한 말을 하고, 패배자의 자화상을 가진 사람은 항상 실패의 말을 한다. 사람들은 마치 깨진 거울에 자기를 비추어 보는 것처럼 마귀가 준 자화상에 따라 자신을 높거나 낮게, 부하거나 가난하게 생각한다. 병든 자화상에 사로잡혀 밤낮 질병의 고통에서 벗어나지 못하는 사람도 있다. 그러므로 인생에 있어서 가장 중요한 것은 환경이나 기회가 아니라 자기가 그리는 자기의 모습, 즉 자화상이다.

인간은 모두 다 자기가 자신을 보고 느끼는 모습을 가슴에 품고 그 모습을 좇아 말하고 생각하고 행동하며 삽니다. 자화상이 열등하면 열등의식에 잡히고 자화상이 미운 모습이면 증오와 반항자가 되며, 자화상의 모습이 성공적이면 당당한 사람으로 행동하게 되는 것입니다. … 많은 사람이 자기 마음속에 나는 못 한다, 나는 안 된다, 나는 할 수 없다, 나는 패배자다, 나는 성공하지 못한다, 나는 낙오자다, 이러한 부정적인 사고를 하고 있습니다. 자기 마음속에 열등의식을 깊이 가지고 있습니다. 열등의식을 가지고 패배적인 자아의식을 가지고 있는 사람은 그가 무엇을 하든지 언제나 열등한 일을 하고 실패합니다.[71]

---

71 조용기 "보혈로 그린 자화상", 여의도순복음교회 주일예배설교(1992. 3. 1).

3. 그리스도 안에서 회복된 절대긍정의 자화상

성경은 우리가 예수 그리스도 안에서 새로운 존재가 되었음을 말하고 있다. 예수 그리스도의 십자가는 절대긍정의 출발이며 완성이된다. 이전에 우리를 사로잡은 죄와 실패의 자화상, 미움과 원망의자화상, 불안과 죽음의 자화상은 모두 깨어졌다. 예수 그리스도의 십자가 보혈로 새로운 자화상이 우리에게 주어진 것이다.

> "그런즉 누구든지 그리스도 안에 있으면 새로운 피조물이라 이전 것은
> 지나갔으니 보라 새 것이 되었도다"_고린도후서 5:17

첫째, 용서와 의의 자화상이다사 61:10; 엡 1:7; 계 3:18. 죄를 지어 벌거벗고 나무 뒤에 숨은 우리가 십자가의 보혈로 죄를 용서받고 의의 두루마기를 입고 담대히 하나님 앞에 나아가는 자가 된다.

둘째, 성령충만의 자화상이다엡 5:18. 전에 우리는 하나님을 멀리 떠나 마귀의 종으로 살았다. 하지만 예수님께서 오셔서 우리를 구원하시고 보혜사 성령을 보내주심으로 언제 어디서나 성령과 함께함으로 사망의 음침한 골짜기도 두려워하지 않는 자가 되었다시 23:4; 요 14:26.

셋째, 치료와 건강의 자화상이다벧전 2:24. 죄인으로 살 때 우리 영은 죽었고 마음은 상처투성이였으며 몸은 병들었다사 4:2-6. 하지만 그리스도께서 우리를 위해 채찍에 맞으심으로 우리는 질병에서 고침을받고 건강의 복을 누리게 되었다.

넷째, 축복의 자화상이다갈 3:13-14. 아담과 하와가 하나님을 반역하고 에덴동산에서 쫓겨났을 때, 땅은 저주받아 가시와 엉겅퀴를 내고 인간은 이마에 땀을 흘리고 수고해야 먹고살 수 있게 되었다창 3:18-19. 그러나 예수 그리스도가 가시관을 쓰시고, 십자가에 못 박히심으로 인류에 드리운 저주의 가시가 제거되고 우리는 아브라함의 축복을 받은 자가 되었다.

다섯째, 부활의 자화상이다고전 15:42-44. 예수 그리스도의 부활은 인류를 얽어맨 죽음의 절대절망에 대한 승리 선언이었다. 부활이요 생명이신 그리스도를 믿는 자들은 부활하신 예수님을 바라보며 부활의 새 생명을 얻는 자화상을 가지게 된 것이다.

1) 부정적 자화상을 제거하라

"모든 지킬 만한 것 중에 더욱 네 마음을 지키라 생명의 근원이 이에서 남이니라"_잠언 4:23

마귀는 끊임없이 우리의 자화상을 공격한다. 부정적인 생각과 낮은 자존감, 상처와 두려움, 분노와 죄책감을 심어 주어 하나님 앞에 나아가지 못하게 만들고, 긍정적인 미래도 꿈꾸지 못하게 방해한다. 정욕에 빠져 순간의 쾌락을 추구하거나, 자기의 의로운 행위를 통해 하나님께 나아가려는 율법적 신앙생활을 하게 한다. 끊임없이 자신과 다른 사람을 비교함으로써 기쁨과 평안을 누리지 못하게 만들어

버리는 것이다. 이는 하나님의 사랑을 의심하는 마음, 자신과 남을 비교하는 마음, 많은 것을 소유함으로써 자신의 안위만 도모하려는 어리석은 마음에서 비롯된다.

그래서 성경은 무엇보다 "네 마음을 지키라"고 말한다. 예수 그리스도의 보혈로 마음을 정결하게 씻어 부정적인 자화상에서 벗어나야 한다. 예수 그리스도 십자가를 통해 주어진 절대긍정의 새로운 자화상을 갖는 것이 무엇보다 중요하다.

2) 긍정적 자화상을 회복하라

"그러나 너희는 택하신 족속이요 왕 같은 제사장들이요 거룩한 나라요 그의 소유가 된 백성이니 이는 너희를 어두운 데서 불러 내어 그의 기이한 빛에 들어가게 하신 이의 아름다운 덕을 선포하게 하려 하심이라"
_베드로전서 2:9

하나님은 십자가의 렌즈를 통해 우리를 보신다. 그리하여 우리를 향해 '택함 받은 족속이요 왕 같은 제사장들이며 하나님의 소유'라고 말씀하신다. 우리가 선한 행위를 했기 때문이 아니라 우리가 의롭고 거룩한 존재이기 때문이 아니라 오직 하나님 아버지의 크신 사랑으로 인해 우리를 지명하여 부르시고사 43:1 그분의 자녀 삼아 주신 것이다요 15:16; 엡 1:5.

그러므로 우리 또한 십자가의 렌즈로 우리 자신을 바라보아야 한다. 어둠의 렌즈가 아니라 빛의 렌즈로, 죽음이라는 절대절망의 렌즈가 아니라 생명이라는 절대긍정의 렌즈로 우리 자신을 바라봄으로써 마귀가 준 부정적 자화상을 벗어버리고, 하나님이 주시는 절대긍정의 자화상을 소유해야 한다.

3) 긍정적 자화상을 따라 살라

"하늘로부터 소리가 있어 말씀하시되 이는 내 사랑하는 아들이요 내 기뻐하는 자라 하시니라"_마태복음 3:17

'내 사랑하는 아들, 내 기뻐하는 자'라는 말은 예수님의 자화상이었다. 예수님은 그 자화상을 따라서 하나님 아버지의 뜻에 합한 삶을 사는 겸손과 순종의 모습으로, 아버지께 기쁨을 드리는 자로 사셨다. 그리고 우리를 하나님 아버지의 '사랑하는 자녀'로, 그의 '기뻐하는 자녀'가 되게 하셨다.

이제 우리도 이 자화상에 합당한 삶을 살아야 한다. 실패와 상처, 절망과 고통으로 얼룩진 부정적인 자화상을 내려놓고, 말씀과 기도로 성령의 인도하심을 구하며 거룩한 꿈과 비전으로 가득한 미래를 바라보아야 한다.

성공적인 인생을 사는 사람은 어떤 상황에 있든지 긍정적인 자화상을 잃지 않는다. 하나님의 택하심을 받은 자녀로 살며 모든 상황

속에서 하나님을 기쁘시게 하려고 노력한다. 이렇게 긍정적인 자화
상을 품고 성령의 인도하심을 따라 살아갈 때 그 삶은 '영혼이 잘되며
범사가 잘되고 강건한 축복'을 누리는 삶으로 변화하게 된다요삼 1:2.

> 어떤 렌즈로 자기 자신과 인생을 바라보느냐가 중요합니다. 사
> 랑받지 못하는 존재라는 생각, 죄절과 열등감, 부정적인 생각의
> 렌즈로는 자기를 존귀하고 가치 있게 볼 수가 없습니다. 하나님
> 이 원하시는 미래를 향해 나아갈 수도 없습니다. 우리가 장착해
> 야 할 렌즈는 바로 예수 그리스도의 십자가 렌즈입니다. 그 렌즈
> 를 통해 자신을 바라봐야 합니다. … 십자가의 렌즈를 통해 나
> 자신을 보는 것은 긍정적인 자화상을 갖는 것과도 같습니다. 나
> 같은 죄인 살리신 하나님의 크신 은혜와 사랑을 깨달으면 나의
> 가치를 알게 되고 이는 절대긍정과 절대감사의 마음으로 살아갈
> 토대가 됩니다. 그리할 때 우리의 생각과 기도가 달라지고 우리
> 의 꿈과 비전도 달라집니다.[72]

---

72 이영훈, 『절대긍정의 기적』, 68-70.

Chapter
11

타인에 대한
절대긍정

하나님을 진정으로 만나고 변화된 사람은 타인에 대한 하나님의 마음을 느낄 수 있고 그들을 존중하며 사랑할 수 있다롬 12:10. 하나님은 우리를 축복의 통로로 사용하기를 원하시기에 우리가 경험한 사랑과 축복을 더 많은 사람에게 전해야 한다. 어둠에서 빛으로, 죽음에서 생명으로, 절대절망에서 절대희망으로 옮겨주신 은혜와 감격을 혼자만의 것으로 삼아서는 안 된다. 위로와 격려, 따뜻한 말과 친절한 행동으로 사람들을 세워주고 용서하며 사랑해야 한다.

1. 하나님이 만드신 절대긍정의 관계

"여호와야웨 하나님이 아담을 깊이 잠들게 하시니 잠들매 그가 그 갈

빗대 하나를 취하고 살로 대신 채우시고 여호와야웨 하나님이 아담에

게서 취하신 그 갈빗대로 여자를 만드시고 그를 아담에게로 이끌어 오

시니 아담이 이르되 이는 내 뼈 중의 뼈요 살 중의 살이라 이것을 남자

에게서 취하였은즉 여자라 부르리라 하니라 이러므로 남자가 부모를

떠나 그의 아내와 합하여 둘이 한 몸을 이룰지로다 아담과 그의 아내

두 사람이 벌거벗었으나 부끄러워하지 아니하니라"_창세기 2:21-25

하나님이 지으신 세계는 평화와 신뢰, 그로 인한 기쁨으로 가득했
다. 아담과 하와는 서로를 사랑하며, 온전한 교제를 누리며 살았다.
아담은 "이는 내 뼈 중의 뼈요 내 살 중의 살이라 이것을 남자에게서
취하였은즉 여자라 부르리라"고 말하였다. 이러한 아담의 고백에는
하와를 자신과 분리된 존재가 아니라 자신의 일부, 자신의 가장 소중
한 존재로 여기는 마음이 담겨 있다. 이렇듯 죄가 있기 전에는 하나
님이 지으신 세상은 완전한 평화shalom의 세계였다.

2. 죄로 인해 깨어진 절대긍정의 관계

"아담이 이르되 하나님이 주셔서 나와 함께 있게 하신 여자 그가 그 나무

열매를 내게 주므로 내가 먹었나이다 … 또 여자에게 이르시되 내가 네게 임신하는 고통을 크게 더하리니 네가 수고하고 자식을 낳을 것이며 너는 남편을 원하고 남편은 너를 다스릴 것이니라 하시고"_창세기 3:12-16

죄는 하나님과 인간 사이만 아니라, 사람과 사람 사이의 관계에도 영향을 주었다. 한 몸이 되어 서로를 사랑하던 아담과 하와는 상대방의 시선에서 자기의 몸을 가리고, 서로 비난하며 책임을 전가하는 관계가 되어 버렸다. "하나님이 주셔서 나와 함께 있게 하신 여자 그가 그 나무 열매를 내게 주므로 내가 먹었나이다"창 3:12라고 한 아담의 말은 가족을 분열하고 인간 사이에 소외를 가져온 죄의 위력을 보여 준다.

또 어둠의 권세는 인간의 심령을 점령하여 육체의 정욕과 안목의 정욕과 이생의 자랑에 사로잡히게 하였다. 인간은 거짓과 포악이 충만하며 무죄한 자를 죽이며 불쌍한 사람을 억누르고 가련한 사람에게 폭력을 행사하였다시 10:7-10. 사도 바울은 하나님을 떠난 인간의 삶에 대해 다음과 같이 말한다.

"육체의 일은 분명하니 곧 음행과 더러운 것과 호색과 우상 숭배와 주술과 원수 맺는 것과 분쟁과 시기와 분냄과 당 짓는 것과 분열함과 이단과 투기와 술 취함과 방탕함과 또 그와 같은 것들이라"_갈라디아서 5:19-21

처음 사람 아담의 범죄 이후, 세상에 죄악이 가득하며 인간의 모든 생각이 악으로 가득하게 된 것이다창 6:5.

인간 가족 내의 소외는 남자와 여자의 손상된 관계에서 부모와 자식, 자매와 자매, 가문들, 부족들, 나라들, 그리고 세계의 모든 민족으로 확대된다. 우리는 이것을 이미 창세기에서 보았다. … 인간의 역사에서, 죄가 가져오는 근본적 소외는 부족들, 국가들, 그리고 종교들의 충돌로 돌연 변이한다. 그것은 역사가 새뮤얼 헌팅턴Samuel P. Huntington이 묘사한 '문명의 충돌The Clash of Civilizations'로 이끈다. 유대인과 아랍인의 충돌, 그리스도인, 무슬림, 그리고 힌두교인 사이의 충돌이라는 역사를 통해 온통 '나라가 나라를, 도시가 도시'를 대적한다대하 15:6.[73]

3. 십자가를 통해 회복된 절대긍정의 관계

"그러므로 그리스도 안에 무슨 권면이나 사랑의 무슨 위로나 성령의 무슨 교제나 긍휼이나 자비가 있거든 마음을 같이하여 같은 사랑을 가지고 뜻을 합하며 한마음을 품어 아무 일에든지 다툼이나 허영으로 하지 말고 오직 겸손한 마음으로 각각 자기보다 남을 낫게 여기고 각각 자기

---

73 하워드 A. 스나이더, 조엘 스캔드렛, 『피조물의 치유인 구원』 권오훈·권지혜 역(서울: 대한기독교서회, 2015), 136–138.

일을 돌볼뿐더러 또한 각각 다른 사람들의 일을 돌보아 나의 기쁨을 충만하게 하라"_빌립보서 2:1–4

십자가를 통해 절대긍정의 자화상을 갖게 된 사람은 타인과 세상을 향해 절대긍정의 마음을 품을 수 있다. 이런 사람은 예수 그리스도의 십자가 희생이 얼마나 큰 것인지, 죄인인 나를 위해 아들을 내어주신 하나님 아버지의 사랑이 얼마나 위대한 것인지를 알 수 있다. 타인을 향한 하나님의 긍휼의 마음을 알기에 다른 사람들을 존중하고 사랑할 수 있다.

그리하여 하나님의 눈으로 다른 사람을 보고, 하나님의 귀가 되어 그들의 말을 들어주며, 하나님의 손이 되어 이웃의 눈물을 닦아주고 상처를 어루만지게 된다. 또 예수 그리스도께서 그리하셨듯, 외로운 사람들을 찾아가 그들의 친구가 되어 준다.

1) 십자가의 두 나무

"우리가 사랑함은 그가 먼저 우리를 사랑하셨음이라 누구든지 하나님을 사랑하노라 하고 그 형제를 미워하면 이는 거짓말하는 자니 보는 바 그 형제를 사랑하지 아니하는 자는 보지 못하는 바 하나님을 사랑할 수 없느니라 우리가 이 계명을 주께 받았나니 하나님을 사랑하는 자는 또한 그 형제를 사랑할지니라"_요한1서 4:19–21

예수님께서는 "네 마음을 다하고 목숨을 다하고 뜻을 다하여 주 너의 하나님을 사랑하라 하셨으니 이것이 크고 첫째 되는 계명"마 22:37-38이라고 말씀하셨다. 그리고 "둘째도 그와 같으니 네 이웃을 네 자신 같이 사랑하라"마 22:39고 말씀하셨다. 또한 "이 두 계명이 온 율법과 선지자의 강령"마 22:40이라고 말씀하셨다. 여기서 '그와 같다'라는 말은 하나님에 대한 사랑과 이웃에 대한 사랑은 분리된 것이 아니며, 서로 조화를 이루어야 함을 의미한다.[74] 하나님을 사랑하는 일과 이웃을 사랑하는 일은 별개가 아니다. 그래서 성경은 하나님은 사랑하지만, 형제나 이웃은 사랑하지 않는다고 말할 수 없다고 단호히 말한다요일 4:7-8; 갈 5:14. 십자가는 하나님 사랑과 이웃 사랑의 완성이다. 십자가의 두 나무는 성도의 삶의 두 가지 축인 절대주권자이신 하나님을 향한 절대긍정의 믿음, 그리고 이웃을 향한 절대긍정의 사랑과 헌신을 잘 나타낸다.

이 사랑은 누구입니까? 십자가를 지기까지 모든 것을 감당하고 모든 것을 믿으며 모든 것을 바라고 모든 것을 참아 견뎌야 했던 분 아니겠습니까? 어떠한 경우에도 자기 유익을 구하지 않았고 격분하지 않았으며 악을 악으로 갚지 않았고, 그로 인해 악에게 정복당하기까지 했던 분 아니겠습니까? 그러나 그분은 십자가에서도 원수를 위해 기도하셨으며눅 23:34, 그 용서의 기도로 악을 이기고 완전히 승리하셨으니

---

74 이영훈, "십자가 사랑", 여의도순복음교회 주일예배설교(2010. 9. 5).

다. 사도 바울이 말하는 사랑은 예수 그리스도 그분Jesus Christus selbst이 아니면 누구겠습니까? 예수 그리스도가 아니라면 누구겠습니까? 십자가 외에 어떤 다른 표적이 있을 수 있겠습니까?[75]

2) 그리스도의 몸 된 지체

"우리가 한 몸에 많은 지체를 가졌으나 모든 지체가 같은 기능을 가진 것이 아니니 이와 같이 우리 많은 사람이 그리스도 안에서 한 몸이 되어 서로 지체가 되었느니라"_로마서 12:4-5

예수 그리스도는 하나님과 우리 사이에 놓인 죄의 담을 허무시고, 하나님과 우리를 연합되게 하셨다요 17:21. 또 성령은 우리 각자를 하나님의 자녀 되게 하실 뿐 아니라 모든 성도가 한 소망 안에서 함께 부르심 받았음을 깨닫게 하신다.

"평안의 매는 줄로 성령이 하나 되게 하신 것을 힘써 지키라 몸이 하나요 성령도 한 분이시니 이와 같이 너희가 부르심의 한 소망 안에서 부르심을 받았느니라"_에베소서 4:3-4

---

75 디트리히 본회퍼, 『타인을 위한 그리스도인으로 살 수 있을까?』, 정현숙 역 (서울: 좋은씨앗, 2014), 147-148.

우리는 하나님의 사랑하는 자녀들이며, 그리스도는 모든 형제의 맏아들이시다롬 8:29. 그러므로 성도는 서로 사랑하며 서로를 돌보는 데 힘써야 한다. 이 일을 위해 성령님은 우리에게 각종 은사를 주시며고전 12:27-30, 풍성한 열매를 맺어 그리스도의 향기를 발하게 하신다고후 2:15. 생명과 평화의 영이신 성령으로 충만하여 가정과 교회에서, 일터와 각자의 삶의 현장에서 사람들에게 희망을 주고, 살리는 사람이 되어야 한다.

"십자가의 도가 멸망하는 자들에게는 미련한 것이요 구원을 받는 우리에게는 하나님의 능력이라"고전 1:18는 말씀처럼, 예수님이 가르쳐 주신 타인을 향한 절대긍정의 말과 행위로써 절대절망을 드리우는 어둠의 권세를 쫓아내야 한다. 그리고 그들에게 생명과 희망을 전함으로 그리스도의 몸 된 교회를 세워나가야 한다.

하나님은 우리를 그분의 자녀로 부르셨습니다. 그분은 우리의 사랑하는 아버지이기를 원하십니다. 하나님은 우리 아버지, 우리를 감당하고 사랑하는 어머니 같은 교회, 교회는 우리의 믿음입니다. "나는 거룩한 교회를 믿습니다." 교회는 인간의 사귐이 갖는 의미이자, 이생과 내생에서 우리의 희망입니다. 옛 교부는 이렇게 말했습니다. "하나님 우리 아버지, 교회 우리 어머니, 예수 그리스도 우리 주님, 이것이 우리의 믿음입니다."[76]

---

76 위의 책, 41-42.

3) 용서하고 사랑하라

"너희를 박해하는 자를 축복하라 축복하고 저주하지 말라 즐거워하는 자들과 함께 즐거워하고 우는 자들과 함께 울라 서로 마음을 같이하며 높은 데 마음을 두지 말고 도리어 낮은 데 처하며 스스로 지혜 있는 체하지 말라 아무에게도 악을 악으로 갚지 말고 모든 사람 앞에서 선한 일을 도모하라 할 수 있거든 너희로서는 모든 사람과 더불어 화목하라 내 사랑하는 자들아 너희가 친히 원수를 갚지 말고 하나님의 진노하심에 맡기라 기록되었으되 원수 갚는 것이 내게 있으니 내가 갚으리라고 주께서 말씀하시니라 네 원수가 주리거든 먹이고 목마르거든 마시게 하라 그리함으로 네가 숯불을 그 머리에 쌓아 놓으리라 악에게 지지 말고 선으로 악을 이기라"_로마서 12:14-21

우리는 매일 용서받고 용서하며 살아야 한다. 사도 바울은 예수님의 십자가 죽음이 우리를 용서하시는 하나님의 사랑이라고 말한다.

"우리가 아직 죄인 되었을 때에 그리스도께서 우리를 위하여 죽으심으로 하나님께서 우리에 대한 자기의 사랑을 확증하셨느니라"_로마서 5:8

예수님은 "우리가 우리에게 죄 지은 자를 사하여 준 것 같이 우리 죄를 사하여 주시옵고"마 6:12라고 기도할 것을 명하셨다. 우리는 예수님의 보혈로 용서받은 사람들이다. 그러므로 우리 또한 다른 사람들을 용서해야 한다. 용서는 나 자신을 위한 것이기도 하다. 우리가 다른 사람을 용서할 때, 하나님께서 우리를 용서하시겠다고 약속하셨기 때문이다마 6:14-15. 서로 불쌍히 여기며 용서하는 것은 후회와 탄식, 원망과 분노라는 절대절망으로부터 우리를 구원하시는 하나님의 은혜이다엡 4:32; 창 50:20.

희생과 중보기도, 죄 사함은 기독교회가 가진 놀라운 능력입니다. 이 능력을 한마디로 요약하면 사랑이라고 말할 수 있습니다. 하나님이 우리에게 보여 주신 사랑, 다른 말로 하면 '타인에게 그리스도가 되는 것'입니다. 이 세 가지 능력은 모든 것을 연결해 주는 그리스도의 몸으로 흘리신 피의 능력을 말합니다. 몸의 모든 지체는 하나의 생명체로서 호흡하며, 동일한 음식인 하나님의 말씀을 먹고, 동일한 음료인 우리 주 예수 그리스도의 피를 마시며 살아갑니다. 한 사람이 있는 그곳에 온 교회가 있는 것입니다. 그 누구도 혼자가 아니고, 그 누구도 버림받지 않으며, 그 누구도 정처 없이 떠도는 신세가 아닙니다. 교회가 사랑 안에서 희생과 중보기도, 죄 사함의 능력으로 그와 함께합니다. 그 누구도 홀로 기뻐하지 않으며, 그 누구도 홀로 고통 받지 않습니다.[77]

---

77 위의 책, 38-39.

Chapter
12

일과 사명에 대한
절대긍정

사람들은 먹고살기 위해 어쩔 수 없이 일한다고 말하며 일에서 해방된 삶을 꿈꾼다. 하지만 그리스도인에게 일과 직업은 그저 생계유지와 자아실현을 위한 수단이 아니다. 일과 직업은 하나님에 대한 절대순종과 이웃에 대한 절대긍정의 생각을 실천하는 귀한 도구이기 때문이다. 그렇기에 우리가 하는 모든 일은 거룩하다.

"무슨 일을 하든지 마음을 다하여 주께 하듯 하고 사람에게 하듯 하지 말라"_골로새서 3:23

1. 일직업의 축복과 사명

"여호와야훼 하나님이 그 사람을 이끌어 에덴동산에 두어 그것을 경작
하며 지키게 하시고"_창세기 2:15

창세기 2장 15질의 핵심 동사는 '아바드ᴌᴠ'와 '샤마르ᴌᴠᴡ'이다. '아
바드'는 '일하다, 양육하다, 유지하다, 재배한다'라는 의미이며, '샤마
르'는 '지키다, 보존하다, 돌보다, 보호한다'라는 의미이다. 두 개의
히브리어를 통해 인간이 일을 통해 자기의 필요를 충족할 뿐 아니라
하나님의 뜻 안에서 피조 세계를 지키고 돌보기를 바라시는 하나님
의 마음을 알 수 있다. 그러므로 아담에게 일과 노동은 하나님의 사
명이며 축복이었다.[78]

하나님은 그분의 지혜와 선하심을 따라 인간에게 창조력을 허락하
셨다. 일을 통해서 인간은 개인적으로 성취감을 얻고, 공동체에 속한
다른 사람들의 필요를 채우며, 하나님을 섬길 수 있었다. 일을 통해
생명이 풍성하고 모든 피조물이 평화롭게 번영하는 하나님의 나라를
세워간 것이다.

하나님은 실제로 흙과 씨와 햇빛과 비를 주신다. 우리는 경작하고 씨

---

78 제임스 데이비슨 헌터, 『기독교는 세상을 어떻게 변화시키는가』, 배덕만 역 (서울: 새물결플러
스, 2014), 15.

를 뿌리고 거두어야 한다. 하나님이 과일나무를 주시지만, 우리가 나무의 가지를 치고 열매를 따야 한다. 루터가 창세기 31장 3절에 대한 강의에서 말했듯이, "하나님은 모든 일을 당신을 통해서 하실 것이기 때문에, 당신을 통해 암소의 젖을 짜실 것이고 당신을 통해 대부분의 천한 의무를 수행하실 것이며, 의무는 가장 큰 것부터 가장 작은 것에 이르기까지 모두 그분을 기쁘시게 할 것이다." 하나님이 우유가 가득 찬 젖소를 주신들 우리가 짜내지 않는다면 무슨 소용이 있겠는가?[79]

2. 일직업의 수고로움

"아담에게 이르시되 네가 네 아내의 말을 듣고 내가 네게 먹지 말라 한 나무의 열매를 먹었은즉 땅은 너로 말미암아 저주를 받고 너는 네 평생에 수고하여야 그 소산을 먹으리라 땅이 네게 가시덤불과 엉겅퀴를 낼 것이라 네가 먹을 것은 밭의 채소인즉 네가 흙으로 돌아갈 때까지 얼굴에 땀을 흘려야 먹을 것을 먹으리니 네가 그것에서 취함을 입었음이라 너는 흙이니 흙으로 돌아갈 것이니라 하시니라"_창세기 3:17-19

죄를 짓기 전에 일은 인간에게 주신 하나님의 축복이었다. 일을 통해서 사람은 자신의 필요를 채울 뿐만 아니라, 세상을 더 아름답고

---

79 존 스토트, 『현대 사회 문제와 그리스도인의 책임』, 정옥배 역 (서울: IVP, 2010), 254.

풍성하게 만들어갔다. 하지만 인간이 범죄한 이후, 일은 고통스럽고 허무한 것으로 변하고 말았다. 자발적으로 기쁨으로 일하는 것이 아니라, 먹고 살기 위해서 어쩔 수 없이 해야만 하는 고통스러운 것이 되어 버렸다. 인간은 더 많이 가지기 위해 쉼 없이 일해야 하고, 탐욕으로 인해 땅과 동물을 착취할 뿐 아니라 이웃의 소유를 빼앗고 이웃의 생명을 멸하기에 이르렀다.

> 하나님은 에덴동산으로부터 인간들을 추방하시고 몇 가지 저주를 부과하심으로써 악을 심판하십니다. 그들이 반역의 상태로 있는 동안에는 결코 생명나무 열매를 먹을 수 없습니다. 땅 자체도 함께 저주를 받아 날카로운 가시와 농사를 수고롭게 만드는 잡초를 낼 것입니다. 이렇게 해서 창조 과업은 굽은 길로 멀리 돌아가야만 하게 되었습니다. 그 길은 가시와 엉겅퀴, 먼지와 죽음을 통과해야만 하는 길입니다.[80]

3. 일직업에 대한 절대긍정

1) 일하시는 하나님

"예수께서 그들에게 이르시되 내 아버지께서 이제까지 일하시니 나도

---

80 톰 라이트, 『악의 문제와 하나님의 정의』, 노종문 역 (서울: IVP, 2009), 56-57.

일한다 하시매"_요한복음 5:17

하나님은 일하시는 하나님이시다. 하나님은 천지와 만물을 친히 만드셨고, 우주와 그 안에 있는 모든 것을 다스리고 계신다. 또 구속 사역을 위해 생명도 아끼지 않으셨던 예수님은 지금도 우리를 위해 일하고 계신다요 5:17. 하늘에서 성령을 보내주시며요 16:7, 중보기도를 하시고롬 8:34; 히 7:25, 천국을 예비하시며요 14:3, 마지막 구원 사역을 진두지휘하고 계시다계 7:10. 성령님도 마찬가지다. 생명의 영으로 창조 사역을 이루신창 1:2 성령님은 지혜와 계시의 영엡 1:17으로서 사람들을 그리스도께로 인도하시며 또 하나님 나라의 완성을 위해 온 우주와 모든 생명을 돌보고 계신다.

우리에게는 일의 영성이 필요하다. 왜 일하는지에 대한 이해가 없다면 삶의 의미를 잃어버리고 말 것이기 때문이다. 그레고리 피어스 Gregory F. A. Pierce는 일의 영성을 다음과 같이 말한다.

이 세상을 나은 곳으로, 하나님이 원하시는 것에 더 가깝게 만들기 위해 행하는 유급 혹은 무급의 모든 노력을 통해, 우리 자신과 환경을 하나님께 조율하고, 이 세상에서 하나님의 영이 하시는 일을 몸으로 표현하는 존재가 되고자 시도하는 것으로 정의한다.[81]

---

81 폴 스티븐스, 앨빈 웅, 『일 삶 구원』, 김은홍 역 (서울: IVP, 2012), 15.

그러므로 자신을 긍정하고 타인을 긍정하는 사람은 자기에게 맡겨진 일도 긍정할 수 있다. 모든 것이 하나님의 은혜임을 알고 하나님의 나라와 그의 뜻을 위해 헌신한다. 이것이 바로 참된 행복이기 때문이다. 우리가 하는 모든 일의 진정한 감독자는 하나님이시다.

요셉은 보디발의 종의 지리에서도, 감옥에서 왕의 시종을 섬긴 때도, 애굽의 총리에 오른 후에도 맡겨진 일에 최선을 다했다. 그러자 하나님은 요셉과 함께하심으로 그를 형통하게 하셨다창 39:4-5, 40:4, 41:45-49. 사람들이 보기에는 작고 초라한 일이라 할지라도, 주어진 자리에서 성실히 일할 때 하나님이 함께하시며 우리가 하는 일에 복을 내려 주신다.

시골길을 걸어 내려가다가 많은 사람이 일하는 채석장에 이른 한 사람에 대한 이야기가 있다. 그는 몇 사람에게 무엇을 하느냐고 물었다. 첫 번째 사람은 버럭 화를 내며 대답했다. "보면 모르오? 돌을 쪼아 내고 있소." 두 번째 사람은 쳐다보지도 않고 대답했다. "나는 1주일에 200 파운드를 벌고 있소." 세 번째 사람에게 똑같은 질문을 했을 때, 그는 들고 있던 연장을 내려놓고는 똑바로 서서 가슴을 쭉 펴고 말했다. "내가 하는 일이 무엇인지 알고 싶다면 말해 드리죠. 나는 지금 성당을 짓고 있답니다." 그것은 우리가 얼마나 멀리까지 보는가 하는 문제다. 첫 번째 사람은 자신의 연장 이상을 보지 못했고, 두 번째 사람은 금요일에 받는 주급 이상을 보지 못했다. 하지만 세 번째 사람은 자신의 연장과 급여를 넘어서 자신이 기여하는 궁극적인 목적을 바라보았다. 그는 건축가와 협력하고 있었다. 기여하는 부분이 적더라도, 그는 하나님을 예배하는 건물을 짓는 일을 돕고 있었다.[82]

2) 문화명령

"하나님이 그들에게 복을 주시며 하나님이 그들에게 이르시되 생육하고 번성하여 땅에 충만하라, 땅을 정복하라, 바다의 물고기와 하늘의 새와 땅에 움직이는 모든 생물을 다스리라 하시니라"_창세기 1:28

하나님이 인간에게 주신 창세기 1장 28절 말씀을 '문화명령cultural mandate, creation mandate'이라고 부른다. 인간은 하나님의 형상으로서, 하나님을 대신하여 온 세계, 곧 식물과 동물, 땅과 수중의 생물들을 다스리고 돌보아야 했다.

"여호와야훼 하나님이 그 사람을 이끌어 에덴동산에 두어 그것을 경작하며 지키게 하시니"_창세기 2:15

창세기 2장 15절의 말씀은 하나님이 인간을 세상을 만드는 자world-maker로 임명하셨다는 의미이다. 하나님께서 인간을 그분의 형상으로

---

82 존 스토트, 『현대 사회 문제와 그리스도인의 책임』, 255-256,

지으시고 그에게 생명을 주신 것은 이 세상을 더 나은 것으로 만들어 가기 위함이었다. 아담과 하와는 하나님을 대신하여, 모든 생명체를 돌보고 그들이 생육하고 번성하여 하나님의 복을 누리게 할 임무가 주어진 것이다.

문화명령은 인간의 범죄에도 완전히 박탈되지 않았다. 인간은 하나님께 받은 지혜와 창조적인 능력을 사용하여 "생육하고 번성하여 땅에 충만하라"는 하나님의 명령을 성취해 갔다. 마을과 도시, 국가를 세우고 각종 제도들을 발전시켰다. 땅을 개간하고 강을 막아 생산성을 높이고, 각종 기술을 개발하여 인류의 삶을 편리하고 안전하게 바꾸어 나갔다.

사람들은 자신의 개인적, 집단적 운명을 그들이 연마하는 미술, 음악, 문학, 상업, 법, 학문으로, 그들이 맺는 관계로, 그리고 그들이 계발한 제도가족, 교회, 협회 그리고 그들이 살고 유지하는 공동체로 실현한다. 이런 활동을 통해 그들은 하나님의 선하심과 번성케 하려는 그분의 계획을 반영한다. … 세상에 관여하고, 그것을 형성하고, 마침내 그것을 더 나은 쪽으로 변화시키려는 열정이 이 세상을 살아가는 기독교인들의 지속적인 징표다. 기독교인이 된다는 것은 개별적, 집단적, 사적, 공적인 모든 생명을 회복하려는 하나님의 목적을 추구하면서 세상에 관여하는 것이다. 이것이 창조명령이다.[83]

---

83 제임스 데이브슨 헌터, 『기독교는 세상을 어떻게 변화시키는가』, 16.

3) 일과 사명

"무슨 일을 하든지 마음을 다하여 주께 하듯 하고 사람에게 하듯 하지 말라 이는 기업의 상을 주께 받을 줄 아나니 너희는 주 그리스도를 섬기 느니라"_골로새서 3:23-24

일은 곧 사명이다. 하나님은 우리를 통해 세상을 경영하신다. 육체적인 필요를 채우는 일뿐만 아니라 인간의 정신을 돌보는 일은 물론 영혼을 돌보는 일도 마찬가지다. 그래서 우리의 직업은 하나님께서 주신 사명이고 우리가 하는 모든 일은 예배가 된다. 사람들은 세속적인 일과 거룩한 일, 귀한 일과 천한 일, 중요한 일과 하찮은 일로 구별하기를 좋아한다. 하지만 하나님의 이름으로 행해지는 모든 일은 거룩하고 귀하다.

하나님은 각 사람에게 달란트를 주셨다. 그리고 우리에게 시간과 물질, 경험, 관계 등의 자원과 기회를 주셨다. 우리가 하는 일이 아무리 초라해 보일지라도, 그 일이 인류를 위한 하나님의 목적에 어떻게 참여하는지 볼 수 있다면 그 일은 예배가 되고 하나님께 영광이 된다.[84]

"그런즉 너희가 먹든지 마시든지 무엇을 하든지 다 하나님의 영광을 위

---

[84] 존 스토트, 『현대 사회 문제와 그리스도인의 책임』, 256.

하여 하라"_고린도전서 10:31

그러므로 우리는 하나님께 받은 은사와 재능, 기회를 잘 사용하여 하나님을 섬기고 이웃을 섬겨야 한다. 나아가 다른 사람들도 하나님이 주신 은사와 재능을 발견할 수 있도록 도와주고, 사명을 깨닫고 그 사명대로 살아갈 수 있도록 그들을 격려하고 이끌어 주어야 한다.

집안일을 충실히 감당하는 종은 수도사보다 더 거룩합니다. 만일 이 가련한 사람들의 마음에 이것이 새겨진다면, 여종은 기뻐 뛰며 하나님을 찬양하며 감사하게 될 것입니다. 여종이 하는 청소는 이제 힘들지 않고, 보상을 받게 될 것이고, 가장 위대한 성자로 추앙받던 사람들도 받지 못했던 보물을 얻게 될 것입니다. 이것을 알고 자랑스럽게 말할 수 있는 것이야말로 위대한 영광 아닐까요? 그들이 매일 하는 집안일은 수도사들의 엄격한 경건 생활이나 성자들과 비교해도 훨씬 거룩합니다. 더욱이 당신은 번성하고 잘될 것이라는 약속을 받았습니다. 이 약속을 따라 산다면 얼마나 복되고 거룩한 삶이 되겠습니까? 신앙은 하나님 앞에 서 있는 자를 거룩하게 만듭니다. 믿음으로는 오직 하나님만 섬기며, 행위로는 사람을 섬깁니다. 여기에 행복이 있고 하나님의 보호와 돌보심이 있습니다. 또한 이것을 통해 쾌활한 양심과 하나님의 은총을 받게 됩니다.[85]

85 마르틴 루터, 『마르틴 루터 대교리문답』, 최주훈 역 (서울: 복있는사람, 2017), 117-118.

환경에 대한
절대긍정

우리가 만나는 사람, 우리가 처한 상황들은 우리의 생각과 행동에 영향을 준다. 반대로 우리의 태도와 생각이 환경에 영향을 주기도 한다. 인생은 크고 작은 문제의 파도가 끊임없이 밀려오는 바다와 같다. 그리스도인의 삶도 예외는 아니다. 하지만 절대긍정의 믿음을 소유한 그리스도인은 문제의 파도가 몰려올 때, 성령의 바람을 타고 더 멀리, 더 높이 갈 수 있다. 또 우리는 속한 공동체와도 영향을 주고받는다. 누구도 혼자 살아갈 수 없으며 모든 사람은 서로 연결되어 있기 때문이다. 그러므로 나 자신과 이웃만 아니라 교회, 일터, 국가는 물론 지구촌까지 자신이 속한 공동체에 대한 긍정의 생각과 행동이 매우 중요하다.

1. 걸림돌을 디딤돌로

"너희는 이전 일을 기억하지 말며 옛날 일을 생각하지 말라 보라 내가
새 일을 행하리니 이제 나타낼 것이라 너희가 그것을 알지 못하겠느냐
반드시 내가 광야에 길을 사막에 강을 내리니"_이사야 43:18-19

인생을 살다 보면 이런저런 어려움을 만나게 된다. 또 자신의 실수
나 실패, 다른 사람에게 받은 마음의 상처로 인해 힘들 때도 있다. 그
런데 이렇게 과거에 겪었던 부정적인 일에 매이게 되면 현재 주어진
일에 충실할 수 없고, 앞으로의 일도 잘 준비할 수 없게 된다.

그래서 하나님은 "이전 일을 기억하지 말며 옛날 일을 생각하지 말
라"고 말씀하신다. 하나님이 그의 백성을 위해 예비하신 은혜는 인간
의 지혜로는 생각할 수 없으며 인간의 힘으로는 결코 이뤄낼 수 없는
크고 놀라운 것이기 때문이다. 그러므로 실패한 과거에 걸려 넘어져
주저앉아 있지 말고 그것을 디딤돌 삼아 믿음의 길을 걸어야 한다.

아브라함에게는 부인을 두 번이나 누이라고 속인 과거가 있었고, 야곱
에겐 팥죽 한 그릇으로 형의 장자 명분을 빼앗은 과거가 있었으며, 모
세에겐 이집트 사람을 살인한 과거가 있었습니다. 베드로에게도 주님
을 모른다고 저주하며 부인한 과거가 있었고, 바울에겐 성령이 충만한
스데반을 죽이는 일에 증인으로 앞장섰던 과거가 있었습니다. 그러나
그들의 인생은 거기서 멈추지 않았습니다. 새롭게 변화되어 하나님의

사명을 위해 놀랍게 쓰임 받았습니다.[86]

2. 절대긍정의 믿음의 전진

"너는 내게 부르짖으라 내가 네게 응답하겠고 네가 알지 못하는 크고
은밀한 일을 네게 보이리라"_예레미야 33:3

어린아이가 걸음마를 배우기 위해서는 대략 2천 번 이상 넘어진다
고 한다. 만약 어린아이가 자기가 넘어진 것을 기억하고 다시 넘어질
까 두려워한다면, 걷는 법을 배우지 못하게 될 것이다. 믿음의 여정
도 마찬가지다. 문제 앞에서 넘어졌다 해도 하나님을 향한 절대긍정
의 믿음으로써 앞으로 나아가야 한다.

마음이 낙심되고 힘들 때, 환난을 만나 주저앉고 싶을 때, 하나님
이 나의 모든 것을 아시고 지금도 나와 함께하심을 믿어야 한다. 눈
에 보이는 것이 없고, 귀에 들리는 것이 없고, 손에 잡히는 것이 없을
지라도 절대긍정의 믿음으로 하나님을 향해 부르짖어야 한다. 그러
면 하나님께서 반드시 응답하시고, 우리를 위해 예비하신 크고 놀라
운 일을 우리에게 보이실 것이다. 낙심하지 않고 기도하는 사람은 반
드시 기적을 보게 될 것이다.

---

86 이영훈, 『절대긍정의 기적』, 134.

우리가 더욱 열심히 기도하도록 요구하는 것은 하나님의 약속 때문입니다. 하나님은 진실로 우리의 기도에 응답하겠다고 약속하셨습니다. 하나님은 시편 50편 15절을 통해 이렇게 말씀하십니다. "환난 날에 나를 부르라 내가 너를 건지리니" 또한 그리스도는 마태복음 7장 7절 이하에서 이렇게 말씀하십니다. "구하라 그리하면 너희에게 주실 것이요 … 하늘에 계신 너희 아비지께서 구하는 자에게 좋은 것으로 주시지 않겠느냐" 이 약속은 확실히 우리 마음에 기도의 열망과 사랑을 불러 일으킵니다. 하나님께서 말씀으로 밝히 보여 주셨듯이, 우리의 기도는 그분을 기쁘게 하는 일입니다. 게다가 하나님은 우리의 기도에 분명히 응답하겠다고 보증하셨습니다. 그러므로 이 약속을 가볍게 듣거나 바람에 흩날려 버리지 말고 확신을 갖고 기도해야 합니다.[87]

3. 공동체를 세우기

"두 사람이 한 사람보다 나음은 그들이 수고함으로 좋은 상을 얻을 것임이라 혹시 그들이 넘어지면 하나가 그 동무를 붙들어 일으키려니와 홀로 있어 넘어지고 붙들어 일으킬 자가 없는 자에게는 화가 있으리라 또 두 사람이 함께 누우면 따뜻하거니와 한 사람이면 어찌 따뜻하랴 한 사람이면 패하겠거니와 두 사람이면 맞설 수 있나니 세 겹 줄은 쉽게 끊

---

87 마르틴 루터, 『마르틴 루터 대교리문답』, 240.

어지지 아니하느니라"_전도서 4:9-12

우리는 모두 크고 작은 공동체에 속해 있다. 가족, 학교, 직장, 교회, 지역, 국가 그리고 세계와 우주라는 커다란 공동체의 일원으로 살아간다. 우리는 서로 연결되어 있고, 우리의 삶은 화음을 맞춰 함께 부르는 합창곡과 같다. 자신의 실력이 아무리 뛰어나다고 해도, 홀로 목청껏 노래한다면 불협화음을 만들 뿐이다.

"빨리 가려면 혼자 가고, 멀리 가려면 함께 가라"는 말이 있다. 다른 사람의 도움 없이 혼자의 힘으로 살아갈 수 있는 사람은 아무도 없다. 자기 옆에 있는 사람의 약점보다 강점을 보아야 한다. '저 사람 때문에 안 된다'라는 부정적인 생각 대신 '저 사람 덕분에 잘 된다'라는 긍정적인 생각, 자기의 부족함을 알고 동료의 도움에 감사할 줄 아는 적극적인 태도가 필요하다.

"사슬의 강도는 가장 약한 고리에 좌우된다"라는 말이 있다. 다른 고리들이 아무리 견고해도 가장 약한 부분이 끊어져 버리면 그 사슬은 쓸모없어지기 때문이다. 공동체도 마찬가지다. 가장 작고 약한 사람이 자신이 속한 공동체의 크기와 안정을 결정한다.

하나님은 '고아의 아버지, 과부의 재판장'시 68:5이시며, 예수님은 '세리와 죄인의 친구'눅 7:34라고 불리기를 마다하지 않으셨다. 우리 또한 약한 자를 돕고 작은 자의 친구가 되어야 한다. 사도의 가르침을 받아 서로 교제하고 떡을 떼며 오로지 기도하기를 힘쓸 뿐 아니라행

2:42 믿는 사람이 다 함께 있어 모든 물건을 서로 통용하였다행 2:44. 그뿐만 아니라 재산과 소유를 팔아 각 사람의 필요를 따라 나눠 주었던행 2:45 초대교회 성도들과 같이 서로 사랑하고 축복하며, 긍정적인 말과 행동으로 서로를 품고 섬겨야 한다.

효율성과 생산성을 비탕으로 이익만을 향해 달려가는 세상의 경영 원리에서 사회적 약자들은 설 곳이 없습니다. 상대적으로 느리고, 덜 생산적인 이들은 소외되거나 경시되기 일쑤입니다. 그러나 크리스천 리더십은 정반대입니다. 크리스천 리더십은 약하고 소외되기 쉬운 사람들을 존중하고 섬기고 세우는 리더십입니다. 그들을 통해 이루시는 하나님의 일을 모두가 함께 즐거워하도록 공동체를 이끄는 리더십입니다. 즉, 이익이 아니라 사랑으로 하나 되는 공동체를 만드는 리더십이 바로 크리스천 리더십입니다.[88]

---

88 이영훈, 『성공에 이르는 12가지 지혜』, 285.

미래에 대한
절대긍정

하나님은 우리에게 꿈과 비전을 주시고 그것을 통해 큰일을 이루기를 원하신다. 긍정적인 사람은 과거와 현재뿐 아니라 미래에 대해서도 긍정적인 생각과 태도를 보인다. 앞이 보이지 않을 때도, 좋으신 하나님이 합력하여 선을 이루실 것을 바라보기 때문이다. 문제가 왜 왔는지, 왜 이런 고통이 있는지, 왜 이런 어려움이 있는지 지금은 알 수 없지만, 먼 훗날 뒤를 돌아보면 하나님이 모든 것에 합력하여 선을 만들어 주실 것을 믿기 때문이다.

하나님이 주시는 꿈과 비전을 품고 복된 미래를 기대하면서 믿음으로 전진 또 전진할 때, 하나님은 우리가 꿈꾸고 기도한 대로 역사하신다막 10:46-52; 시 37:5-6.

1. 꿈꾸시는 하나님

"세계가 다 내게 속하였나니 너희가 내 말을 잘 듣고 내 언약을 지키면 너희는 모든 민족 중에서 내 소유가 되겠고 너희가 내게 대하여 제사장 나라가 되며 거룩한 백성이 되리라"_출애굽기 19:5-6

하나님은 이 세상을 향해 그리고 우리를 향해 꿈을 품고 계신다. 하나님은 온 세계를 하나님의 나라로, 아브라함을 모든 믿는 자의 조상으로, 이스라엘을 거룩한 나라로 세우는 꿈을 가지고 계셨다. 그리고 이 꿈의 중심에는 예수 그리스도가 계셨다요 3:16. 하나님은 예수님을 통해 하늘과 땅과 그 안에 있는 모든 것을 새롭게 하고, 십자가를 통해 인류를 구원할 꿈을 품고, 독생자를 이 땅에 보내셨다. 그리하여 우리에게 새 생명을 주시고롬 3:23-24, 성령으로 충만하게 하시며고전 6:11, 질병에서 고쳐주시고벧전 2:23, 아브라함의 축복을 누리며갈 3:13-14 영원한 나라를 소망하게 하셨다요 11:25-26. 우리를 향한 하나님의 꿈이 이루어진 것이다.

그리고 이제 하나님은 새로운 꿈을 꾸고 계신다. 하나님은 우리를 통해 복음이 전파되며, 하나님의 뜻이 땅에서도 이루어져 많은 사람이 구원받고 하나님의 자녀가 되기를 원하신다. 우리 한 사람 한 사람이 하나님의 꿈이다.

하나님의 최고의 꿈과 희망의 선물은 예수 그리스도의 십자가인 것입니다. … 예수님 앞에 오면 십자가 플러스를 통해서 인생에 꿈과 희망의 플러스를 얻는 것입니다. 용서받는 꿈이 플러스 되고, 거룩하게 되는 꿈이 플러스 되고, 건강을 얻는 꿈이 플러스 되고, 잘살게 되는 꿈이 플러스 되고, 천당의 꿈이 플러스 되고, 마이너스가 안 되는 것입니다. 꿈과 희망을 마이너스로 빼앗아 가는 자는 도적입니다. 마귀가 오면 꿈과 희망을 빼앗아 가지만 주님이 오시면 언제나 여러분에게 십자가를 통하여 플러스 꿈을 마음속에 채워주시는 것입니다.[89]

2. 꿈과 비전은 성령의 표적

"하나님이 말씀하시기를 말세에 내가 내 영을 모든 육체에 부어 주리니 너희의 자녀들은 예언할 것이요 너희의 젊은이들은 환상을 보고 너희의 늙은이들은 꿈을 꾸리라"_사도행전 2:17

예수 그리스도의 십자가를 통해 하나님의 꿈의 열매를 누리며 살아가는 자들은 성령 하나님이 주시는 꿈과 비전을 소유하게 된다. 성령님은 환상과 꿈, 미래를 향한 비전을 허락하신다. 하나님은 임기응변으로 일하지 않으신다. 그래서 하나님은 그의 일을 행하시기 전에

---

89 조용기, "꿈과 희망", 여의도순복음교회 주일예배설교(2012. 9. 30), 크리스천투데이 https://www. christiantoday.co.kr/news/258538 (2023. 11. 30 검색).

복된 미래를 꿈꾸고 바라보게 하신다.

> "너희 안에서 행하시는 이는 하나님이시니 자기의 기쁘신 뜻을 위하여
> 너희에게 소원을 두고 행하게 하시나니"_빌립보서 2:13

사도 바울이 빌립보서에서 말하는 '소원'은 '꿈'을 의미한다. 우리가
기도할 때, 성령 하나님이 우리 마음에 거룩한 소원을 주시고 꿈꾸게
하시는 것이다.

하나님의 사명과 꿈은 하나님을 향한 절대긍정의 믿음과 그분을
향한 절대적인 순종이 있을 때 더 강하게 역사한다. 그리하여 우리의
지식이나 명예, 재물이나 권력이 아니라 하나님의 꿈과 비전이 우리
를 인도함으로써, 우리가 무엇을 하든 하나님의 영광이 되고고전 10:31
우리의 삶이 하나님을 향한 거룩한 제물로 드려지게 된다롬 12:1.

예수님은 이 땅에 절망하는 사람에게 희망을 주시기 위해 오셨습니다.
우리가 예수님을 믿음으로, 성령님을 인정하고 환영하고 모셔 들이며
의지하면, 성령님은 삶의 고통 속에서도 꿈과 희망을 마음속에 심어주
고, 꿈과 희망은 하나님의 생기와 생명을 부어 주시게 되는 것입니다.
꿈과 희망이란 우리가 인생을 복을 받고 살 수 있는 그릇인 것입니다.
그 그릇을 성령께서 우리에게 심어주시는 것입니다. 성령이 오시면 포
로 된 자에게 해방을 얻을 수 있는 꿈과 희망을 주시는 것입니다.[90]

---

90 조용기, "꿈과 희망", 여의도순복음교회 주일예배설교(2012. 9. 30), 크리스천투데이 https://www.
christiantoday.co.kr/news/258538 (2023. 11. 30 검색).

3. 고난은 축복의 전령사

> "그가 한 사람을 앞서 보내셨음이여 요셉이 종으로 팔렸도다 그의 발은
> 차꼬를 차고 그의 몸은 쇠사슬에 매였으니 곧 여호와야훼의 말씀이 응
> 할 때까지라 그의 말씀이 그를 단련하였도다"_시편 105:17-19

고난은 축복의 전령사이다. 아브라함의 아내 사라는 계속 임신하지 못했는데, 이는 하나님의 약속을 절대신뢰하는 믿음을 훈련하기 위한 것이었다. 하늘의 별과 땅의 모래를 보며 많은 민족의 아버지와 어머니가 되기를 꿈꾸었던 아브라함과 사라는, 아브라함의 나이 100세에 마침내 아들 이삭을 얻을 수 있었다롬 4:19-20.

요셉도 자기가 꾼 꿈으로 인해 말할 수 없는 고난을 겪었다. 형들에 의해 노예로 팔리고, 모함 받아 감옥에 갇히는 등 긴 인내의 시간을 보낸 후에 요셉은 비로소 애굽의 총리 자리에 오를 수 있었다.

모세와 다윗도 고난을 통해 인내와 겸손을 배웠다. 예수님도 예외는 아니셨다. 하나님의 아들이신 예수님도 성령에 이끌려 광야에서 마귀의 시험을 이기신 후에, 공생애를 시작하셨다.

꿈은 결코 쉽게 이루어지지 않는다. 하나님은 복을 주시기 전에 그 복에 합당한 사람이 되도록 단련하신다. 바랄 수 없는 중에 바라는 절대긍정의 믿음, 믿을 수 없는 중에 믿고 순종하는 절대순종의 훈련을 통해 겸손을 배우게 하시고, 예비하신 기적과 축복을 허락하시는

것이다.

고난을 통해 우리는 하늘을 바라보는 훈련을 하게 되고 그 가운데서 겸손을 배우게 됩니다. 겸손이 훈련되지 않으면 하나님의 꿈이 이루어질 때 자신이 잘나서 꿈을 이룬 것으로 착각하기 쉽습니다. 그러나 고난을 통해 겸손해진 자는 꿈이 이루어질 때 모든 영광을 하나님께 돌리게 됩니다. 고난 속에서도 하나님의 주권과 섭리를 믿고 그 믿음 가운데서 인내합시다.[91]

---

91 이영훈, 『절대긍정의 기적』, 165.

*The Theological
Practice of
Absolute Positivity*

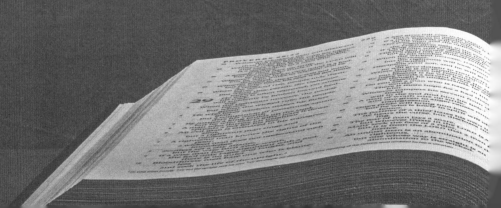

"

사랑하는 자들아
하나님이 이같이 우리를 사랑하셨은즉
우리도 서로 사랑하는 것이 마땅하도다

요한1서 4장 11절

"

Part

5

절대긍정의 삼중훈련

Intro

앞에서 우리는 절대긍정의 믿음을 적용하는 다섯 가지 영역오중긍정에
대해 살펴보았다. 하나님을 향한 절대긍정의 믿음 안에서 자신과 타인,
일직업과 환경 그리고 미래에 대한 긍정이 실제 효과를 거두기 위해서
는 세 가지 영역에서 절대긍정 훈련이 필요하다. 긍정언어의 훈련, 절대
감사의 훈련, 사랑나눔의 훈련이 그것이다.

긍정언어의
훈련

말에는 힘이 있다. 말은 단순한 의사소통 도구가 아니다. 말에는 자기에 대한 자화상, 타인에 대한 마음가짐, 일에 대한 사명감, 주어진 상황과 미래에 관한 생각과 태도를 바꾸는 힘이 있기 때문이다. 말씀으로 세상을 지으신 하나님은 그분의 자녀들에게 언어를 주셨다. 우리도 언어의 권세를 활용할 수 있게 된 것이다. 긍정언어를 잘 훈련하고 바르게 선포한다면 우리 삶의 다섯 가지 영역자신, 타인, 일과 사명, 환경, 미래에서 절대긍정의 열매를 얻게 될 것이다. 여호와야훼 하나님은 '입술의 열매를 창조하는 분'사 57:19이시기 때문이다.

1. 하나님 말씀의 능력

"태초에 하나님이 천지를 창조하시니라 땅이 혼돈하고 공허하며 흑암이 깊음 위에 있고 하나님의 영은 수면 위에 운행하시니라 하나님이 이르시되 빛이 있으라 하시니 빛이 있었고 빛이 하나님이 보시기에 좋았더리 하나님이 빛과 어둠을 나누사 하나님이 빛을 낮이라 부르시고 어둠을 밤이라 부르시니라 저녁이 되고 아침이 되니 이는 첫째 날이니라"
_창세기 1:1-5

하나님은 말씀으로 천지와 만물을 창조하셨다. 하나님은 이미 존재하는 재료들을 조합하여 세상을 만들지 않으셨다. 우주와 그 안에 있는 모든 것은 "~이 있으라"는 하나님의 말씀, "~이 되라"는 그분의 명령을 통해 비로소 존재하게 되었다. 전능하신 하나님은 온 우주의 주권자이시다. 하나님의 말씀은 그대로 이루어지고 그가 명령하시면 우주의 질서가 견고히 선다창 1:3; 시 33:9; 사 48:13; 롬 4:17.

그래서 사도 바울은 하나님을 '없는 것아직 존재하지 않는 것'을 '있는 것존재하는 것' 같이 부르시는 분이라고 칭하고 있다롬 4:17. 또 히브리서 11장 3절은 하나님이 세계를 만드셨으므로 '보이는 것'은 '나타난 것'으로부터 된 것이 아니라고 선언한다.

"기록된 바 내가 너를 많은 민족의 조상으로 세웠다 하심과 같으니 그가 믿은 바 하나님은 죽은 자를 살리시며 없는 것을 있는 것으로 부르시

는 이시니라”_로마서 4:17

“믿음으로 모든 세계가 하나님의 말씀으로 지어진 줄을 우리가 아나니 보이는 것은 나타난 것으로 말미암아 된 것이 아니니라”_히브리서 11:3

보이는 세계는 보이는 것에서 나오지 않았다. 모든 것은 하나님의 말씀으로 인해 존재하게 되었다.[92] 하나님은 '말씀을 보내어' 그들을 이스라엘을 고치시고 위험한 지경에서 건지시는 분이시다시 107:20. 또 '능력의 말씀'으로 그의 백성을 구원하는 분이시다히 4:12.

“그가 그의 말씀을 보내어 그들을 고치시고 위험한 지경에서 건지시는 도다”_시편 107:20

“하나님의 말씀은 살아 있고 활력이 있어 좌우에 날선 어떤 검보다도 예리하여 혼과 영과 및 관절과 골수를 찔러 쪼개기까지 하며 또 마음의 생각과 뜻을 판단하나니”_히브리서 4:12

성경은 영원한 말씀이신 예수 그리스도가 인간이 되어 우리 가운데로 오셨음을 이야기한다. 이는 창조 사역이 말씀으로 이루어진 것과 같이, 구원 사역 또한 말씀을 통해 행하시려는 하나님의 의지를

---

92 헤르만 바빙크, 『개혁파 교의학』, 김찬영·장호준 역 (서울: 새물결플러스, 2015), 472.

보여 준다.[93] 그뿐 아니라 성자 예수님 안에서 온 세계가 창조되었고 서로 연결되어 있으며요 1:1-3; 골 1:15-17, 절대절망의 어둠으로 가득한 세상 한가운데 절대희망의 빛이신 예수 그리스도를 통해 새 피조물을 탄생시키신다요 1:9-14; 골 1:18-20.[94]

"태초에 말씀이 계시니라 이 말씀이 하나님과 함께 계셨으니 이 말씀은 곧 하나님이시니라 그가 태초에 하나님과 함께 계셨고 만물이 그로 말미암아 지은 바 되었으니 지은 것이 하나도 그가 없이는 된 것이 없느니라"_요한복음 1:1-3

"참 빛 곧 세상에 와서 각 사람에게 비추는 빛이 있었나니 그가 세상에 계셨으며 세상은 그로 말미암아 지은 바 되었으되 세상이 그를 알지 못하였고 자기 땅에 오매 자기 백성이 영접하지 아니하였으나 영접하는 자 곧 그 이름을 믿는 자들에게는 하나님의 자녀가 되는 권세를 주셨으니 이는 혈통으로나 육정으로나 사람의 뜻으로 나지 아니하고 오직 하나님께로부터 난 자들이니라 말씀이 육신이 되어 우리 가운데 거하시매 우리가 그의 영광을 보니 아버지의 독생자의 영광이요 은혜와 진리가 충만하더라"_요한복음 1:9-14

---

93 조용기, 『삼박자 구원』 (서울: 서울말씀사, 1977), 232.
94 마이클 호튼, 『개혁주의 조직신학』, 이용중 역 (서울: 부흥과개혁사, 2014), 335.

존재자는 자기 자신을 통해서가 아니라 오직 하나님의 말씀에 의해 존재하며, 그분의 말씀을 위해 그리고 그분의 말씀의 의미와 의도 안에서 존재한다. 하나님께서 그의 능력의 말씀으로 만물을 붙드신다히 1:3. 만물이 다 그로 말미암고 그를 위하여 창조되었다요 1:1 이하; 골 1:6. … 세계는 하나님의 말씀을 통해 존재한다. 이것은 우리의 사고 전체의 기적적 전환을 뜻한다. … 세계는 베들레헴에서 탄생한 아기에 의해, 골고다의 십자가에서 죽었고 제3일에 다시 살아난 한 사람에 의해 생성되었고 창조되었다. 바로 그 아기, 그 사람이 창조의 말씀이며, 그를 통해 만물이 지어졌다. 그 말씀으로부터 창조의 의미가 오며, 그렇기 때문에 성서의 시작은 말한다. "태초에 하나님이 천지를 창조하시니라"창 1:1 그리고 하나님께서 말씀하신다. "있으라!" 하나님의 그러하신 전대미문의 말씀이 성서 첫 장의 저 거대한 말씀이다.[95]

2. 하나님께서 주신 언어의 위력

"사람이 마음으로 믿어 의에 이르고 입으로 시인하여 구원에 이르느니라"_로마서 10:10

하나님의 말씀에는 창조적인 힘이 있다. 하나님이 말씀하시자 혼

---

[95] 칼 바르트, 『칼 바르트 교의학 개요』, 신준호 역 (서울: 복 있는 사람, 2015), 90.

돈과 공허, 깊은 흑암은 사라지고 질서 있고 조화로우며 충만하고 아름다운 세계가 생겨났다. 그리고 하나님은 자기의 형상대로 지어진 인간에게도 창조적인 언어를 허락하셨다. 그래서 하나님의 말씀과 동일한 힘은 아니지만, 인간의 말에는 힘이 있다. 말을 통해 우리는 서로의 생각과 느낌을 주고받는다. 언어적 소통은 서로의 관계를 확인하게 해 주는 동시에 나를 둘러싼 타인과 세계를 이해하고 형성하게 한다. 그래서 언어는 존재의 중요한 지평이다.[96]

말은 인격과 운명을 지배하는 요소 중 하나다. 말은 강력한 창조성을 가지며 그것을 적절히 사용함으로써 우리의 삶도 변화될 수 있다. 말을 통해 그 사람이 가진 믿음과 생각이 표현되고 꿈과 비전이 구체화되기 때문이다.

이스라엘이 열두 명의 정탐꾼을 보내어 가나안을 정탐하게 했다. 열 명의 정탐꾼은 부정적인 소식을 전했고, 여호수아와 갈렙 두 사람만 긍정적인 결과를 보고했다. 이스라엘 백성은 열 명의 정탐꾼이 전한 부정적인 말에 낙심하고 절망하여 하나님을 향한 원망의 말을 쏟아 냈다민 14:1-4. 이에 하나님은 "내 삶을 두고 맹세하노라 너희 말이 내 귀에 들린 대로 내가 너희에게 행하리니"민 14:28라고 말씀하셨다. 그리고 말씀하신 바와 같이 여호수아와 갈렙을 제외한 모든 이스라엘 사람은 가나안에 들어가지 못하고 광야에서 죽고 말았다. 성경은

---

96 이영훈, 『희망의 목회자』 (서울: 서울말씀사, 2022), 440.

이렇게 말한다.

"죽고 사는 것이 혀의 힘에 달렸나니 혀를 쓰기 좋아하는 자는 혀의 열매를 먹으리라"_잠언 18:21

말씀으로 세상을 지으신 하나님은 그분의 형상인 인간에게 창조적 언어를 주시고, 우리의 입술의 열매를 창조하시는 분임을 기억하자.

"입술의 열매를 창조하는 자 여호와야훼가 말하노라 먼 데 있는 자에게든지 가까운 데 있는 자에게든지 평강이 있을지어다 평강이 있을지어다 내가 그를 고치리라 하셨느니라"_이사야 57:19

말은 우리의 인격과 운명을 지배하는 요소 중의 하나입니다. 우리는 말을 통하여 내 생각을 다른 사람에게 전하고 또 전달받습니다. 우리가 입으로 하나님의 능력을 시인하면 하나님의 능력이 우리의 삶을 성공적으로 이끌어 갑니다. 우리가 입으로 예수님의 구원을 시인하면 구원이 다가옵니다. 치료의 능력을 시인하면 치료하는 능력이 임합니다. 그리고 축복을 시인하면 축복이 다가옵니다. 이러므로 우리는 지금 이 시간부터 우리의 성공과 목표 의식을 입으로 시인할 필요가 있습니다.[97]

---

97 조용기, 『오중복음과 삼중축복』 (서울: 서울말씀사, 2020), 312.

3. 절대긍정과 긍정언어의 훈련

1) 말씀으로 마음과 생각을 채우라

"이 율법책을 네 입에서 떠나지 말게 하며 주야로 그것을 묵상하여 그 안에 기록된 대로 다 지켜 행하라 그리하면 네 길이 평탄하게 될 것이며 네가 형통하리라"_여호수아 1:8

말이 바뀌어야 삶이 바뀐다. 변화된 삶을 살기 위해서는 변화된 언어, 새로운 언어가 필요하다. 우리는 성경에서 가장 훌륭한 언어를 배울 수 있다. 성령님은 성경 말씀을 통해 우리를 활력 있게 하시고 우리 마음에 역사하신다.

하나님은 절대긍정의 하나님이시기에 그분의 말씀은 언제나 긍정적이다. 매일 말씀을 읽고, 묵상하며 암송함으로써 성경의 언어가 자신의 마음과 생각에 가득하게 해야 한다. 그리고 말씀을 통해 역사하시는 하나님을 신뢰하며 절대긍정의 언어를 선포해야 한다. 진취적이고 생산적인 말, 절대긍정과 절대감사의 말을 사용할 때, 하나님께서 역사하셔서서 우리 삶에 큰 기쁨과 축복이 넘치게 하실 것이다.[98]

---

98 위의 책, 312.

여러분, 하나님의 말씀이 여러분 안에 있고, 그 말씀을 믿었다면 절대로 낙심하지 말고 믿으십시오. 입술로 자기를 격려하십시오. 사람들이 격려해 주지 않아도 자기가 자기를 격려해야 합니다. "나는 할 수 있다. 나는 하면 된다. 해 보자. 응답해 주신다. 하나님의 기적은 일어난다." 자꾸 긍정적인 말로 시인을 해야 하는 것입니다. 그렇게 시인할 때 희망찬 꿈은 더 찬란해지고 믿음은 더욱더 강해지고 확신은 더욱더 두터워지는 것입니다. 우리는 입술의 말로 묶이고 입술의 말로 사로잡힙니다. 죽고 사는 권세가 혀에 있습니다. 그러므로 혀를 사용하기 좋아하면 그 열매를 반드시 먹게 되는 것입니다잠 18:21.[99]

2) 성령의 언어를 선포하라

"술 취하지 말라 이는 방탕한 것이니 오직 성령으로 충만함을 받으라 시와 찬송과 신령한 노래들로 서로 화답하며 너희의 마음으로 주께 노래하며 찬송하며 범사에 우리 주 예수 그리스도의 이름으로 항상 아버지 하나님께 감사하며"_에베소서 5:18-19

긍정적인 믿음의 언어를 사용하는 것은 우리의 의지와 노력만으로는 되지 않는다. 그러므로 범사에 성령의 도우심을 구해야 한다. 성령으로 충만할 때, 하나님의 뜻에 합한 말, 생명을 살리는 말, 다른

---

99 영산글로벌미션포럼 편, 『조용기 목사의 기도』 (서울: 교회성장연구소, 2022), 282-283.

사람을 축복하는 말을 할 수 있다. 그래서 우리의 말은 성령충만을 가늠하는 기준이 되기도 한다.

성령의 은혜가 식어버린 사람의 입에서는 부정적인 말, 원망하고 불평하는 말, 다투는 말이 나올 것이며, 성령으로 충만한 사람의 입에서는 감사의 말, 찬송과 축복의 말, 사람들을 하나 되게 하는 말이 흘러나올 것이기 때문이다.[100] 그러므로 긍정의 언어를 통해 변화된 삶을 살기 원하는 사람들은 성령의 충만을 위해 기도해야 한다.

성경은 자녀들이 장래 일을 말한다고 말씀합니다. 성령이 임하면 자녀들의 언어가 바뀝니다. 부정적이고 파괴적인 언어가 바뀌어서 미래 지향적이고 꿈꾸고 생산적이고 창조적인 언어로 말이 바뀌어서 긍정적인 고백을 하게 됩니다. 예수님 믿고 나서 우리 언어가 바뀌어야 합니다. 창조적이고 긍정적이고 생산적인 언어로 바뀌어야 하는 것입니다. "할 수 없다, 안 된다, 죽겠다"라는 말을 내던져버리고 "하자, 할 수 있다, 하면 된다"라는 절대긍정의 믿음으로 바뀔 때 하나님의 은혜가 임하는 것입니다.[101]

3) 절대긍정의 언어를 선포하라

"내가 진실로 너희에게 이르노니 누구든지 이 산더러 들리어 바다에 던

---

100 이영훈, 『절대긍정의 기적』, 186-187.
101 이영훈, "성령의 시대", 여의도순복음교회 주일예배설교(2023. 5. 7).

져지라 하며 그 말하는 것이 이루어질 줄 믿고 마음에 의심하지 아니하면 그대로 되리라"_마가복음 11:23

사람이 사용하는 말에는 힘이 있는데, 특별히 믿음의 사람들의 말에는 큰 능력이 있다. 하나님께서 그의 자녀들의 말을 들으시고 역사하시기 때문이다. 그래서 하나님은 그의 자녀들이 절대긍정의 언어의 힘을 알고 그것을 잘 사용하기를 원하신다.

세상의 만물은 믿음의 말의 지배를 받는다. 여호수아는 태양을 향해 멈추라고 명령했고수 10:12, 예수님은 말씀으로써 파도와 광풍을 잠잠하게 하셨다막 4:39. 성령님은 믿음을 세워주는 생명의 말씀을 성도들의 마음에 심어주신다. 그리고 그들이 절대긍정의 믿음으로 간절히 기도하고 선포할 때 그 일을 이루어 주신다.

그러므로 우리는 우리의 영혼시 42:5과 육체, 타인과의 관계와 미래를 향해요삼 1:2 믿음의 언어로 선포해야 한다. 하나님이 주시는 거룩한 소원을 품고, 절대긍정의 믿음으로 선포할 때 성령님은 우리의 삶에 크고 은밀한 일을 이루어 주실 것이다시 42:5, 11; 요삼 1:2, 렘 33:3.

예수님께서는 말씀으로 사람을 변화시키시고 창조적 권능을 사용하셨습니다. 예수 그리스도의 제자들도 사람들을 변화시키고 능력을 행하는 데에 말을 사용했습니다. 그런데 불행히도 예수 그리스도의 교회는 끊임없이 하나님께 구하는 말만 해왔습니다. 하나님께서 주신 충만한 믿음으로 명령하기를 두려워하고 하나님께서 대신해 주시기를 빌기만 하였습니다. 그러나 성령께서는 우리가 믿음으로 말하는 것을 원하십니다. 우리는 예수님께서 하신 것처럼 명령의 말씀을 선포하는 법을 배워야 합니다. [102]

"너는 내게 부르짖으라 내가 네게 응답하겠고 네가 알지 못하는 크고 은밀한 일을 네게 보이리라"_예레미야 33:3

---

[102]   조용기, 『4차원의 영적 세계』 (서울: 서울말씀사, 1996), 101.

Chapter 16

절대감사의
훈련

하나님이 절대긍정의 하나님이심을 믿는다면 어떤 상황에서도 절대감사의 고백을 드릴 수 있다. 절대긍정의 하나님을 향해 감사의 고백을 드릴 때, 우리 마음에는 소망의 하나님을 향한 믿음이 솟아난다. 절대긍정의 믿음과 절대감사의 고백은 떼려야 뗄 수 없는 동전의 양면과 같다. 보이는 것 없고 잡히는 것 없는 부정적인 상황 속에서도 하나님을 향한 절대감사의 태도는 승리하는 삶을 위한 강력한 무기이다.

"그러므로 너희가 그리스도 예수를 주로 받았으니 그 안에서 행하되 그 안에 뿌리를 박으며 세움을 받아 교훈을 받은 대로 믿음에 굳게 서서 감사함을 넘치게 하라"_골로새서 2:6-7

1. 절대감사는 하나님의 뜻

"범사에 감사하라 이것이 그리스도 예수 안에서 너희를 향하신 하나님
의 뜻이니라"_데살로니가전서 5:18

"범사에 감사하라"는 말씀은 우리를 향한 하나님의 명령이다. 하나
님은 감사로 그분 앞에 나아가는 사람시 95:2, 100:4을 기뻐하시며, 겸손
히 감사하는 사람의 마음에 거하시기 때문이다. 그래서 감사는 하나
님 나라의 언어이다엡 5:20.

바울과 실라가 감옥에서 기도하며 하나님께 감사의 찬송을 드릴
때 닫힌 문이 열리고 묶인 것이 풀어졌다. 그들을 지키던 간수가 회
개하고 그의 가족이 회개하며 예수 그리스도를 영접하고 그 가정을
통해 교회가 세워졌다. 절대감사의 고백이 감옥을 무너뜨리고 교회
를 세운 것이다.

"한밤중에 바울과 실라가 기도하고 하나님을 찬송하매 죄수들이 듣더
라 이에 갑자기 큰 지진이 나서 옥터가 움직이고 문이 곧 다 열리며 모
든 사람의 매인 것이 다 벗어진지라"_사도행전 16:25-26

하나님께 드리는 절대감사는 하나님을 영화롭게 하며시 50:23, 우리
에게 기쁨과 힘을 공급해 준다. 감사할 때 하나님의 나라와 그분의

뜻이 우리의 삶에 이루어지며, 우리를 괴롭히는 어둠의 권세가 사라진다. 절대감사의 고백은 우리 마음과 생각에 하나님을 향한 절대긍정의 믿음과 그분을 향한 절대순종의 능력의 통로이다.

> 여러분 우리가 감사해야 하나님이 더 은혜를 주십니다. 촛불을 보고 감사하면 전등불을 주시고 전등불을 보고 감사하면 달을 주시고 달을 보고 감사하면 태양을 주시고 태양을 보고 감사하면 해와 달과 별도 필요 없는 천국을 주신다고 하셨습니다. 이러므로 감사는 우리에게 더 큰 축복을 주는 길이 되는 것입니다. 그뿐 아니라 감사는 삶의 부정적인 마음과 어두움 내어 쫓는 힘이 되는 것입니다. 내 마음이 어둡고 캄캄하고 좌절될 때 "감사합니다. 그래도 지금까지 살게 하시고 은혜를 주시니 감사합니다" 하면 하나님의 능력이 와서 어두움을 물리치는 것입니다. 마음의 부정적인 마음을 물리쳐 내고 마음이 밝고, 맑고, 환하고, 긍정적이 되게 만드는 것은 감사의 힘이 되는 것입니다. 그러므로 우리가 원망하고 불평하고 탄식하면 흑암이 파도처럼 휘몰아 오는 것입니다. 그리고 인생의 삶이 완전히 처절하고 절망적이 되고 마는 것입니다. 그러나 감사는 이 흑암의 세력을 다 내어 쫓고 광명한 빛을 우리에게 가져오게 되는 것입니다.[103]

---

103 조용기, "하나님의 뜻과 마음의 건강", 여의도순복음교회 주일예배설교(1998. 11. 15).

2. 절대감사의 위력

절대감사는 하늘의 문을 연다. 감사할 때 하나님의 영광과 구원의 기적이 나타난다시 50:23; 행 16:4-32.

"한밤중에 바울과 실라가 기도하고 하나님을 찬송하매 죄수들이 듣더라 이에 갑자기 큰 지진이 나서 옥터가 움직이고 문이 곧 다 열리며 모든 사람의 매인 것이 다 벗어진지라"_사도행전 16:25-26

"감사로 제사를 드리는 자가 나를 영화롭게 하나니 그의 행위를 옳게 하는 자에게 내가 하나님의 구원을 보이리라"_시편 50:23

예수님이 보리떡 다섯 개와 물고기 두 마리를 들고 하늘을 향해 감사의 기도를 드리셨을 때, 수많은 군중이 배불리 먹고 열두 바구니나 남는 기적이 일어났다.

"여기 한 아이가 있어 보리떡 다섯 개와 물고기 두 마리를 가지고 있나이다 그러나 그것이 이 많은 사람에게 얼마나 되겠사옵나이까 예수께서 이르시되 이 사람들로 앉게 하라 하시니 그 곳에 잔디가 많은지라 사람들이 앉으니 수가 오천 명쯤 되더라 예수께서 떡을 가져 축사하신 후에 앉아 있는 자들에게 나눠 주시고 물고기도 그렇게 그들의 원대로 주시니라 그들이 배부른 후에 예수께서 제자들에게 이르시되 남은 조각

을 거두고 버리는 것이 없게 하라 하시므로 이에 거두니 보리떡 다섯 개
로 먹고 남은 조각이 열두 바구니에 찼더라"_요한복음 6:9-13

또한 나사로의 무덤 앞에서 예수님이 하나님 아버지께 "내 말을 들
으신 것을 감사하나이다"라고 고백하셨을 때 나사로가 다시 살아나
는 기적이 일어났다.

"돌을 옮겨 놓으니 예수께서 눈을 들어 우러러 보시고 이르시되 아버지
여 내 말을 들으신 것을 감사하나이다 항상 내 말을 들으시는 줄을 내가
알았나이다 그러나 이 말씀 하옵는 것은 둘러선 무리를 위함이니 곧 아
버지께서 나를 보내신 것을 그들로 믿게 하려 함이니이다 이 말씀을 하
시고 큰 소리로 나사로야 나오라 부르시니 죽은 자가 수족을 베로 동인
채로 나오는데 그 얼굴은 수건에 싸였더라 예수께서 이르시되 풀어 놓
아 다니게 하라 하시니라"_요한복음 11:41-44

절대감사는 기적의 씨앗이다. 좋은 씨앗을 심으면 좋은 열매를 거
두고 나쁜 씨앗을 뿌리면 나쁜 열매를 거두는 것처럼, 하나님을 향한
절대감사의 고백은 긍정적인 열매를 맺지만 불평과 원망의 말은 부
정적인 열매를 맺는다민 14:28.
사도 바울은 "아무 것도 염려하지 말고 다만 모든 일에 기도와 간
구로, 너희 구할 것을 감사함으로 하나님께 아뢰라"빌 4:6고 말한다.
앞이 캄캄하여 아무것도 보이지 않을 때, 하나님을 향해 절대감사의

고백을 드리면 우리 삶에 좋은 일이 일어난다.

"감사할 일이 있어야 감사를 하죠"라고 말하는 사람들이 많습니다. 하지만 절대긍정의 믿음으로 감사의 고백을 드릴 때, 내 마음에 기쁨이 솟아나며 주님의 은혜가 넘쳐나게 됩니다. 나를 얽맨 복잡한 문제들이 이느 순간 풀려버립니다. 왜 내게 이런 일이 다가왔는지 당시에는 이해할 수 없더라도, 절대긍정의 하나님을 믿고 감사하면 하나님의 때에, 하나님의 방법을 따라 놀라운 일이 다가옵니다. 감사를 통해 절대긍정의 믿음을 표현하면 고난이 변하여 축복이 되고, 슬픔이 변하여 기쁨이 되고, 절망이 변하여 희망이 되는 은혜를 경험하게 됩니다.[104]

3. 절대긍정과 절대감사의 훈련

1) 절대감사를 습관화하라

"생각은 행동을 결정하고, 행동은 습관을 결정하고, 습관은 성격을 결정하고, 성격은 운명을 결정한다"라는 말이 있다. 이 말처럼 절대긍정의 믿음과 그로 말미암은 감사의 고백은 우리의 인생을 변화시킬 중요한 요소이므로 절대감사를 습관화하는 것은 매우 중요하다.

---

104 이영훈, 『절대긍정의 기적』, 207.

예수님도 항상 기도의 습관을 갖고 계셨다눅 22:29. 십자가라는 절체절명의 위기를 만나 기도하신 것이 아니라 평소 하시던 대로 "습관을 따라" 기도하신 것이다. 다니엘은 매일 세 번씩 감사기도를 드렸다. 30일 동안 왕 외에 어떤 신이나 사람에게 기도하면 사자굴 속에 넣겠다는 금령이 발표된 것을 알고도 그의 태도는 변함없었다. 목숨의 위협을 받는 상황 가운데서도 오직 "습관을 따라" 하나님께 감사의 고백을 드렸던 것이다.

> "다니엘이 이 조서에 왕의 도장이 찍힌 것을 알고도 자기 집에 돌아가
> 서는 윗방에 올라가 예루살렘으로 향한 창문을 열고 전에 하던 대로 하
> 루 세 번씩 무릎을 꿇고 기도하며 그의 하나님께 감사하였더라"_다니
> 엘 6:10

그러므로 절망적인 상황에서도 절대긍정의 믿음을 잃지 않고 모든 일에 합력하여 선을 이루실 하나님을 신뢰해야 한다렘 29:11; 시 136:1. 좋은 일은 더 좋게 하시고 좋지 않은 일도 합력하여 선하게 이끄실시 107:29-30 절대긍정의 하나님을 신뢰하며 절대감사의 고백을 체질화해야 한다.

하나님은 우리가 말한 대로 역사해 주신다. 그러므로 우리는 십자가를 바라보며 항상 긍정적이고 적극적이고 창조적인 말을 해야 한다. 아침마다 "나는 행복하다. 나는 평안하다. 나는 건강하다. 나는

복 받았다. 나는 형통한 사람이다"라고 고백해야 한다. 그러면 하나님께서 우리의 고백을 들으시고 하늘 문을 열어 주실 것이다.[105]

감사는 믿음의 다른 표현일 뿐입니다. 하나님이 한순간 숨어 버리신 듯이 보일지라도 믿음이 흔들리지 않고 눈물 속에서도 기뻐할 수 있는 것은, 그의 구원자이신 그리스도를 알고, 인생의 기초가 온전히 그리스도 안에 있으며, 확고하게 복음의 기쁜 소식을 붙들고 있기 때문입니다. "지금 이 순간 주님의 능력을 전혀 느끼지 못하더라도, 주님은 어두운 밤을 통해서도 저를 최종 목적지로 인도하십니다." "모든 일에 하나님께 감사를!" 모든 일에 하나님께 감사를 드리는 삶에서 참된 기독교가 드러나며 우리 믿음은 확증을 얻습니다. 모든 일에 하나님께 감사드리는 삶을 통해, 복음이 기이하게 숨겨져 있는 곳에서도 기쁨의 소식인 복음을 항상 새롭게 영접하는 역사가 일어나며, 결코 마르지 않는 기쁨의 원천이 활짝 열리게 됩니다.[106]

2) 감사의 공동체를 만들라

"많은 친구를 얻는 자는 해를 당하게 되거니와 어떤 친구는 형제보다 친밀하니라" _잠언 18:24

---

105 조용기, "믿음의 위력", 여의도순복음교회 주일예배설교(2020. 5. 24).
106 디트리히 본회퍼, 『이 땅에서 그리스도인으로 설 수 있을까』, 정현숙 역 (서울: 좋은씨앗, 2012), 88.

믿음의 여정에 동역자가 필요하듯, 감사의 삶에도 동역자가 필요하다전 4:9-12. 믿음의 사람들이 마음을 같이하여 감사의 고백을 드릴 때 하나님은 들으시고 이들에게 절대긍정의 기적을 경험하게 하신다. 우리에게 감사의 공동체가 필요하다. 가정과 교회, 일터에서 믿음의 사람들과 함께 감사의 제목을 나누고 서로를 위해 기도해야 한다. 하나님은 자기를 찾는 자들에게 상 주시는 분임을 믿고히 11:6, 함께 모여 하나님의 이름을 부르며 절대감사의 고백을 드려야 한다. 그러면 하나님께서 그 감사의 고백을 들으시고 참 기쁨과 평안, 위로와 도움을 주실 것이다잠 8:17.

"나를 사랑하는 자들이 나의 사랑을 입으며 나를 간절히 찾는 자가 나를 만날 것이니라"_잠언 8:17

우리는 믿음의 사람, 절대감사의 사람과 함께해야 한다. 부정적인 사람과 자꾸 이야기하다 보면 부정적인 것에 물들 수밖에 없다. 이스라엘이 광야에서 40년간 방황하다 죽은 것은 부정적인 사람들의 이야기에 귀를 기울였기 때문이다. 만일 그들이 여호수아와 갈렙의 이야기를 듣고 긍정적인 마음으로 무장했더라면 젖과 꿀이 흐르는 가나안의 축복을 누릴 수 있었을 것이다. 그러나 그들은 원망하고 불평하였고 하나님 앞에서 불신앙의 모습을 보였기 때문에 광야에서 죽임을 당하고 그 후손들만 가나안 땅에 들어갔던 것이다. 기적의 현장과 축복의 자리에는 믿음의 사람만 들어갈 수 있다. 절대긍정과 절대

감사의 믿음으로 무장하여 하나님의 은혜를 받고, 누리고, 전하는 우리가 되어야 한다.[107]

> 혼자서는 할 수 없지만 함께하면 능히 이룰 수 있습니다. 감사도 마찬가지입니다. 나 혼자 감사의 삶을 살아내기란 쉽지 않습니다. 감사 특공대가 필요합니다. 가족이 함께 감사 생활을 시작하는 것도 좋습니다. 직장이나 사업장, 혹은 지·구역에서 감사의 고백을 함께 나눌 동역자를 만드는 것이 좋습니다. 매주 혹은 매달 감사의 체험을 나눈다면 서로에게 큰 격려가 되고 위로가 될 것입니다. 그리고 감사의 제목이 더 풍성해질 것입니다.[108]

3) 감사를 매일 선포하라

우리가 하는 말은 하나님의 귀에 들릴 뿐 아니라 우리의 귀에 들려 우리의 몸과 마음에 새겨진다. 그러므로 절대긍정의 믿음은 절대감사의 언어로 선포되어야 한다. 절대긍정의 믿음의 선포가 우리 귀에 들릴 때 우리의 몸과 마음과 영혼이 새롭게 되며롬 10:10 우리의 삶에 하나님의 나라가 임할 것이다. 또 하나님을 향한 절대감사의 고백이 하나님의 귀에 들려질 때 그분의 능력이 우리의 삶을 바꾸어 놓을 것이다. 절대감사는 하나님을 향한 믿음의 고백이며, 그분을 향한 절대

---

107 이영훈, "믿기만 하라", 여의도순복음교회 주일예배설교(2020. 8. 30).

108 이영훈, 『절대긍정의 기적』, 214.

순종의 시작이다. 더 나아가 우리가 어떤 말을 하든 하나님께서는 그대로 이루신다는 사실을 기억해야 한다민 11:18. 광야에서 하나님께 불평하던 백성들을 향해 하나님께서는 다음과 같이 말씀하셨다.

"그들에게 이르기를 여호와야훼의 말씀에 내 삶을 두고 맹세하노라 너희 말이 내 귀에 들린 대로 내가 너희에게 행하리니"_민수기 14:28

다시 애굽으로 돌아가겠다고 원망하던 백성들은 하나님의 귀에 그 불평의 말이 들린 대로 한 사람도 약속의 땅인 가나안에 들어가지 못하였다. 그러나 여호수아와 갈렙은 예외였다. 이스라엘이 가나안을 정탐할 때, 갈렙은 여호수아와 함께 하나님의 약속에 대해 절대긍정의 고백을 하였다수 14:8.

"그 땅을 정탐한 자 중 눈의 아들 여호수아와 여분네의 아들 갈렙이 자기들의 옷을 찢고 이스라엘 자손의 온 회중에게 말하여 이르되 우리가 두루 다니며 정탐한 땅은 심히 아름다운 땅이라 여호와야훼께서 우리를 기뻐하시면 우리를 그 땅으로 인도하여 들이시고 그 땅을 우리에게 주시리라 이는 과연 젖과 꿀이 흐르는 땅이니라"_민수기 14:6-8

일평생 하나님에 대한 절대긍정의 믿음을 놓지 않은 갈렙은 85세에 여호수아를 찾아가 여호와야훼 하나님이 가데스 바네아에서 모세를 통해 약속하신 땅을 점령하겠다고 당당하게 외쳤다수 14:10-12. 하나님은 갈렙의 믿음을 기뻐하시며 그가 꿈꾸고 선포한 것을 이루어 주셨다.

> "여호수아가 여분네의 아들 갈렙을 위하여 축복하고 헤브론을 그에게 주어 기업을 삼게 하매 헤브론이 그니스 사람 여분네의 아들 갈렙의 기업이 되어 오늘까지 이르렀으니 이는 그가 이스라엘의 하나님 여호와 께를 온전히 좇았음이라"_여호수이 14:13 14

그러므로 우리는 삼박자 구원의 능력을 풀어놓아야 합니다. 여러분 생애에 종횡무진 역사하며 변화시키도록 성령님을 환영하고 모셔 들여야 합니다. 예수 그리스도께서 여러분의 생각과 말과 행동과 생활에 삼박자 구원으로 인치시도록 해야 합니다. 풀어놓아 다니게 해야 합니다. 여러분의 입으로 삼박자 구원을 시인하십시오. 지금 내 영혼이 잘되었다고 말하십시오. 그리고 담대하게 이웃에게 간증하십시오. 그래서 정말로 여러분의 영혼이 잘되도록 풀어놓으십시오. 지금 범사에 잘되었다고 시인하십시오. 잘된 사람처럼 행동하십시오. 범사에 잘되는 능력이 여러분 생활에 나타나도록 풀어놓으십시오. 지금 여러분이 강건하게 된 것을 입으로 시인하고 믿음으로 보십시오. 그리하여 강건케 하는 치료의 영을 풀어놓아 다니게 하십시오.[109]

---

109 조용기, 『삼박자 구원』, 347-348.

Chapter

17

사랑나눔의
훈련

인류 역사의 시계가 예수님의 탄생을 기준으로 기원전BC과 기원후 AD로 나뉘듯, 성도의 인생에도 '예수 그리스도 이전before Christ'과 '주님의 해Anno Domini'가 있어야 한다. 예수님을 알지 못하고 절대절망의 삶을 살 때의 모습과 예수님을 만난 후 삶의 모습은 달라야 하는 것이다.

절대긍정의 상징인 예수 그리스도의 십자가는 우리 삶에 생명과 빛을 가져다주었다. 그리고 이제 성도는 하나님의 자녀로서 경험한 절대긍정의 사랑과 은혜를 온 세상에 전하며 베풀며 살아가는 자들이 되었다.

1. 하나님은 사랑이시다

"하나님이 우리를 사랑하시는 사랑을 우리가 알고 믿었노니 하나님은
사랑이시라 사랑 안에 거하는 자는 하나님 안에 거하고 하나님도 그의
안에 거하시느니라"_요한1서 4:16

성부와 성자와 성령의 삼위일체 하나님은 서로를 사랑하실 뿐만
아니라 지으신 세계와 피조물을 모두 사랑하신다. 또한 하나님 자신
이 사랑이시다요 3:1, 4:8, 16. 그래서 하나님의 사랑에는 조건이 없다마
5:44-45; 요 3:16, 16:27; 롬 5:8. 하나님은 사랑으로 온 세계와 그 안에 존재하
는 것들을 만드시고 돌보신다창 1:1; 사 65:17; 마 6:26.

하나님의 사랑에 대한 가장 완전한 증거는 바로 예수 그리스도의
십자가다요 4:9. 하나님은 이렇게 크고 놀라운 사랑을 자격 없는 우
리에게 부어 주셨다롬 8:31-32. 십자가의 사랑은 우리의 영혼을 구원하
는 것에서 끝나지 않는다. 그 사랑으로 인해 우리의 영혼과 육체, 삶
에 하나님의 은혜가 임하였다. 그리고 하나님의 사랑은 인간만 아니
라 우주 만물에까지 미친다요 3:16; 롬 8:21-22.

"하나님의 사랑이 우리에게 이렇게 나타난 바 되었으니 하나님이 자기
의 독생자를 세상에 보내심은 그로 말미암아 우리를 살리려 하심이라"
_요한1서 4:9

하나님은 사랑의 하나님이시다. 성경은 "사랑은 하나님께 속한 것이니"요일 4:7라고 말씀한다. 사랑은 사람이 만들어낸 것이 아니라 하나님으로부터 온 것으로 하나님은 사랑의 근원이시다. "하나님은 사랑이시라"는 말은 하나님의 품성이 곧 '사랑'이라는 뜻으로 하나님은 사랑이 풍성한 차원을 넘어 '사랑 그 자체'이시다. 그래서 하나님의 사랑은 모든 지식을 초월한다. 못나고 부족해도 모든 부모가 자녀를 사랑하는 것처럼 하나님은 우리가 죄로 인해 불의하고 추함에도 불구하고 우리를 사랑하시는 것이다. 지식을 뛰어넘는 이 하나님의 사랑 안에서 우리의 문제는 해결된다. 우리를 하나님의 사랑으로부터 끊어낼 자는 아무도 없다. 하나님께서 사랑의 끈으로 우리를 붙잡고 계시기 때문이다.[110]

"내가 확신하노니 사망이나 생명이나 천사들이나 권세자들이나 현재 일이나 장래 일이나 능력이나 높음이나 깊음이나 다른 어떤 피조물이라도 우리를 우리 주 그리스도 예수 안에 있는 하나님의 사랑에서 끊을 수 없으리라"_로마서 8:38-39

예수님은 하나님의 아들로서 사람을 구원하기 위해서 사람으로 오셔서 사람만 구원하는 것이 아니라 하늘에 있는 것들도 구원하고, 땅에 있는 개미 새끼 한 마리까지도 구원과 사랑을 베푸시는 분입니다. 하나님이

---

110 이영훈, "사랑은 여기 있으니", 여의도순복음교회 주일예배설교(2011. 12. 18).

세상을 이처럼 사랑했는데, 세상은 하늘과 땅과 그 사이에 있는 모든 것이 다 세상이니 사람만의 세상이 아닙니다. 그러므로 하나님은 온 인생들을 다 구원할 뿐 아니라 천하에 있는 벌레 한 마리도 다 사랑하고 구원받기를 원하시는 것입니다. 그러므로 나는 당신이 뭐라고 말해도 모든 인생이 예수님의 보혈로 구원받았고, 벌레 한 마리도 무조건 죽이는 것에 동의하지 않습니다. 다른 사람이 뭐라고 말해도 당신도 하나님이 예수 그리스도의 보혈로 사랑하고 구원해 주십니다.[111]

2. 그중에 제일은 사랑

"그런즉 믿음, 소망, 사랑, 이 세 가지는 항상 있을 것인데 그 중의 제일은 사랑이라"_고린도전서 13:13

사도 바울은 고린도 교회에 편지를 쓰면서 은사는 사랑의 원리에 기초해서 사용해야 함을 가르쳤다고전 13:1-3. 방언을 말하고 천사의 말을 할 정도로 말을 잘할지라도 사랑이 없다면 마치 소리 나는 구리와 울리는 꽹과리와 같이 남에게 아무런 유익을 주지 못한다는 것이다. 하나님의 본질이 사랑요일 4:8이기 때문에 사랑 없는 모든 행위는 헛되다. 우리 안에 사랑이 없다면 우리의 모든 은사와 행위는 가치 없는

111　조용기, "예수님 때문에", 여의도순복음교회 주일예배설교(2015. 5. 17).

것이며 하나님께 인정받을 수도 없다. 그러므로 삶 속에서 하나님의 사랑을 실천함으로 예수 그리스도의 제자 됨을 나타내야 한다.

"사랑하지 아니하는 자는 하나님을 알지 못하나니 이는 하나님은 사랑이심이라"_요한1서 4:8

예수님은 "나는 마음이 온유하고 겸손하니 나의 멍에를 메고 내게 배우라 그리하면 너희 마음이 쉼을 얻으리니"마 11:29라고 말씀하셨다. 우리는 모든 상황 속에서 예수님의 마음을 품고 사랑을 실천해야 한다. 사도 바울은 참된 사랑의 모습을 다음과 같이 우리에게 알려 준다.

"사랑은 오래 참고 사랑은 온유하며 시기하지 아니하며 사랑은 자랑하지 아니하며 교만하지 아니하며 무례히 행하지 아니하며 자기의 유익을 구하지 아니하며 성내지 아니하며 악한 것을 생각하지 아니하며 불의를 기뻐하지 아니하며 진리와 함께 기뻐하고 모든 것을 참으며 모든 것을 믿으며 모든 것을 바라며 모든 것을 견디느니라"_고린도전서 13:4-7

이 세상 사람들은 그냥 이기주의적인 사랑을 합니다. 내가 다섯을 주면 다섯을 받아야 합니다. 열을 주면 열을 받아야 하는 그러한 계산적인 사랑, 이기주의적인 사랑을 합니다. 그런데 내가 많이 베풀었는데 그 사람이 나에게 그만한 것을 갚지 않으면 가까웠던 사람도 멀어지고 섭섭한 마음이 들게 되는 것입니다. 그것은 인본주의적인 사랑이기 때문에 그렇습니다. 성경이 말하는 사랑은 그러한 사랑이 아닙니다. 하나님의 사랑은 아가페 사랑입니다. 무조건 주고 또 주는 사랑입니다. 주고 잊어버리는 것입니다. 그리고 용서하고 사랑하는 것이 하나님 사랑의 근본적인 모습입니다.[112]

3. 절대긍정과 사랑나눔의 훈련

1) 사랑하면 하나님을 닮아간다

"화평하게 하는 자는 복이 있나니 그들이 하나님의 아들이라 일컬음을 받을 것임이요" _마태복음 5:9

하나님은 사랑으로 세상을 창조하셨고 사랑으로 만물을 돌보신다. 그리고 우리를 사랑하여 우리를 구원하시고 자녀로 삼아 주셨다. 그러므로 하나님의 자녀인 우리도 하나님을 닮아 사랑을 실천해야 한다. 하나님을 닮아가는 삶은 사람들과의 관계 속에서 구체적으로 사랑을 실천하는 삶을 통해 드러난다. 사랑은 사회적 의미를 지니는 공동체의 언어이기 때문에, 사랑은 세상과 밀접한 관계를 가진다. 세상

---

112   이영훈, "하나님은 사랑이시라", 여의도순복음교회 주일예배설교(2021. 3. 14).

은 다투고, 빼앗고, 미워하고, 원망한다. 하지만 하나님의 자녀들은 예수 그리스도를 따라 막힌 것을 허물고엡 2:14, 자기의 소유를 팔아 다른 사람을 돕는다눅 10:36-37.

그리스도의 몸 된 지체인 교회가 친교의 공동체가 될 때, 사랑의 실천은 더욱 빛을 발한다. 성도들이 서로 연합하여 하나가 될 때, 사회를 향한 변화가 가속화되기 때문이다. 이는 초대교회의 모습에 잘 나타나 있다.[113]

"믿는 사람이 다 함께 있어 모든 물건을 서로 통용하고 또 재산과 소유를 팔아 각 사람의 필요를 따라 나눠 주며 날마다 마음을 같이하여 성전에 모이기를 힘쓰고 집에서 떡을 떼며 기쁨과 순전한 마음으로 음식을 먹고 하나님을 찬미하며 또 온 백성에게 칭송을 받으니 주께서 구원 받는 사람을 날마다 더하게 하시니라"_사도행전 2:44-47

사도는 우리가 '사랑'의 영을 받았다고 말합니다. 여러분은 그것이 무엇인지 알고 있습니다. 주님이 산상설교에서 이 점을 어떻게 설명하셨는지 기억할 것입니다. "나는 너희에게 이르노니 너희 원수를 사랑하며 너희를 박해하는 자를 위하여 기도하라 이같이 한즉 하늘에 계신 너희 아버지의 아들이 되리니 … 그러므로 하늘에 계신 너희 아버지의

---

113 이영훈,『십자가 순복음 신앙의 뿌리』(서울: 교회성장연구소, 2011), 245.

온전하심과 같이 너희도 온전하라"마 5:44-48 바로 이 사랑의 영이 원수를 사랑할 힘을 주며, 두려움과 두려움이 낳는 온갖 짜증 및 적개심에서 인간을 건져 줍니다. 그는 자신을 헐뜯고 박해하는 사람들과 원수들까지 불쌍히 여깁니다.[114]

2) 작은 필요도 채우고 작은 것이라도 나누라

"내가 주릴 때에 너희가 먹을 것을 주었고 목마를 때에 마시게 하였고 나그네 되었을 때에 영접하였고 헐벗었을 때에 옷을 입혔고 병들었을 때에 돌보았고 옥에 갇혔을 때에 와서 보았느니라"_마태복음 25:35-36

다른 사람을 돕고 사랑을 실천하기 위해서는 그들의 필요에 대한 민감성이 필요하다. 물질적 곤란인지, 신체적인 아픔인지, 정신적인 문제인지, 영적인 도움이 필요한 문제인지를 분별하는 지혜와 그 방법을 성령께 여쭈어야 한다. 예수님은 사람들의 필요에 언제나 민감하게 반응하셨다. 그분은 군중들 속에서 자기의 옷자락을 만진 여인의 간절함을 아셨고눅 8:45, 예수님의 얼굴을 보기 위해 나무에 오른 삭개오의 이름을 불러 주셨다눅 19:5. 그리고 말씀을 듣기 위해 몰려든 사람들의 배고픔을 안타깝게 여기셨다막 8:2-3.

또 작은 것부터 나누는 연습이 필요하다. 다른 사람을 돕기 위해서

---

114 마틴 로이드 존스, 『내가 자랑하는 복음』, 282-283.

는 거창하고 그럴듯한 내용과 방식이 필요하다고 생각하는 사람들이 많다. 하지만 사랑나눔은 아주 작은 일에서 시작된다. 길 잃은 아이의 손을 잡아주는 일, 비를 맞고 있는 사람에게 우산을 씌워주는 일, 무거운 짐을 들어주는 일, 외로운 친구의 이야기를 들어주는 일, 한 끼의 식사비를 절약해 다른 사람을 돕는 일 등 주변의 사람들에게 작은 친절을 베푸는 것으로 사랑나눔을 시작할 수 있다.

그리고 영적인 방식으로도 사랑을 나눌 수 있다. 성령의 은사를 활용하여 교회와 성도를 섬기는 일, 어려움 당한 사람을 위해 중보기도를 드리는 일, 믿지 않는 영혼의 구원을 위해 기도하는 것도 참으로 귀한 사랑의 실천이다. 사랑은 '혀끝'에 있는 것이 아니라 '손끝'에 있다.[115]

"자녀들아 우리가 말과 혀로만 사랑하지 말고 행함과 진실함으로 하자"_요한1서 3:18

『아름다운 나눔 수업』의 저자 전성실 선생님은 2007년 미국 버지니아 공대에서 벌어졌던 총격사건을 예로 들면서 이렇게 말합니다. "만약 조승희 씨에게 마음을 나눌 수 있는 친구가 한 명이라도 있었다면, 조승희 씨의 마음을 조금이라도 이해하는 친구가 있었다면 그 총격 사건은 일어나지 않았을 것이라고 심리학자들은 분석하고 있습니다." 누군가에게 다가가서 위로해 주고 용기의 말을 주는 것도 사랑나눔의 한

---

115 이영훈, "너도 이와 같이 하라", 여의도순복음교회 주일예배설교(2012. 9. 20).

방법이 될 수 있습니다.[116]

3) 복음전파는 가장 큰 사랑나눔이다

"그러므로 너희는 가서 모든 민족을 제자로 삼아 아버지와 아들과 성령
의 이름으로 세례침례를 베풀고 내가 너희에게 분부한 모든 것을 가르
쳐 지키게 하라 볼지어다 내가 세상 끝날까지 너희와 항상 함께 있으리
라 하시니라"_마태복음 28:19-20

복음전파는 가장 중요한 사랑나눔이다. 전도와 선교는 절대절망
에 빠진 사람들에게 생명과 구원을 전하는 절대희망의 나눔이다. 복
음을 전하는 것은 단지 말로만 "예수님을 믿으세요"라고 외치는 것이
아니다. 복음을 통해 하나님의 사랑을 경험한 사람이 자신이 받은 사
랑을 말과 행동으로 전할 때에 복음이 세상 가운데 전해진다. 그래서
사도 요한은 우리가 사랑을 행할 때 보이지 않는 하나님을 보게 될
것이라고 말씀했다.

"사랑하는 자들아 하나님이 이같이 우리를 사랑하셨은즉 우리도 서로
사랑하는 것이 마땅하도다 어느 때나 하나님을 본 사람이 없으되 만일
우리가 서로 사랑하면 하나님이 우리 안에 거하시고 그의 사랑이 우리

116　이영훈, 『절대긍정의 기적』, 237.

안에 온전히 이루어지느니라"_요한1서 4:11-12

예수 그리스도가 자기의 생명으로 우리를 구원하신 것처럼 우리도 우리의 가진 모든 것으로 이웃에게 생명을 전해야 한다. 아무리 예배, 헌금, 교회 봉사를 열심히 하여도 하나님을 향한 진정한 사랑과 이웃을 향한 사랑을 실천하지 않으면 형식적인 신앙인일 뿐이다. 그러므로 그리스도 안에서 새 생명 얻은 성도는 "먹든지 마시든지 무엇을 하든지 다 하나님의 영광을 위하여"고전 10:31 해야 한다. 삶의 모든 영역에서 예수님만 자랑하고 십자가의 복음만 전하며 그리스도에게 받은 생명과 사랑을 나누고 베풀어야 한다.

"그러나 내게는 우리 주 예수 그리스도의 십자가 외에 결코 자랑할 것이 없으니 그리스도로 말미암아 세상이 나를 대하여 십자가에 못 박히고 내가 또한 세상을 대하여 그러하니라"_갈라디아서 6:14

예수님의 십자가로 인해 우리 삶의 모든 부정적인 것들이 사라졌습니다요일 4:4. 절대긍정의 믿음을 통해 죽음에서 생명으로, 어둠에서 빛으로, 절대절망에서 절대희망으로 옮겨졌기 때문입니다골 1:13. 복음전파와 사랑나눔은 죽기까지 해야 할 우리의 가장 큰 사명입니다요 13:34; 행 20:24; 고전 13:13.[117]

---

117   이영훈, 『4차원 절대긍정학교』 (서울: 교회성장연구소, 2023), 126.

너희는 가서 모든 민족을 제자로 삼아

아버지와 아들과 성령의 이름으로

세례침례를 베풀고

내가 너희에게 분부한 모든 것을

가르쳐 지키게 하라

마태복음 28장 19-20절

Part

6

절대긍정과
하나님 나라 사역(1):
영적 부흥Spiritual Revival

Intro

예수님의 십자가를 통해 우리에게 전해진 복음은 절대긍정의 복음이요 하나님 나라의 복음이다. 하나님 나라에는 부정적인 요소가 하나도 없고 모든 것이 긍정적이다. 하나님 나라는 생명과 평안, 부요와 희망이 넘친다. 이런 하나님의 나라는 성령님을 통해서 임하게 되고 성령님을 통해 누리게 된다. 이번에는 절대긍정과 하나님 나라의 사명에 대해 특별히 교회의 영적 부흥에 초점을 두고 다루려고 한다. 교회가 전도하고 제자화하고 치유하고 선교하는 것은 영적으로 부흥하는 것이며 하나님 나라의 절대긍정의 복음을 나타내는 일이다.

Chapter 18

절대긍정과
하나님 나라

1. 하나님 나라와 절대긍정의 믿음

하나님의 나라의 의미는 무엇일까? 하나님의 나라가 영어로는 'the
kingdom of God하나님의 왕국'이다. 일반적으로 왕국은 왕이 권위를 행
사하는 영역realm이다. 조지 래드George Ladd는 하나님의 나라에 해당하
는 히브리어 '말쿠트מלכות'와 헬라어 '바실레이아βασιλεία'라는 말의 근본
적인 뜻이 왕에 의해 행사되는 권위나 주권을 의미한다고 말한다. [118]

"내가 진실로 너희에게 이르노니 누구든지 하나님의 나라를 어린 아이

---

[118]   George Ladd, The Gospel of the Kingdom (Eerdmans, 1981), 52.

와 같이 받들지 않는 자는 결단코 그 곳에 들어가지 못하리라"_마가복음 10:15

예수님은 어린아이와 같이 '받들지 않으면' 하나님의 나라에 들어갈 수 없다고 말씀하셨는데, 여기서 '받들다'라는 것은 '받아들이다 receiving'라는 것을 의미한다. 무엇을 받아들여야 하는가? 바로 하나님의 통치권을 절대긍정의 믿음으로 받아들이는 것이다.[119]

그래서 우리가 "하나님의 나라가 이 땅에 임하게 해 달라"고 기도할 때 우리는 하나님의 절대긍정의 통치권이 우리 삶의 모든 영역에서 구현되기를 기도하는 것이다. 하나님의 주권과 독생자 예수 그리스도를 통한 구원의 은혜를 절대긍정의 믿음으로 받아들일 때 하나님의 나라가 개인에게 임하게 되고 더 나아가 공동체와 사회 및 그 환경 가운데에도 역사하게 되는 것이다. 하나님의 나라가 일차적으로는 하나님의 통치권을 의미하지만 더 나아가 그 통치권이 구현되는 영역과 사람들도 포함한다고 말할 수 있다.

2. 예수 그리스도와 하나님 나라의 복음

오늘날 교회가 선포해야 하는 복음은 바로 예수 그리스도께서 전

---

119 위의 책, 54.

파하신 그 복음이다. 예수님은 복음에 대해 소개할 때마다 '하나님의 나라'에 대해 언급하셨다.

> "이르시되 때가 찼고 하나님 나라가 가까이 왔으니 회개하고 복음을 믿
> 으라 하시더라"_마가복음 1:15

하나님의 나라는 예수 그리스도의 가르침 사역 가운데서 가장 두드러진 주제이다. 이 말은 사복음서에서 무려 117회나 나오고 사도행전에서 요한계시록까지는 32회나 나온다.[120] 예수님의 선교는 절대긍정과 절대희망의 하나님 나라를 선포proclamation하고 하나님 나라를 가시적으로 증명demonstration하는 사역이었다.

하나님 나라의 복음은 예수뿐만 아니라 초대교회의 메시지였다. 사도행전 8장 12절에 보면 빌립이 '하나님의 나라'와 '예수 그리스도의 이름에 대한 복음'을 전도하였다고 말한다. 사도 바울도 에베소의 장로들과 헤어지면서 자신이 생명을 아끼지 않고 은혜의 복음을 증거하였는데, 그것은 바로 '하나님 나라'에 대해서 전파한 것이라고 말했다행 20:24-25. 바울이 로마에 갔을 때도 많은 유대인을 모아서 아침부터 저녁까지 '하나님 나라'에 대해 증거하였다행 28:23. 하나님의 나라에 대한 복음은 유대인들과 이방인들에 대한 바울의 전도 메시지였다.

---

120 월터 챈트리, 『그의 나라와 그의 의』, 김성욱 역 (서울: 기독지혜사, 1993), 5.

신약성경의 복음의 핵심은 구약에서 예언된 하나님의 나라가 예수님을 통해서 현재적 사실이 되었다는 점이다. 예수님 자신도 하나님의 나라가 실제로 자신을 통해 현존한다고 가르치셨다. 예수님의 사역에서 병든 자가 고침을 받았고, 귀신들린 자가 자유함을 얻었으며, 죽은 자가 살아나고, 자연을 다스리는 권위가 드러났다. 하나님의 나라는 예수님의 고유한 인격person 안에서 현존하였다. 하나님의 나라는 단순히 추상적인 개념이나 먼 미래의 일이 아니었다. 예수님 자신이 하나님의 나라이므로 예수님을 인격적으로 받아들이는 것은 하나님 나라의 복음에서 중요한 문제가 되었다. 예수님과 그분의 메시지를 긍정하는 것은 하나님의 나라를 긍정하는 것이었다. 여기에서 전도와 제자화 사역의 중요성이 나오게 된다.

하나님 나라의 능력과 실체는 또 성령의 능력power을 통해 나타났다. 예수님은 세례침례 요한에게 가서 이렇게 말하라고 하셨다.

"예수께서 대답하여 이르시되 너희가 가서 보고 들은 것을 요한에게 알리되 맹인이 보며 못 걷는 사람이 걸으며 나병환자가 깨끗함을 받으며 귀먹은 사람이 들으며 죽은 자가 살아나며 가난한 자에게 복음이 전파된다 하라 누구든지 나로 말미암아 실족하지 아니하는 자는 복이 있도다 하시니라"_누가복음 7:22-23

여기서 예수님은 자신에 대한 인격적인 반응과 하나님 나라의 가시적이고 현재적인 실체에 대해 말씀하신 것이다. 그러므로 신유 사역, 축사 사역, 능력 사역 같은 표적은 하나님 나라의 모습을 보여 주는 것이었다.

예수님은 하나님 나라의 새로운 가치에 대해 선포하셨다.[121] 예수님이 선포하신 하나님 나라의 백성의 공동체에는 부자나 가난한 자나, 남자나 여자나, 어른이나 어린이나, 경건한 바리새인이나 죄인이나 다 함께 하나님 나라로 초대되어 똑같은 하나님의 자녀들이 되도록 하는 것이었다. 하나님의 나라는 우리로 하여금 성, 계급, 인종, 경제적 수준 등 이 세상이 설정해 놓은 경계선에 저항하고 극복할 수 있게 만들어 준다. 예수님의 이웃에 대한 정의눅 10:25-37에는 비록 적대적인 인종적 장벽을 넘더라도 '너의 도움이 필요하고 네가 도울 수 있는 사람'을 포함하고 있다. 그뿐 아니라 이웃 사랑은 원수 사랑으로 확대하여 실천하게 했다. 여기에서 교회의 정의와 평화, 사랑 실천 등 사역의 중요성이 나온다.

예수님의 복음이 좋은 소식인 이유는 '의와 평강과 희락이 넘치는 하나님의 통치권' 안으로 들어가는 것을 의미하기 때문이다.

---

121 Graham Cray, "A Theology of the Kingdom", Vinay Samuel and Chris Sugden (eds.), Mission as Transformation (Oxford: Regnum Books International, 1999), 29~30.

"하나님의 나라는 먹는 것과 마시는 것이 아니요 오직 성령 안에 있는
의와 평강과 희락이라"_로마서 14:17

예수님이 선포하신 하나님 나라는 심판을 위해서가 아니라 구원을
위해 주어진 하나님의 선물이다. 예수님이 선포하신 복음에는 그리
스도를 통한 죄의 사함과 칭의뿐 아니라 이웃과의 관계의 변화와 사
회적 성화의 책임도 포함되어 있다. 그러므로 복음은 단지 개인주의
적이고 내적인 변화에 국한되지 않고 성도들의 삶과 교회 공동체로
보여 주어야 하는 절대긍정의 복음이다. 절대긍정의 하나님 나라는
개인과 교회의 영적 변화와 부흥뿐 아니라 이 사회에 하나님 나라의
모습을 구현하는 사회적 성화도 초래하게 된다.

3. 완성되어가는 하나님의 나라

예수님은 하나님의 나라에 대해 이야기할 때 현재형뿐 아니라 미
래형 언어도 사용하셨다^{마 20:1-16, 22:1-14}. 하나님의 나라는 언제 완성될
것인가에 대한 답은 성경에서 발견할 수 있다.

"천국 복음이 모든 민족에게 증거되기 위하여 온 세상에 전파되리니 그
제야 끝이 오리라"_마태복음 24:14

예수님은 복음이 바로 하나님 나라의 복음이며, 이 복음이 온 세상과 온 민족에게 전파되어야 비로소 종말이 온다고 말씀하셨다. 4차 산업혁명 시대에 들어서면서 우리는 이전 세대보다 훨씬 더 가깝게 완성될 하나님 나라의 시기에 접근한 것으로 보인다. 그러나 때와 시기는 오직 하나님 아버지만이 아시고 우리의 태도는 하나님과 절대긍정의 하나님 나라의 사명에 대한 전적인 신뢰와 충성이 되어야 한다.

이미 도래한 하나님의 나라와 앞으로 도래할 하나님의 나라 사이에는 긴장이 있다. 하나님의 나라는 이미already 도래하였지만, 아직 완성되지 않았다but not yet. 예수님을 통해 이 땅에 도래한 하나님의 나라는 이제 성령과 교회를 통해 진행되고 있다. 교회라는 말은 예수님의 가르침에서 두 번 언급된다마 16:18, 18:17.

예수님은 "내가 이 반석 위에 내 교회를 세우리니 음부의 권세가 이기지 못하리라"마 16:18고 말씀하시면서 이어서 이런 약속을 하셨다. "내가 천국하나님 나라 열쇠를 네게 주리니"마 16:19라는 말씀은 교회가 예수님의 것이며, 예수님을 주로 고백하는 성도들 가운데 세워지며, 또 하나님의 나라와 교회가 서로 밀접한 연관성이 있음을 보여 준다.

우리는 하나님의 나라와 교회를 전혀 별개의 영역으로 분리시키는 것이나 제도적이고 가시적인 교회의 모습을 하나님의 나라와 동일시하려는 것이 모두 다 성경적인 가르침과 일치하지 않는다는 점을 알아야 한다. 가시적 교회는 인간들의 죄성 때문에 하나님의 나라와 같다고 말할 수는 없다. 그러나 예수님은 이 땅에 현존하는 교회가 복음을 선포함으로써 하나님 나라를 역사 속에서 구현하기를 기대하신 것은 분명하다. 그러므로 교회는 먼저 하나님의 절대주권이 구현되는 곳이어야 한다. 또 하나님 나라의 증표나 선경험foretaste이 되어야 하며, 하나님 나라의 봉사자가 되어야 한다.[122] 사람들은 교회에 와서 하나님을 경험해야 하고 교회는 하나님 나라의 모습을 그 공동체와 사회에 보여 주어야 한다.

　하나님의 나라는 하나님 말씀의 권위와 예수님 보혈의 은총과 성령님의 사역을 절대적으로 긍정하고 감사하는 자에게 임한다. 하나님의 통치권은 회개하고 믿고 긍정하는 자에게 임한다. 교회는 주님이 다시 오실 때까지 전도와 선교 사역을 통해 하나님 나라의 복음을 전하며 제자화와 치유 사역을 통해 하나님 나라의 특징과 표적을 나타내야 한다. 또 이 사회에 하나님의 정의를 구현하고 환경을 돌보며 사랑을 실천함으로 하나님 나라의 모습을 구현해야 한다. 그래서 이번 파트에서는 전도 사역, 제자화 사역, 치유 사역, 선교 사역, 정의 사역, 환경 사역, 사랑 실천 사역에 대해 다루고자 한다.

122　홍영기, 『하나님 나라 비전 프로젝트』, 48.

절대긍정과
하나님 나라 사역(1):
전도 사역

1. 전도 사역의 의미

전도 사역은 하나님 나라에 대한 절대긍정의 사역이다. 하나님 나라에 가면 구원받은 성도들만 있기 때문이다. 이 땅에서 하나님의 나라와 통치는 전도 사역을 통해 시작된다. 전도 사역은 하나님 나라의 복음을 전파하는 것이며,[123] 그 복음의 핵심은 예수님을 하나님 나라의 구원자로 믿는 것과 하나님 나라의 영생을 얻는 데에 있다. 이것은 성경이 기록된 목적이기도 하다 20:31. 미래에 완성될 하나님 나라에서 모든 민족과 백성은 예수 그리스도를 주님으로 고백할 것이다.

---

[123] 하도균, 『전도 바이블』(서울: 예수전도단, 2014), 24.

'복음을 전하다'라는 의미를 지닌 헬라어는 '유앙겔리조εὐαγγελίζω'인데, '좋은헬라어로 유, εὖ'이라는 말과 '소식을 전하다헬라어로 앙겔로, ἀγγέλλω'라는 말의 합성어. 이 단어는 신약성경에서 52회나 사용되었다. 전도는 '예수 그리스도의 좋은 소식'을 전하는 것이다. 성령의 권능으로 예수 그리스도에 대한 기쁜 소식을 전파하여 하나님의 통치권 아래에 들어와 새 생명의 삶을 살고 구원을 받도록 초청하는 것이다.[124]

그럼 예수 그리스도에 대한 좋은 소식은 무엇인가? 하나님의 아들이신 예수님이 인간의 몸을 입고 오셔서 죄와 사망에 치해 있는 인간을 위해 대신 죽으시고 삼일 만에 부활하심으로 그를 믿는 자에게 영원한 생명을 주신다는 메시지이다. 예수님을 통해 하나님 나라의 통치권이 이루어지고 영원한 하나님 나라의 백성이 되는 것이다.

전도는 회개와 믿음으로의 초청이다. 회개란 죄에 대한 마음의 변화와 자신의 삶의 방식을 변화시키는 것이다. 또 하나님의 말씀에서 떠나있던 것을 돌이키는 것이다. 믿음이란 예수 그리스도를 자신의 인격적인 구원자로 받아들이는 것이다롬 10:10. 또 예수님의 말씀대로 살아가도록 헌신하는 것이다갈 2:20.

전도는 새 생명과 구원의 은총으로 인도하는 것이다. 기독교의 영

---

124 홍영기, 『하나님 나라 비전 프로젝트』, 86.

생은 단지 영원히 사는 삶everlasting life이 아니라, 하나님의 생명을 가지고 영원히 사는 삶eternal life을 의미한다. 또 성도의 구원은 과거와 현재와 미래의 삼중적인 차원을 가진다. 예수님을 믿음으로 이미 구원을 받았고칭의, 현재에 구원을 이루어 가며성화, 그리고 미래에 구원을 완성하게 된다영화. 전도는 하나님의 사랑의 은총이다. 전도 대상자들은 지옥에 대한 형벌의 두려움 때문이 아닌 하나님의 풍성한 사랑에 이끌리어 전도되어야 한다. 그래서 교회 공동체의 헌신과 사랑이 중요하다. 교회는 전도evangelism를 통하여 사람들을 절대긍정의 하나님 나라의 새로운 공동체에 속하도록 초대해야 한다.

전도는 무엇보다 성령 하나님의 사역이라는 것을 인정해야 한다. 전도는 인간의 사역 이전에 하나님의 사역이다. 하나님 아버지는 전도의 기반을 닦으시고, 성자 예수님은 초대하시고, 성령 하나님은 좋은 소식 good news에 대해 회개와 믿음으로 반응하도록 감동시키신다. 오늘날과 같이 전도의 도구tools나 전략strategies이 많이 발달한 시대에도 교회는 언제나 성령님이 위대한 전도자이심을 겸허히 인정해야 한다.

2. 전도 사역의 중요성

전도 사역은 왜 중요할까? 첫째, 전도는 예수님의 지상명령The Great Commission이기 때문이다. 전도는 모든 사람을 구원하시려는 하나님의 꿈이요 사역이다막 16:15. 예수님은 모든 민족에게 가서 전도하라고 말씀하셨다.

> "그러므로 너희는 가서 모든 민족을 제자로 삼아 아버지와 아들과 성령의 이름으로 세례침례를 베풀고 내가 너희에게 분부한 모든 것을 가르쳐 지키게 하라"_마태복음 28:19-20

모든 민족을 제자로 삼고 세례침례를 베풀고 말씀으로 가르치기 위해서는 모든 사역의 시작이 바로 복음전도이다. 전도는 가장 기초적이고 중요한 사역이다. 교회의 머리는 예수 그리스도이시기에 교회는 그리스도의 말씀의 통치를 받아야 한다.

> "내가 진실로 진실로 너희에게 이르노니 나를 믿는 자는 내가 하는 일을 그도 할 것이요 또한 그보다 큰 일도 하리니 이는 내가 아버지께로 감이라"_요한복음 14:12

예수님이 십자가의 죽음을 앞두고 제자들에게 하신 말씀이다. 예수님이 하신 일 가운데 가장 중요한 일이 영혼을 구원하는 일이었다. 그런데 성육신하신 주님은 당시 육체를 입고 계셔서 시간과 공간의 제약을 받을 수밖에 없었다. 그러나 예수님이 십자가 수난 이후 승천하셔서 아버지께로 가신 후에, 부활하신 예수 그리스도의 영이신 성령님을 제자들에게 보내주셔서 그들이 복음전도와 영혼 구원 사역을 하도록 권능을 주신 것이다행 1:8. 그래서 제자들이 자신보다 더 큰일을 하게 될 것이라고 말씀하신 것이다. 성령님을 통하여 예수님의 사역을 승계하게 된 것이다.

둘째, 전도 사역은 교회를 성장시킨다. 그리스도의 몸 된 지역교회가 탄생하고 성장하려면 전도를 해야만 한다. 초대교회는 잃어버린 수많은 영혼이 주께 돌아옴으로 폭발적인 성장을 이루었다.

교회성장이란 용어는 도널드 맥가브란Donald A. McGavran 박사가 '교회'와 '성장'이란 단어를 합쳐서 만든 선교학적 용어이다.[125] 맥가브란에 따르면 교회성장은 하나님이 기뻐하시는 하나님의 뜻이며, 영적 생명을 지닌 교회는 반드시 성장할 수밖에 없다.[126] 그는 교회성장에는 양적 성장과 질적 성장이 있다고 하면서 양적 성장에는 회심 성장 conversion growth, 생물학적 성장biological growth, 전입 성장transfer growth, 번식 성장multiplication growth 등이 있다고 하였다.[127] 맥가브란은 한 족속에게 복음을 전하고, 그들을 제자화시켜 완전한 사람으로 세우는 것을 교회성장의 근본 목적으로 보았다.[128]

---

125 Donald A. McGavran, The bridges of God: A study in the strategy of missions (New York: Friendship press, 1955), 110–126.

126 도널드 A. 맥가브란, 『교회성장이해』, 전재옥 외 2인 역 (서울: 한국장로교출판사, 1997), 56–80.

127 회심 성장은 불신자가 새로 회심하여 교회에 들어오는 것이고, 생물학적 성장은 교인의 자녀들이 탄생하여 교회에 속하는 것이고, 전입 성장은 다른 교회를 다니던 성도가 새로 들어와 성장하는 것이고, 번식 성장은 교회가 교회를 새로 개척하거나 재생산하여 성장하는 것이다.

128 Donald A. McGavran, The brdges of God: A study in the strategy of missions, 13–16. 맥가브란 박사는 '제자화(discipled)'를 '완전화(perfecting the people)'와 동일한 개념으로 보아서는 안

교회성장에서 중요한 것은 불신자 전도와 회심 성장이다. 교회가 무기력해지고 역동성을 잃어버리면 전도의 사명을 망각하게 된다. 불신자 전도보다 기존 신자에 의지하여 성장하려는 경향은 교회의 영성과 내적 생명력이 약해지고 있음을 의미한다. 잃어버린 한 영혼에 대한 관심과 사랑과 전도는 교회의 지속적인 사명이 되어야 한다. 한국뿐 아니라 각 나라마다 전도하고 추수해야 할 대상자는 아직도 많이 있다.

소그룹과 교회의 번식 성장도 중요하다. 어떤 생명체이든지 그 개체가 무한정 자라지는 않는다. 모든 생명체는 세포 증식, DNA 복제, 그리고 세포분열이라는 과정을 거쳐서 재생산된다. 초대교회의 양적 성장도 하나님 말씀의 증식, 제자들과 교회의 번식이라는 재생산을 수반하였다행 6:7, 9:31, 12:24. 교회가 건강하게 부흥하려면 불신자 전도 사역에 대한 사명감과 헌신이 중요하다.

셋째, 전도 사역은 전도 대상자뿐 아니라 전도자 자신의 삶도 변화시킨다. 소돔과 고모라 성이 심판을 받게 되었을 때, 심판을 앞두고 아침부터 저녁까지 온종일 성문에서 복음을 외친 노인이 있었다고

된다고 주장한다. 그에 따르면 예수님을 모르는 족속이 진정한 복음화를 이루기 위해서는 반드시 두 단계를 거쳐야 한다. 첫째, 한 족속의 개개인이 예수 그리스도를 참 구주와 왕으로 믿는 제자화의 단계를 거쳐야 한다. 둘째, 완전화의 단계를 이루어야 한다. 이는 제자화 된 집단 안에 도덕적 변화가 일어나 공동체 전체에 철저한 기독교적 생활방식이 이루어지는 것을 뜻한다. 도날드 A. 맥가브란, 『하나님의 선교전략』, 이광순 역 (서울: 한국장로교출판사, 1994), 33-37 참고.

한다. 그가 복음을 외치고 있을 때 누군가 찾아와 이렇게 물었다. "할 아버지 아무리 복음을 외쳐도 사람들은 변화하지 않는데 왜 그렇게 하고 계십니까?" 그때 노인은 이렇게 대답했다고 한다. "그들이 나를 변화시키지 못하도록 계속 외치고 있는 것이요." 우리가 복음을 전하는 이유는 남을 살리기 위함이지만 먼저는 나 자신이 영적으로 살고 하늘의 복을 받기 위해서이다.[129] 전도를 하게 되면 복음전도자 개인과 전도하는 교회도 영적으로 새로워지게 된다.

하나님은 복음전도자에게 영적인 권능을 주셔서 승리하게 하신다. 복음을 전하다 보면 예수님과 복음 때문에 핍박이나 고난을 당할 수 있다. 그러나 그 어려움은 전도자의 영혼에 능력과 기쁨을 주어 그를 성장시킨다.

"사도들은 그 이름을 위하여 능욕 받는 일에 합당한 자로 여기심을 기뻐하면서 공회 앞을 떠나니라"_사도행전 5:41

예수님의 70인의 제자들이 복음을 전하고 돌아올 때 "주여 주의 이름이면 귀신들도 우리에게 항복하더이다"눅 10:17라고 고백하였다. 복음을 전할 때 귀신들이 항복하고 떠나는 것을 목격한 것이다. 그때 주님은 제자들에게 "내가 너희에게 뱀과 전갈을 밟으며 원수의

---

129 이현식,『멈출 수 없는 사명, 전도』(서울: 교회성장연구소, 2016), 64.

모든 능력을 제어할 권능을 주었으니 너희를 해칠 자가 결코 없으리라"눅 10:19고 말씀하셨다. 복음전도자에게 영적인 권능을 주셔서 고난과 핍박의 세상 가운데에도 승리의 삶을 살 수 있는 능력과 은혜를 주신다는 것이다. 복음은 죽은 자를 살리는 능력이 있다. 그래서 복음의 능력을 선포할 때 그 영혼과 마음이 살아나고 승리하는 삶을 얻게 된다.

넷째, 전도 사역에는 엄청난 상급이 있다. 하늘나라의 기념책말 3:16에는 우리가 주님을 위해 수고하고 헌신한 모든 일이 기록되어 있다. 예수님은 주님을 위하여 작은 자 하나에게 냉수 한 그릇이라도 대접하는 자에게도 반드시 상급이 있다고 말씀하셨다마 10:42. 하나님은 믿음을 가지고 자신을 의지하며 찾는 자들에게 상을 예비하시는 분이시다히 11:6. 하나님은 전도자에게 사람들을 잘 만나는 복을 주시고, 물질의 복도 주시며, 그 이름이 어디서나 빛나는 이름이 되도록 만드신다사 60:1-7. 전도자를 귀하게 여기셔서 영혼이 잘되고 범사가 잘되게 하시고 건강하고 행복하게 살아가도록 축복하신다요삼 1:2.[130] 전도할 때 사용된 모든 것은 하나님께 영광이 될 뿐만 아니라 전도자에게는 복이 되어 돌아온다. 하나님께서는 전도자에게 무엇보다 하늘의 상급으로 갚아주신다요 15:16.[131]

---

130 이현식, 『전도, 우리가 살아갈 이유』 (서울: 교회성장연구소, 2019), 238.

131 이영훈, 『MTS 전도자 훈련 학교』 (서울: 교회성장연구소, 2012), 19.

성경은 전도자가 천국에서 별같이 빛나게 될 것이라고 말한다단 12:3. 옳은 데로 돌아오게 한다는 것은 이 세상의 어두움 가운데 방황하는 영혼들을 참 진리의 빛이신 주님께로 인도하는 것이다.

3. 전도 사역의 방법

첫째, 전도 사역은 성령 하나님의 사역이기에 교회나 복음전도자들은 성령충만으로 무장해야 한다. 복음전도는 성령의 능력을 힘입어 예수 그리스도를 통하여 미래에 완성될 하나님 나라를 현실화하는 것이다. 예수님은 제자들에게 전도와 선교의 지상명령을 수행하기 위해 먼저 성령을 받으라고 명령하셨다.

> "예수께서 또 이르시되 너희에게 평강이 있을지어다 아버지께서 나를 보내신 것 같이 나도 너희를 보내노라 이 말씀을 하시고 그들을 향하사 숨을 내쉬며 이르시되 성령을 받으라"_요한복음 20:21-22

교회는 성령충만을 통해 하나님의 능력을 경험하게 되고,[132] 전도의 사명과 능력을 얻게 된다. 필자의 어머니도 성령을 체험한 후에 매일 열심히 전도에 헌신했던 분이었다.

---

[132] 이영훈, 『오직 기도로』, 160.

우리 어머니는 성령 받고 난 후 나가서 하신 일이 전도밖에 없었습니다. 1년에 100~150명은 꼭 전도하셨습니다. 성령 받은 것이 무척이나 기쁘셨기에 가만히 계실 수 없으셨습니다. 늘 나가서 복음을 전하셨습니다. 아버님 회사에 가셔서 거래처 사장님들이 오면 전도하셨는데 그분들이 예수님을 믿고 지금은 다 원로 장로님이 되셨습니다. 성령 받고 나니 복음 전하는 것 말고는 더 큰 기쁨이 없고, 더 큰 귀중한 것이 없다는 것을 알게 된 것입니다. 성령이 임하시면 예수님의 영이 임하기 때문에 예수님을 만방에 전하는 복음의 증인으로 바뀌는 것입니다.[133]

성령으로 충만하려면 언제나 성령을 의지하고 사모하며 열심으로 기도해야 한다. 기도할 때 성령충만을 받으며 한 영혼에 대한 사랑의 불이 타오르게 된다. 하나님의 비전과 사명에 대한 열정이 나오게 된다행 1:8. 전도는 영적 전쟁이기에 전도자는 성령으로 기도하여 하나님의 전신갑주로 무장하고 하나님의 말씀과 예수님의 보혈의 권세를 사용할 수 있는 영성을 지녀야 한다엡 6:10-18.

둘째, 교회는 성도들의 변화된 삶을 통해 전도해야 한다. 복음을 선포할 때에는 메시지message뿐 아니라 메신저messenger도 중요하다. 말words뿐 아니라 행동deeds도 중요하다. 예수님은 자신의 설교뿐 아니라 거룩한 삶으로 전도하셨다. 유대 지도자들이 예수님에 대해 흠

---

133 이영훈, 『오직 성령으로』, 161.

을 잡으려 해도 잡을 만한 것이 없었다. 로마 총독 빌라도 아내도 예수님에 대해 '그 옳은 사람'마 27:19이라고 말하였다. 하나님의 백성들은 하나님의 성품을 닮아가야 한다.[134] 초대교회 성도들의 복음증거의 성공 비결도 그들 자신의 삶의 변화였다. 복음전도는 교회 행사에 불신자들을 초청하는 것도 중요하지만, 삶의 현장에서 변화된 삶을 통해 전도하는 것이 더 중요하다. 사람들은 기독교인의 삶에 매력을 느낄 때 예수 그리스도에 대한 메시지에 관심을 갖게 되기 때문이다. 성도들도 변화된 삶을 보여 주어야 하고 그 삶에 대한 하나님의 은혜와 간증을 전할 준비가 되어 있어야 한다.[135] 사랑으로 섬기며 불신자들이 관심을 가질만한 질문에 대해서도 답하도록 준비하는 지혜도 필요하다.[136]

셋째, 교회는 불신자들에게 열린 사랑의 공동체가 되어야 한다. 세상에는 기독교에 대해 적대적이거나 반감을 가지고 있는 사람들이 많다. 그들은 마음을 쉽게 열지 않고 복음에 대해 저항적인 사람들이다. 또 교회에 대한 상처를 가지고 있어서 교회의 활동에 대해 비판하는 입장을 견지하고 성경의 가르침을 중요하게 여기지 않는다.[137]

---

134 이영훈, 『오직 기도로』, 148.
135 도날드 밀러, 테쓰나오 야마모리, 『왜 섬기는 교회에 세계가 열광하는가?』, 김성건·정종현 역 (서울: 교회성장연구소 2010), 194-251; 이영훈, 『작은 예수의 영성 2』 (서울: 넥서스CROSS, 2014), 240-255.
136 하도균, 『전도 바이블』, 306-307.
137 톰 S. 라이너, 『우리가 교회 안 가는 이유』, 이혜림 역 (서울: 예수전도단, 2007), 94-108.

이런 이들을 전도하기 위해서는 사랑의 인내가 필요하고, 복음을 전할 수 있는 기회를 얻을 때가지 지속적으로 좋은 관계를 유지하는 것이 중요하다.

불신자들과 좋은 관계를 형성하는 것뿐 아니라 교회의 사역도 불신자들에게 열려있어야 한다. 불신자의 관점과 시각을 가지고 교회 예배와 구조와 사역을 점검해야 한다.[138]

하워드 스나이더Howard Snyder도 교회는 예배, 공동체, 복음전도가 조화되는 환경을 만들어야 한다고 주장하였다. 즉 건강한 교회성장은 하나님 중심의 역동적인 예배, 책임질 줄 아는 사랑의 공동체, 세상을 향한 적극적인 복음증거가 균형을 이룰 때 일어난다는 것이다.[139]

교회는 지역사회를 향해 지속적으로 사랑을 실천해야 하고 불신자들의 호감을 얻어야 한다. 또 불신자들이 예배에 참여할 때나 교회에 방문할 때 사랑의 공동체를 경험하게 만들어 주어야 한다. 새가족이 교회에 왔을 때 목회자의 설교도 중요하지만, 지속적으로 출석하며 정착하게 하려면 친절과 사랑의 분위기가 가장 중요하다. 하나님은 눈에 보이지 않지만, 사랑으로 교회 공동체와 성도들 가운데 현존하시기 때문이다요일 4:12.

---

138 홍영기,『하나님 나라 비전 프로젝트』, 91.
139 엘머 타운즈 외 4인 저, 게리 매킨토시 편,『교회성장 운동 어떻게 볼 것인가: 비교신학 시리즈 02』, 김석원 역 (서울: 부흥과개혁사, 2009), 302.

넷째, 효과적인 전도 전략에 대한 지혜를 구해야 한다. 예수님은 전도하는 제자들에게 비둘기같이 순결하고 뱀같이 지혜로울 것을 명하셨다.

> "보라 내가 너희를 보냄이 양을 이리 가운데로 보냄과 같도다 그러므로
> 너희는 뱀 같이 지혜롭고 비둘기 같이 순결하라"_마태복음 10:16

복음의 진리의 메시지message는 불변하지만, 그 방법methods은 시대나 환경이나 전도 대상자에 따라 변할 수 있다. 조지 바너George Barna는 복음전도에 대한 연구에서 전도 대상의 계층이나 연령에 따라 전도 방법을 달리해야 한다는 것을 발견하였다.[140] 조용기 목사도 1970년대부터 활용한 매스미디어 전도 전략은 아주 효과적인 전도와 선교의 도구로 활용되었다.

오늘날에도 유튜브나 IT 미디어를 활용한 전도 전략이 중요한 시대이다. 가족이나 친척, 직장 동료나 친구 등 내 주위에 있는 불신자들과 좋은 유대 관계를 통해 예수님을 소개하거나 교회로 인도하는 오이코스 관계 전도도 효과적인 전략 중의 하나이다. 전도 대상자가 어린 자녀를 둔 부모라면 아이들 두뇌 개발이나 학습법, 공부방 등을 통해 교회로 인도할 수 있을 것이다. 태신자가 질병에 걸려있거나 비즈니스의 어려움을 겪고 있을 때 찾아가 위로해 주고 격려해 주고 기

---

140 조지 바너, 『성장하는 교회의 9가지 습관』, 조계광 역 (서울: 생명의말씀사, 2001), 126-129.

도와 사랑으로 도와주며 전도하는 것도 성령님이 주시는 전도의 지혜일 수 있다. 성령님은 전도할 때 우리가 해야 할 말과 사역 전략에 지혜를 주시는 분이시다막 13:11.

> "사람들이 너희를 끌어다가 넘겨 줄 때에 무슨 말을 할까 미리 염려하지 말고 무엇이든지 그 때에 너희에게 주시는 그 말을 하라 말하는 이는 너희가 아니요 성령이시니라"_마가복음 13:11

교회는 어떤 상황에도 안주하려고 해서는 안 된다. 모든 성도가 복음을 전하는 비전과 열정을 갖도록 설교하며 기도하게 하고 전도하게 해야 한다. 참된 교회의 부흥과 하나님 나라의 확장은 전도 사역을 통해서 시작되기 때문이다.

Chapter
20

절대긍정과
하나님 나라 사역(2):
제자화 사역

1. 제자화 사역의 의미

제자화 사역은 하나님 나라에 대한 절대긍정의 사역이다. 하나님 나라에 가면 누구든지 하나님의 말씀에 순종하고 따르는 자들만 있기 때문이다. 제자화란 문자 그대로 '제자를 만들어낸다'라는 의미이다. 예수님은 세계 복음화를 위한 지상명령에서 제자화 사역에 대해 다음과 같이 말씀하셨다.

"너희는 가서 모든 민족을 제자로 삼아 아버지와 아들과 성령의 이름으로 세례침례를 베풀고"_마태복음 28:19

예수님은 승천하시기 전에 제자들에게 '모든 민족을 제자로 삼으라'고 명령하셨던 것이다. 여기서의 제자는 특정 사람이나 단체나 사상 등을 추종하는 자를 의미하는 것이 아니다. 예수님의 말씀에 대해 절대긍정의 믿음으로 절대순종하는 제자가 되는 것을 의미한다. 그러므로 절대긍정의 하나님 나라의 사역은 예수님의 명령을 따라 모든 민족과 사람을 예수님의 참된 제자로 만드는데 있다.

모든 교회는 양적인 성장을 뛰어넘어, 모든 성도가 그리스도의 온전한 제자로 자라도록 양육해야 할 중대한 사명이 있다. 사도 바울은 건강한 교회의 특징에 대해 건강한 리더십, 성도들의 훈련과 사역, 교회성장을 이야기하면서 제자화의 의미를 이렇게 말한 바 있다.[141]

"우리가 다 하나님의 아들을 믿는 것과 아는 일에 하나가 되어 온전한 사람을 이루어 그리스도의 장성한 분량이 충만한 데까지 이르리니"
_에베소서 4:13

제자화는 그리스도 안에서 온전한 사람을 만드는 것인데, 온전한 사람이 된다는 것은 먼저 예수님을 믿는 것과 아는 일에 하나가 되는 것이다. 이 말은 예수님을 머리로만 알고 믿는 것이 아니라 지식과

---

141 이영훈, 『절대긍정의 신학적 기초』, 파트 7.

감정과 의지의 전인격적인 교제를 통해 온전한 믿음을 갖는 것을 의미한다. 그 다음으로 예수 그리스도의 장성한 분량이 충만한 데까지 이르는 것이다. 이 말은 성령으로 충만하여 예수님에 대한 지식과 예수님의 인격이 충만해지는 상태를 의미한다.

사도 바울은 전도 사역 다음에 따라와야 하는 것이 바로 제자화 사역이라고 말하며 이를 위해서는 교회가 하나님의 지혜와 열정을 가지고 각 사람을 가르쳐야 한다고 강조하였다.

"우리가 그를 전파하여 각 사람을 권하고 모든 지혜로 각 사람을 가르침은 각 사람을 그리스도 안에서 완전한 자로 세우려 함이니 이를 위하여 나도 내 속에서 능력으로 역사하시는 이의 역사를 따라 힘을 다하여 수고하노라"_골로새서 1:28-29

제자화 사역을 위해서는 성도 각 사람을 권면하고 가르치고 훈련시키는 것이 중요하다. 이러한 사역에는 바울이 말한 대로 '내 속에서 능력으로 역사하시는 이'인 '성령의 역사'를 따라야 하고, 사역자 자신도 힘을 다하여 수고하고 헌신하는 일이 필요하다. 구원은 우리 믿음을 통해 주시는 하나님의 선물이다. 하지만 예수 그리스도 안에서 온전한 사람을 세우기 위해서는 교회의 가르침과 양육, 인내와 사랑의 헌신이 지속적으로 필요하다살전 1:3.

"너희의 믿음의 역사와 사랑의 수고와 우리 주 예수 그리스도에 대한 소망의 인내를 우리 하나님 아버지 앞에서 끊임없이 기억함이니"_데살로니가전서 1:3

2. 제자화 사역의 중요성

제자화 사역은 왜 중요할까? 첫째, 제자화 사역은 명백한 하나님의 뜻이기 때문이다. 하나님은 예수님을 믿는 모든 사람이 예수님의 참 제자가 되기를 원하신다. 부모가 자식을 낳는 것이 중요한 만큼 그 자식을 올바르게 잘 키우는 것도 매우 중요하다. 하나님은 성도들이 자신이 원하는 하나님의 계명만 긍정하거나 자신이 원하는 기도 제목만 기도하는 것이 아니라, 하나님의 계명을 전적으로 순종하며 하나님의 뜻을 위하여 기도하는 것을 원하신다. 하나님은 무늬만 그리스도인이 아니라 하나님 아버지의 뜻대로 행하는 자를 찾으신다. 천국은 이런 자를 위하여 예비된 곳이다.

"나더러 주여 주여 하는 자마다 다 천국에 들어갈 것이 아니요 다만 하늘에 계신 내 아버지의 뜻대로 행하는 자라야 들어가리라"_마태복음 7:21

이 말씀은 예수님의 가르침에 순종하는 제자가 되는 것을 의미한다마 7:24-27. 이들은 예수님과 그 복음을 위하여 자신의 십자가를 지고 주님을 따르는 자들이다마 10:38, 16:24.

둘째, 선교와 전도 대상자는 교회 밖에만 있는 것이 아니라 교회 안에도 많기 때문이다. 이는 구약성경에 나타난 이스라엘 백성들의 모습을 통해 알 수 있다. 그들은 출애굽 당시 애굽에 내린 열 가지 재앙과 홍해의 기적 등 수많은 기적을 체험했다. 그리고 광야 생활 동안에 하나님의 큰 은혜를 경험했다. 그럼에도 불구하고 조금만 고난이 닥치면 낙심하여 하나님과 지도자 모세를 향하여 원망하고 불평하였다. 또 하나님을 사랑하는 마음이 없이 형식적인 제사를 드리는 경우도 많았다말 1:6-10. 그래서 하나님은 선지자 이사야에게 이렇게 한탄하신 바 있다

"주께서 이르시되 이 백성이 입으로는 나를 가까이 하며 입술로는 나를 공경하나 그들의 마음은 내게서 멀리 떠났나니 그들이 나를 경외함은 사람의 계명으로 가르침을 받았을 뿐이라"_이사야 29:13

하나님의 가르침이 아닌 사람의 가르침을 받았기 때문에 그 마음이 하나님에게서 멀어져 있다는 것이다. 명목상의 그리스도인nominal christians 문제는 현대 교회에도 심각한 문제이다. 기독교의 명목성에 대하여 세 가지로 정리할 수 있다. 첫째는 교회에 출석하지 않고 교회에 등록되어 있는 것이다. 둘째는 믿음이 없이 교회에 등록되어 있는

것이다. 셋째는 교회에는 출석하지 않고 믿는다고 하는 것이다.[142]

　　명목상 그리스도인이란 말 그대로 이름뿐인 그리스도인을 말하는데, 하나님 나라와 그리스도께 헌신할 마음은 없이 자신의 정체성을 그리스도인으로 여기는 종교인을 의미한다. 이들은 하나님과 그분의 말씀에 대한 절대긍정의 믿음이나 헌신이 없는 세속화된 종교인이다.[143] 헌신되지 않은 세속적인 그리스도인은 '살았다 하는 이름은 가졌으나 죽은 자'계 3:1로서, 교회의 이미지를 부정적으로 만들고 전도 사역에도 방해를 준다. 그러므로 교회는 각 사람을 그리스도 안에서 완전한 자로 세우도록 제자화 사역에 헌신해야 한다.

　　"우리가 그를 전파하여 각 사람을 권하고 모든 지혜로 각 사람을 가르침은 각 사람을 그리스도 안에서 완전한 자로 세우려 함이니 이를 위하여 나도 내 속에서 능력으로 역사하시는 이의 역사를 따라 힘을 다하여

142　한국 교회에는 또 '가나안 성도'라고 부르는 자들이 있다. 이들은 예수님은 믿는다고 말은 하지만, 교회에 안나가고 교회 공동체에 속하기를 거부하며 혼자서 신앙생활을 하는 자들이다. 가나안 성도들이 증가하는 여러 이유가 있겠지만, 개인주의 확산과 무관하지 않을 것이다. 특히 코로나19 이후에도 온라인 예배에 익숙한 세대들이 편리를 추구하며 교회 나가기를 귀찮아하는 특징이 나타나고 있다.

143　미국 사도적지도자연합 대표 조셉 마테라(Joseph Mattera) 목사는 세속화된 크리스천, 다시 말해 선데이 크리스천의 특징을 다섯 가지로 정리하였다. ① 하나님보다 사람들의 시선을 더 의식한다 ② 성령에 이끌리지 않고 돈에 이끌린다 ③ 예배에 참석하는 목적이 인간관계(교제) 때문이다 ④ 하나님의 뜻을 먼저 생각하지 않고 중요한 결정을 내린다 ⑤ 하나님을 추구하는 삶을 살지 않는다. "선데이 크리스천", https://ac.cts.tv/search/detail/P368/262447?pid=P368&dpid=&page= (2023.11.16. 검색).

수고하노라"_골로새서 1:28-29

셋째, 올바른 제자화 사역은 교회를 더욱 건강하게 성장하게 한다. 하나님의 관심은 얼마나 많은 사람을 교회 건물에 모았느냐가 아니라 얼마나 많이 예수님의 제자들을 길러냈느냐에 있다. 하나님은 모든 성도를 사랑하시지만, 모든 성도를 기뻐하시지는 않는다. 하나님은 모든 교회를 사랑하시지만, 모든 교회를 기뻐하시지는 않는다. 하나님은 하나님께 대한 절대긍정의 믿음과 헌신의 자세를 가진 성도와 교회를 기뻐하신다히 11:6. 참된 제자들을 통해 교회는 굳건히 세워지며 하나님 나라는 확장된다.

딘 켈리Dean M. Kelly는 미국 교회의 사례를 통해 엄격함strictness이 건강한 교회의 강력한 성장 요인이 된다고 주장한 바 있다.[144] 엄격함이란 예수 그리스도의 가르침에 대해 순종하도록 강력하게 요구하는 교회demanding church이다. 이런 교회는 성도들에게 의미와 가치를 보여 주며 성도들의 헌신을 유도하기에 성장하게 된다는 것이다. 전도와 교회 부흥에는 진지함이 요구된다. 예수 그리스도를 믿고 따른다는 것은 제자도에 대한 헌신이 필요하다. 예수님은 제자도를 강조하셨지만 교회는 이 가르침을 약화시켰다. 주님은 그분의 제자가 될 때 치러야 할 대가와 희생에 대해 숨기지 않으셨다눅 14:25-33.

---

144 Dean M. Kelly, *Why Conservative Churches are Growing* (new ed.), (Macon: Mercer University Press, 1986).

예수님은 자신을 따르겠다는 한 서기관율법학자을 향해 이렇게 말씀하셨다.

"예수께서 이르되 여우도 굴이 있고 공중의 새도 거처가 있으되 인자는 머리 둘 곳이 없다 하시더라"_마태복음 8:20

예수님을 따른다는 것은 안정된 거처를 보장하지 않는다. 부르심을 따라 언제든 떠나야 한다. 주님은 아버지의 장례를 치르고 예수님을 따르게 해달라는 한 제자의 요청에 이렇게 말씀하셨다.

"예수께서 이르시되 죽은 자들이 그들의 죽은 자들을 장사하게 하고 너는 나를 따르라"_마태복음 8:22

예수님을 따른다는 것은 가족의 장례를 치르는 것, 즉 사사로운 개인 일 보다도 더 우선적으로 순종해야 할 명령이다.

또 다른 사람은 예수님을 따르기 전에 가족들과 작별 인사를 나누고자 했다. 이에 대해 예수님은 분명히 말씀하셨다.

"또 다른 사람이 이르되 주여 내가 주를 따르겠나이다마는 나로 먼저 내 가족을 작별하게 허락하소서 예수께서 이르시되 손에 쟁기를 잡고 뒤를 돌아보는 자는 하나님의 나라에 합당하지 아니하니라"_누가복음 9:61-62

제자로서의 삶을 결심했다면 뒤를 돌아보지 않고 오직 예수님만을 좇을 것이 요구되는 것이다. 결국 주님은 진지한 결단과 대가의 지불이 없이 누구나 예수님을 따를 수 없음을 말씀하신다.

하나님 나라의 복음을 선포하는 사명은 헌신된 제자들이 감당할 수 있는 일이다. 교회는 그리스도의 가르침을 절대긍정의 믿음으로 진지하게 받아들이고 순종할 때 건강하게 부흥할 수 있다.

3. 제자화 사역의 방법

첫째, 제자도는 학습으로의 부르심이다. 제자에 해당되는 헬라어 '마데테스 μαθητής'는 신약성경에 264회나 나오는데 '배우는 자'라는 의미를 갖고 있다. 배우지 않으면 영적으로 자랄 수 없고 하나님 나라의 비밀을 깨달을 수 없다. 예수님 제자가 되려면 현재의 모습에 안주하지 않고 평생 공부하며 자라가야 한다. 우리 주 예수 그리스도의 은혜와 그를 아는 지식에서 자라가야 한다.

"오직 우리 주 곧 구주 예수 그리스도의 은혜와 그를 아는 지식에서 자라가라 영광이 이제와 영원한 날까지 그에게 있을지어다"_베드로후서 3:18

교회는 요람에서 무덤까지 지속적인 평생 교육 프로그램을 만들어 성도들 가운데 하나님의 은혜와 영적 지식성령의 역사와 말씀의 역사이 나타나게 해야 한다. 예수 그리스도의 제자는 성경 말씀을 통해, 믿음의 사람을 통해, 믿음의 공동체와 환경을 통해 계속 배우고 성장해야 한다. 예수님은 지상 명령에서 이렇게 말씀하셨다.

> "내가 너희에게 분부한 모든 것을 가르쳐 지키게 하라 볼지어다 내가 세상 끝날까지 너희와 항상 함께 있으리라"_마태복음 28:20

이 말씀을 통해 예수님은 '가르치는 것'과 '지키게 하는 것'을 분리하지 않으심을 알 수 있다. 교회는 불신자를 전도하고 새신자를 유입하는 것에만 초점을 두지 말고 이들을 하나님의 말씀으로 가르치고 양육하여 하나님 말씀을 지키는 제자로 만드는 비전을 가져야 한다.

둘째, 제자도는 순수한 복음과 순종으로의 부르심이다. 교회는 성도들을 온전하고 순수한 복음으로 가르쳐야 한다. 복음의 순수성을 훼손한다면 참된 제자를 만들어낼 수 없다.[145] 처음부터 순전한 복음을 전하지 않는다면 그 내용에 걸맞은 사람들만 교회로 유입될 것이며, 이는 진정한 교회의 성장이라 볼 수 없을 것이다.

그리스도의 제자가 된다는 것은 단지 예수님의 진리를 이해하는

---

[145] 예수님은 제자도가 치르는 대가에 대하여 너무 정직하게 말씀하셨기 때문에, 주님을 추종하던 많은 무리가 더 이상 주님을 따를 수 없었다. 데이비드 왓슨, 『제자도』, 문동학 역 (서울: 두란노서원, 1999), 301.

것을 의미하지 않는다. 그것은 예수님의 삶의 모습과 고난을 자신의 삶과 동일시하는 것이다. 리처드 포스터는 그리스도인들이 영성을 개발하려면 단순한 삶에 대해 배워야 한다고 말하였다.[146] 단순한 삶 가운데에는 예수님처럼 하나님께 순종하며 복음을 위해 고난을 겪는 것을 포함한다.

"그리스도를 위하여 너희에게 은혜를 주신 것은 다만 그를 믿을 뿐 아니라 또한 그를 위하여 고난도 받게 하려 하심이라"_빌립보서 1:29

십자가의 복음이 없이는 부활과 천국 영생의 영광이 없다. 우리에게 복음이 전파되었다는 것은 누군가가 복음전파를 위하여 수고하고 희생하고 고난을 겪은 것을 의미한다. 예수님의 제자로서 복음의 말씀에 대해 순종하고 고난을 감당할 수 있는 것은 현재의 고난 너머 하나님 나라의 영광을 바라보기 때문이다. 바울은 장차 우리에게 나타날 영광이 현재의 고난과 비할 수 없다고 강조한다. 교회는 제자도의 고난뿐 아니라 제자도의 영광에 대해서도 가르쳐야 한다.

"생각하건대 현재의 고난은 장차 우리에게 나타날 영광과 비교할 수 없도다"_로마서 8:18

---

146 리처드 포스터, 『영적 훈련과 성장』(2판), 권달천·황을호 역 (서울: 생명의말씀사, 1995), 파트 6.

셋째, 제자화 사역에서 소그룹의 활성화와 신앙 공동체는 매우 중요하다. 제자화 사역은 '믿음의 관계' 속에서 이루어 가는 것이 효과적이다. 예수님은 제자를 세우실 때 열두 명이라는 소그룹을 만들어 그들과 동고동락하셨다. 소그룹이 중요한 이유는 '한 사람'에게 집중할 수 있기 때문이다. 여기에 제자화 사역의 목적이 발견된다. 그것은 '한 사람'에게 집중하여 그를 제자로 세우고 그와 같은 제자를 재생산해 내는 것이다. 지역교회에서 제자화 사역이 힘든 것은 제자의 모델링이 부족하기 때문이다.

예수님은 세상에서 사역하시면서 다른 모든 이들과 보낸 세월을 다 합친 것보다 더 많은 시간을 제자들에게 쏟으셨다.[147] 주님께서는 말씀으로만 가르치지 않으셨으며 삶을 통해 새 시대가 요구하는 완전한 하나님 백성의 모습을 친히 보이신 것이다. 제자들의 롤모델은 단연 그들과 삶을 공유한 예수님이었다. 주님과 함께하는 훈련 과정을 통과한 제자들이 또 다른 제자를 만든다면, 분명 예수님을 닮은 제자를 만들게 될 것이다. 한 사람을 세우는 제자훈련은 이처럼 소그룹 안에서의 관계 가운데 효과적으로 이룰 수 있다. 우리는 열두 명이란 작은 공동체 안에서 제자를 키우신 주님의 사역 원리를 기억해야 한다.

---

147 데이비드 플랫, 『팔로우 미(Follow Me)』, 최종훈 역 (서울: 두란노서원, 2013), 226.

제자화 사역에는 신앙 공동체의 역할이 중요하다. 구원의 본질은 성도 각 개인이 예수 그리스도와의 인격적 관계를 맺는 것에 있다요 10:27. 그러나 예수님이 각 개인을 부르신 이유는 그로 혼자 존재하기 위함이 아니라, 그로 말미암아 하나님 나라 백성들의 새로운 공동체를 세우시기 위함이다.[148]

신앙의 성장과 성숙은 분명 성도들의 연합 가운데 이루어진다. 우리는 서로 연합함으로 그리스도에게까지 자라나는 그리스도의 몸이다골 2:19. 성도는 그리스도의 몸 가운데 서로 갈등하기도 하고 깨어지지 않은 자아로 인해 다툼이 발생하기도 한다. 그러나 하나님은 성도들이 그 연약함 가운데 연합함으로 사랑을 배워나가고, 신앙 공동체의 중요성을 알게 하시며, 궁극적으로 하나님께 영광 돌리기를 바라신다벧후 3:18. 성경 최고의 계명인 '사랑의 계명'은 하나님 나라의 신앙 공동체를 하나가 되게 만드는 힘이다막 12:28-30. 교회는 헌신된 제자들을 통하여 하나님 나라의 사랑의 공동체를 세워가야 한다. 그럴 때 그들이 예수님의 참 제자임을 세상이 알게 되는 것이다요 13:35. 제자 공동체는 하나님의 사랑과 은혜에 대한 공동체적 증거가 된다.

넷째, 제자도는 세상 속에서 복음을 전하는 사명자로의 부르심이다. 교회는 성도들이 교회 사역과 세상에서의 사명 가운데 균형 있는 제자로 자라날 수 있도록 가르쳐야 한다. 주님은 교회를 '어둠세상 속

---

148 데이비드 왓슨, 『제자도』, 39.

의 빛'으로 부르셨다마 5:14. 빛은 결코 어둠 속에서 숨겨지거나 도망칠 수 있는 존재가 아니다. 제자는 그 스스로 빛날 수 있는 존재가 아니다. 참 빛인 예수 그리스도 안에 있을 때 비로소 어둠을 이기는 힘을 갖게 되는 것이다요 1:9, 12:36.

걸국, 그리스도의 제자란 세상과 유리된 채 신앙의 지식만 쌓는 자가 아니다. 그리스도의 능력으로 세상을 변혁시키는 존재이다. 그리스도의 제자는 어두운 세상 가운데 그리스도의 빛을 드러내며 성령의 능력으로 영광의 복음을 증거하는 사명을 가진 자이다. 오늘날 세속화되는 현대 사회에서 하나님 나라의 가치를 보여 주고 구현하는 그리스도의 제자들이 필요하다.

"예수께서 이르시되 아직 잠시 동안 빛이 너희 중에 있으니 빛이 있을 동안에 다녀 어둠에 붙잡히지 않게 하라 어둠에 다니는 자는 그 가는 곳을 알지 못하느니라 너희에게 아직 빛이 있을 동안에 빛을 믿으라 그리하면 빛의 아들이 되리라 예수께서 이 말씀을 하시고 그들을 떠나가서 숨으시니라"_요한복음 12:35-36

Chapter

21

절대긍정과
하나님 나라 사역(3):
치유 사역

1. 치유 사역의 의미

치유 사역은 하나님 나라에 대한 절대긍정의 사역이다. 하나님 나라에 가면 아프거나 병든 사람이 없기 때문이다. 그러나 현대인들은 과학 기술의 발달에도 불구하고 갖가지 종류의 육체적, 정신적, 영적 질병으로 고통을 겪고 있다. 과거에는 난치병, 불치병이라고 포기했던 질병들 중에 치료약이 개발되고 예방법의 발달로 치료가 가능해진 병들이 많아졌다. 하지만 불행하게도 그보다 더 많은 신종 질병이 발생하고 있다. 2020년부터 전 세계적으로 영향을 미친 코로나19가 그 대표적 사례이다.

성경에서 말하는 치유는 일반적으로 병 고침을 의미한다. 특별히 하나님의 능력으로 인한 치유는 신학적으로 신적 치유divine healing 또는 영적 치유라고 말한다.[149] 치유 사역은 설교와 가르침의 사역과 더불어 하나님 나라의 복음을 선포하는 예수 그리스도의 중요한 사역이었다. 앞으로 완성될 하나님 나라에서는 질병과 고통과 아픔 등이 존재히지 않을 것이다. 복음서는 예수 그리스도의 치유 사역을 비중 있게 다루고 있는데 복음서의 5분의 1 정도가 그리스도의 치유 사역과 관계가 있다.[150] 요한복음에서 나오는 '표적들signs'도 대부분 치유의 기적들과 연관성이 있다.

구약에서 하나님은 '우리를 치료하시는 여호와야훼'로 계시된다. 히브리어로 '라파אפר'는 '전인적全人的인 치유'의 의미를 내포한다. 신약에서는 '데라퓨오θεραπεύω'와 '이아오마이ίάομαι'라는 단어가 '신유'의 의미를 갖고 있다.

'데라퓨오'는 다양한 종류의 질병의 치유를 포함한다. 이 단어는 예수님이 각종 병에 걸려 고통당하는 자, 귀신들린 자, 간질하는 자, 중풍병자들마 4:24, 절뚝발이와 불구자와 맹인과 벙어리마 15:30 등을 치유하실 때 사용되었다.

예수님의 치유 사역을 설명하는 '이아오마이'는 전인적 치유의 의

---

149   조용기, 『오중복음과 삼중축복』, 128.

150   Morton T. Kelsey, *Encounter with God : A Theology of Christian Experience*, (Minneapolis: Bethany Fellowship. 1972), 242–245.

미를 많이 포함한다. 육체의 치료뿐만 아니라 회개하여 마음을 고치는 것마 13:15, 마귀에 눌린 자를 치료하는 것마 15:28; 행 10:38, 마음이 상한 자를 치료하는 것눅 4:18 등을 의미한다. "그가 채찍에 맞음으로 우리는 나음을 받았도다"사 53:5라는 이사야서의 예언을 사도 베드로는 다음의 말씀에서 '이아오마이'라는 단어로 사용한다.

> "친히 나무에 달려 그 몸으로 우리 죄를 담당하셨으니 이는 우리로 죄에 대하여 죽고 의에 대하여 살게 하려 하심이라 그가 채찍에 맞음으로 너희는 나음을 얻었나니"_베드로전서 2:24

예수님의 치유의 은혜로 '이아오마이'를 사용한 맥락은 예수님의 신유의 복음이 단순히 육체적 질병을 넘어서서 더 포괄적인 치유를 담고 있기 때문이다. 예수님은 질병이 하나님의 징계보다는 사탄의 속박의 결과라고 자주 말씀하셨고, 가시는 곳마다 병마의 속박에서 사람들을 해방시켜 주셨다. 예수 그리스도는 죄로 인하여 육체와 영혼의 망가진 것들을 치유하고 인간을 회복하기 위해 오신 것이다. 그러므로 전인적인 치유는 주님의 중요한 관심사였다.

예수님은 또 치유 사역을 통해 우주적인 하나님의 나라가 구체적이고 현실적인 사건으로 가시화되는 모습을 나타내셨다. 다음의 말씀을 통해 예수님께서 하신 사역 역시 치유와 하나님 나라천국의 복음과 깊은 관련이 있음을 알 수 있다.

"예수께서 온 갈릴리에 두루 다니사 그들의 회당에서 가르치시며 천국

복음을 전파하시며 백성 중의 모든 병과 모든 약한 것을 고치시니"_마

태복음 4:23

치유는 하나님 나라의 현존이며[151], 하나님 나라의 사역은 그리스

노께서 하신 일을 계속히는 것이다. 그러므로 치유 사역은 오늘날 하

나님 나라와 복음전도 사역에 포함되어야 하는 것이다.

2. 치유 사역의 중요성

치유 사역은 왜 중요할까? 첫째, 치유 사역은 좋으신 하나님 아버

지의 뜻이기에 중요하다. 선하신 하나님은 당신의 자녀들백성들이 아

프거나 병들거나 불행하거나 괴로운 것을 원하지 않으신다. 우리를

향하신 하나님의 뜻은 절대긍정의 생각이시다. 그것은 재앙이 아니

라 평안이요 미래의 희망을 주시려는 것이다.

"여호와야훼의 말씀이니라 너희를 향한 나의 생각을 내가 아나니 평안

이요 재앙이 아니니라 너희에게 미래와 희망을 주는 것이니라"_예레

미야 29:11

---

151 위르겐 몰트만, 『그리스도가 계신 곳에 생명이 있습니다』, 채수일 역 (서울: 대한기독교서회,

1997) 86.

비록 죄로 인하여 인간에게 갖가지 질병과 고통이 왔지만, 하나님은 예수 그리스도를 통해 인간을 재창조하고 회복시키기 원하셨다엡 1:4-5; 고후 5:17. 예수 그리스도의 십자가 구원에 대한 믿음은 인간의 육체와 마음과 영혼의 궁극적 회복을 약속하고 보장한다.

치유가 하나님의 뜻이라면 치유와 하나님의 주권을 인정하는 것도 중요하다. 예수님 시대의 유대인들은 병과 죄 사이에 어떤 인과관계가 있다고 보았다. 그러나 예수님은 죄를 범한 것과 질병에 걸리는 것이 항상 연관이 있는 것은 아니라는 점을 보여 주셨다요 9:1-10. 개인의 죄를 언제나 질병의 원인으로 보아서는 안 되고 날 때부터 맹인된 자는 '그에게서 하나님이 하시는 일을 나타내시려는 목적'요 9:1-3이 있음을 말씀하셨다. 치유 사역은 하나님의 긍휼의 마음과 은혜를 보여 주며, 동시에 치유 사역이 하나님의 절대주권 하에 있음도 인정해야 한다.

둘째, 치유 사역은 예수 그리스도의 대속 사역의 은총 안에 포함되어 있다. 기독교 신앙의 핵심은 십자가에 있는데 그것은 예수님이 십자가에서 우리의 구원 사역을 완성하셨기 때문이다.[152]

"그는 실로 우리의 질고를 지고 우리의 슬픔을 당하였거늘 우리는 생

---

[152] 이영훈, "내가 그리스도와 함께", 여의도순복음교회 주일예배설교(2021. 3. 7)

각하기를 그는 징벌을 받아 하나님께 맞으며 고난을 당한다 하였노라"_이사야 53:4

"우리의 질고infirmities를 지고"라는 말은 그리스도께서 육체적 질병의 치유뿐 아니라 우리의 죄sins와 죄의식guilt뿐 아니라 죄의 결과consequences로부터의 해방과 자유함을 주셨다는 것을 의미한다고 보아야 할 것이다. 그러므로 예수님의 대속으로 인한 치유는 전인구원의 측면에서 해석되어야 한다. 이것은 마음의 치료와 육신의 질병의 치료와 다양한 재앙으로부터 구원과 회복과 집단적 범죄 등 공동체적 치료도 포함한다.[153]

예수님의 치유 사역은 인간의 삼중대속과 삼중구원, 그리고 삼중축복과 전인구원을 이해하게 해 준다. 오늘날은 그 어느 때보다도 예수 그리스도의 치유가 더 필요한 시대이다.

셋째, 치유 사역은 성령의 역사다. 성령님이 임하실 때 권능과 표적이 나타난다. 믿음은 성령 하나님이 주시는 은사선물이며 치유에 대한 믿음도 성령님이 임재하심으로 나타난다.

"오직 성령이 너희에게 임하시면 너희가 권능을 받고 예루살렘과 온 유대와 사마리아와 땅 끝까지 이르러 내 증인이 되리라 하시니라"_사도행전 1:8

---

153 조용기, 『오중복음과 삼중축복』, 128-131.

오순절 운동이나 성령 운동을 하는 교회들 가운데 치유의 표적이 더 강하게 나타나는 것은 성령의 역사를 인정하고 은사를 배우며 활용하기 때문이다. 치유는 또 단지 개인적 질병의 치유로만 끝나지 않는다. 치유 받은 자는 자신의 치유를 간증하며 이것은 교회 공동체 안에 하나님의 능력과 임재하심의 증거가 된다. 이러한 공동체적 증언은 교회 공동체 신학을 살아 있게 만들어 주며 치유 복음의 능력을 강화시켜 준다.

넷째, 치유 사역은 하나님 나라의 표적이기에 사람들을 하나님께로 이끄는 전도와 선교의 열매를 거두게 한다. 전인적 치유를 지향하는 치유 사역이 있는 곳에는 하나님 나라의 복음이 전파되며 교회는 능력 있게 성장해 갈 수 있다. 치유는 교회 공동체가 세상을 섬기는 사역이며, 하나님의 사랑을 세상에 알리는 하나님 나라의 표지이다.

치유는 하나님의 은혜로 주어지는 선물이지만 믿음도 선행되어야 한다. 하나님은 자연과 의술을 통해서도 치유하시지만, 인간적이고 세상적인 방법으로 치유가 안 되는 때에도 우리 믿음을 통하여 신적인 치유의 은혜와 능력을 부어 주신다. 하나님의 뜻과 주권에 대한 믿음, 예수님의 전인적 대속에 대한 믿음, 성령님의 권능과 도우심에 대한 믿음이 있어야 한다.

각종 질병과 아픔이 많은 이 시대에 하나님의 치유와 구원에 대한 은혜를 사모하며 믿음으로 사는 것에 대한 중요성을 배워야 한다. 하나님의 나라는 믿는 자들 속에, 또 믿는 자들 가운데 믿음으로 임하신다.

> "또 여기 있다 저기 있다고도 못하리니 하나님의 나라는 너희 안에 있느니라"_누가복음 17:21

3. 치유 사역의 방법

치유 사역을 하려면 첫째, 하나님의 치유 방법에 대한 지혜와 믿음의 기도가 중요하다. 복음서에 나오는 예수 그리스도의 주요한 치유 형태는 말씀21회, 접촉13회, 믿음본인과 타인의 믿음 12회, 귀신 축출11회, 그리고 말씀 선포8회였다.[154] 예수님은 그때마다 다양한 방법으로 치유 사역을 하셨다. 우리도 성령님이 주시는 치유 사역의 지혜가 있어야 한다. 그러나 이 모든 방법의 공통점은 절대긍정의 믿음의 기도이다.

> "믿음의 기도는 병든 자를 구원하리니 주께서 그를 일으키시리라"_야고보서 5:15

---

154 홍기영, "인간의 치유와 예수의 선교", 한국선교신학회 편, 『치유와 선교』 (서울: 다산글방, 2000) 18-20.

사도 야고보가 말하는 것과 같이 하나님의 치유의 능력과 은혜에 대한 절대긍정의 믿음으로 기도하면, 우리를 일으키고 살리심을 믿어야 한다. 주님은 믿는 자들에게 따르는 표적 가운데 하나가 예수님의 이름의 능력을 믿고 병든 자에게 손을 얹고 기도할 때 낫는 역사라고 말씀하셨다막 16:18. 믿음은 모든 성령의 은사를 구동하는 원동력이요 치유를 활성화시키는 핵심 요소이다.

둘째, 치유 사역의 핵심은 예수 그리스도의 사랑과 긍휼과 자비의 마음을 품는 것이다. 치유 사역은 단지 어떤 기술을 배우는 것이 아니라 '하나님의 마음'을 배우는 데에서 시작된다.

나인성 과부의 아들이 죽었을 때 큰 슬픔과 절망에 처했지만, 예수님은 그 죽은 자를 살리셨다. 성경에 보면, 과부가 예수님께 기도하거나 부탁하지 않았음에도 불구하고 주님은 그 '과부를 보시고 불쌍히 여기셔서'눅 7:13 살리는 기적을 행하셨다고 말한다눅 7:12-15. 죽은 나사로의 무덤 앞에서도 주님은 '심령에 비통히 여기시고 불쌍히 여기시고'요 11:33 눈물을 흘리셨다요 11:35.

주님의 치유의 동기는 '진정한 사랑'과 '긍휼하심'이었다. 주님은 성령의 권능으로 이러한 치유의 능력을 나타내셨다. 치유 사역을 포함한 모든 사역은 하나님의 사랑의 마음으로 흘러나와야 하고 사람들을 살리는 사역이 되어야 한다.

셋째, 치유 사역은 무엇보다 전인적 치유의 관점에서 하는 것이 중요하다. 하나님은 우리의 영혼이 잘되고 범사가 잘되고 강건하기를 원하신다.

"사랑하는 자여 네 영혼이 잘됨 같이 네가 범사에 잘되고 강건하기를 네기 간구하노라"_요한3서 1:2

육신의 질병을 치유하기 위해, 교회는 예배 시간에 치유를 위해 기도를 드리며 믿음의 명령과 감사의 선포를 해야 한다. 아픈 환자들을 위한 중보기도 사역을 해야 하고, 상시적으로 교회 환우를 심방하고 기도와 물질로 지원하는 사역을 할 수 있다. 의료 계통에 종사하는 봉사자들을 통해 교회 내 진료소를 운영할 수도 있고 고액의 치료비로 고통을 당하는 저소득층의 난치병과 희귀병의 치유를 지원하는 후원자 모임을 결성할 수 있다.

또한 불안, 염려, 두려움, 우울증, 중독증과 같은 정신적인 마음의 병을 가진 자들을 위해 상담소를 운영하고 기도해 줄 수 있다. 육체의 질병뿐 아니라 마음의 병을 치유하는 성경적 원리를 공부하고 치유 사역자도 양성할 수 있다. 무엇보다 영적인 치료와 예방도 중요하다. 하나님의 말씀은 언제나 우리의 영혼과 육체도 치료한다.

"그가 그의 말씀을 보내어 그들을 고치시고 위험한 지경에서 건지시는

도다"_시편 107:20

성경 말씀의 의미와 권세, 약속의 말씀들, 특히 치유의 약속의 말씀들을 공부하고 배우고 적용함으로써 성도들의 아픈 부분을 치료하고 회복해야 한다. 하나님 말씀이 우리를 전인적으로 살린다는 것을 기억해야 한다.

넷째, 치유 사역의 사회학적 의미를 알고 실천해야 한다. 20세기 오순절 운동의 발전은 치유의 신학적 의미뿐 아니라 사회학적 중요성에도 큰 기여를 하였다. 서구 합리주의의 영향으로 믿음으로 인한 치유나 기적에 대해 회의적인 시대에 오순절 운동은 성령을 통한 치유 사역을 강조하였다. 이를 통해 사람의 영과 육 사이의 분리되지 않는 통전성을 발전시켰고, 성령 운동은 가난하고 소외된 대중을 중심으로 급격하게 성장하였다. 의술이나 문명의 혜택에 부족한 서민들이나 급격한 도시화가 진행되면서 가난하고 소외된 서민들 사이에 성령의 치유 사역은 놀라운 기적과 교회 부흥을 가져왔다. 신적 치유 사역은 교회 부흥의 도구이기도 하지만, 교회 공동체가 세상을 섬기는 사역이고 하나님의 사랑을 세상에 알리는 하나님 나라의 표지이다.

개인의 아픔과 질병은 사회의 구조적 문제나 공동체와 무관한 것이 아니다. 기독교의 복음은 개인적 치유뿐 아니라 공동체를 치유하고 사회를 치유하는 치유 선교나 사회적 정의와 무관하지 않다.

예수 그리스도의 신유의 복음은 하나님 나라를 지향하는 전인적 복음이다. 그렇다면 교회는 끊임없이 치유에 방해가 될 수 있는 가정 환경이나 사회구조, 그리고 공동체의 문제를 해결하는 데에도 앞장 서야 할 것이다. 예를 들어, 교회가 마약이나 도박이나 게임 등의 중독증에 걸린 자들을 위해 지역 상담소를 운영한다든가, 다양한 국가적 위기산불, 홍수, 가뭄, 유행병, 지진 등로 인해 발생한 이재민을 돕는 것도 사회 구성원들의 아픈 마음을 치유하는 사역이 될 수 있다.

치유 사역은 하나님이 원래 만드신 인간의 영·혼·육을 전인적으로 회복시키는 사역이다. 그것은 인간을 사랑하사 인간을 전인적으로 긍정하시는 하나님의 긍휼의 사역인 것이다. 치유 사역이 있는 곳에 하나님 나라의 복음이 전파되며 교회는 능력 있게 성장할 수 있다.

Chapter 22

절대긍정과 하나님 나라 사역(4): 선교 사역

1. 선교 사역의 의미

선교 사역은 하나님 나라에 대한 절대긍정의 사역이다. 선교mission 를 하나님의 나라와 연관하여 규정한다면 '하나님의 나라가 이 세상 에서 실현되는 수단'[155]이라고 말할 수 있다. 즉, 선교는 하나님 나라의 모습을 이 땅에 구현하려는 노력이며 선교의 주체는 하나님이시다.

선교는 교회의 여러 과업 중 하나가 아니라 오히려 '교회의 본질' 그 자체라고 볼 수 있다. 선교란 자신을 희생하여 밖으로 뻗어 나가

---

[155] Wilbert R. Shenk, "The Mission Dynamic", in Willem Saayman and Klippies Kritzinger(eds.), *Mission in Bold Humility* (New York: Orbis, 1996), 90.

는 하나님의 본질the nature of God that is reaching out in sacrifice을 반영하는 것
으로 창조적이고 구속적인 것이다.[156] 하나님의 선교는 그분이 창조
하신 피조물, 특별히 하나님의 형상을 닮은 인간에 대한 하나님의 무
한하신 사랑으로부터 흘러나온다고 말할 수 있다.

하나님의 선교는 예수 그리스도의 구원 사역에서 가장 선명하게
이해될 수 있다. 하나님은 예수 그리스도를 이 땅에 선교사로 파송하
셨다. 이 땅에 오셔서 십자가에서 고난 당하시고 부활하신 예수님은
제자들에게 선교의 사명을 주셨다. 그리고 제자들에게 성령충만을
받을 때까지 예루살렘에 머물러 기도하라고 말씀하시고 승천하셨다.

"예수께서 또 이르시되 너희에게 평강이 있을지어다 아버지께서 나를
보내신 것 같이 나도 너희를 보내노라"_요한복음 20:21

제자들은 하나님의 약속의 말씀을 붙잡고 기도하는 중에 오순절에
성령충만을 받고 곳곳에서 담대하게 복음을 전하는 복음의 증인으로
사명을 감당하다가 대부분 순교하였다. 초대교회는 순교하기까지 복
음을 전파하는 선교 공동체였다.

선교를 광의적으로 이해하면 '예수님이 선포하신 하나님 나라의 복

---

156 홍영기, 『하나님 나라 비전 프로젝트』, 63.

음을 전하는 것mission'이며, 협의적으로 이해한다면 '타문화권에서 복음을 전하는 것missions'이라고 볼 수 있다. 교회는 삼위일체 하나님에 의해 이 세상에 보내졌기에요 17:18, 20:21, 본질적으로 선교적 공동체라고 볼 수 있다.

2. 선교 사역의 중요성

선교 사역은 왜 중요할까? 첫째, 선교 사역은 하나님의 마음과 뜻을 보여 준다. 예수님이 말씀하신 돌아온 탕자의 비유처럼눅 15:11-32, 선교는 잃어버린 한 영혼에 대한 하나님의 사랑의 마음을 배우고 실천할 때 가능해진다.

선교의 근본정신은 자기희생self-sacrifice이다. 삼위일체 하나님이 서로를 위해 자신을 희생하며 사랑하기에 위격은 다르지만 완벽하게 하나의 본질로 연합되는 것이다. 하나님이 독생자 예수님을 우리를 위하여 희생하신 것이 선교의 근본적 시작이다. 예수님이 성육신하신 것도 하나님 아버지께서 보내신 선교이다.

예수님은 하나님의 구속의 계획을 성취하기 위하여 모든 저주를 짊어지고 자신의 목숨을 십자가에서 희생하셨다. 또한 성령님도 하나님 아버지와 예수님으로부터 보내심을 받은 선교의 영이시다. 성령님은 하나님의 영광을 위하여 예수 그리스도를 증거하는 사역을 하신다. 또 보혜사로서 성도들 가운데 내주하셔서 예수님을 알게 하고 닮게 하고 증거하도록 권능을 주신다. 그러므로 선교는 하나님의 희생과 사랑의 마음으로 해야 한다.

둘째, 선교 시역은 교회의 영적 생명력과 생기의 표지이다. 선교하지 않는 교회는 죽은 교회이다. 선교하는 교회는 살아 있는 교회이다. 살아 있는 교회만이 선교의 사명감과 열정으로 예수 그리스도의 지상 명령에 헌신하게 된다. 이제 주님이 다시 오실 날이 심히 가까이 오고 있다. 우리가 주님의 일을 할 때 주님이 우리의 일을 다 책임져 주신다. 선교 사역에 힘쓸 때 성도들도 복을 받고 교회도 복을 내려 주신다. 주님이 다시 오시는 그날에 칭찬받는 교회는 예수 그리스도의 복음을 위해 선교를 위해 헌신한 교회이다.[157]

셋째, 선교 사역을 해야 교회도 부흥하게 된다. 20세기에 발흥하여 놀랍게 성장한 오순절 운동의 특징을 단지 성령 운동으로만 이해해서는 안 된다. 오순절 운동의 정체성은 강력한 성령님의 역사로 말미암은 선교 운동이었다. 오순절 성령 운동은 전 세계 교회에 영향을 끼쳤고 성령을 받고 선교하는 교회마다 놀라운 교회성장과 부흥의 역사가 나타났다. 이들 교회는 '주님의 재림이 가까우니 전 세계를 복

---

157   이영훈, 『오직 성령으로』, 298.

음화하자'라는 모토로 성령 선교 운동을 전개해 나간 것이다.

그 결과 기독교의 중심축은 서구가 아니라 비서구권으로 옮겨지게 되었다. 1980년대 들어와서 인류 역사상 최초로 비서구권의 기독교인 숫자가 서구권의 기독교인 숫자를 능가하게 되었다. 아시아, 남미, 아프리카 대륙에서 성령 운동을 하는 많은 교회가 급성장하게 되었다.

한국의 여의도순복음교회의 부흥이 대표적인 사례이다. 조용기 목사로 시작된 여의도순복음교회는 치유 사역과 기도 운동을 통한 인격적 성령 운동과 구역과 소그룹 활용을 통한 복음전도 운동과 세계 선교 운동을 통하여 세계 최대의 교회로 성장하였다. 국제교회성장연구원CGI, Church Growth International을 통하여 성령 운동과 선교 사역, 교회 부흥의 원리를 전파하였고 해외의 수많은 교회가 영향을 받고 배워 교회들이 크게 부흥하는 역사가 나타났다. 그래서 선교는 이제 더 이상 서구 중심적인 선교가 아니라 비서구권의 선교도 포함되며, 세계화 시대에 세계 기독교World Christianity로 변화되었다.

세계선교연구원에서 발표한 2023년 세계 선교 통계 자료에 의하면 세계 인구는 약 80억 4천만 명이다. 이 중에 기독교인은 약 26억 4천만 명이다. 여기에는 천주교인이 약 12억 6천만 명이고, 개신교인 약 6억 1천만 명이고, 독립교회 기독교인 약 4억 1천만 명이고, 정교회 기독교인 약 2억 9천만 명이고, 무소속 기독교인 약 1억 2천만 명이다. 개신교인 중에는 복음주의 성도들이 약 4억 6천만 명이고, 오순절주의와 은사주의 성도들이 약 6억 8천만 명이다.[158] 통계 수치를 통해 선교 운동은 성령 운동과 불가분의 관계이며 선교 운동을 하는 교회일수록 교회도 성장하게 된다는 사실을 알 수 있다.

넷째, 선교 사역은 교회 사역의 온전한 밸런스holistic balance을 보여준다. 신앙생활에서 믿음이 중요하지만 행함도 중요한 것처럼, 하나님의 창조 명령도 중요하지만 문화명령도 중요하다. 선교 사역에도 전도 사역도 중요하지만 사회 참여 사역도 중요하다. 교회는 통전적인 선교 사명에 충실할 때 '그리스도의 장성한 분량이 충만해질 때까지' 온전해질 수 있다엡 4:13. 교회가 온전해지면 전도와 제자화와 사회정의 등의 사역도 통전적 선교 차원에서 조화를 이룬다.

유고 조릴라Hugo Zorrilla는 복음을 물의 예를 들어 설명한다.[159] 물은 수소 두 분자H2와 산소 한 분자O로 구성되어 있다. 물은 이 외의 다른 것으로 구성될 수 없다. 예를 들어, 과산화수소H2O2는 살충제가 될 수 있다. 우리는 수소 두 분자와 산소 한 분자를 더 마시거나 덜 마실 수 없다. 마찬가지로 예수 그리스도의 복음도 말과 행동 중 어느 한가지만 강조할 수 없다. 교회가 복음의 생활화는 강조하지 않고 말씀만

---

158 통계 수치안에 중복 있을 수 있고, 복음주의와 오순절주의에도 중복 있을 수 있다. 한국선교연구원(kriM), "세계 선교 통계(2023년)", (출처: International Bulletin of Missionary Research 2023년 1월호).

159 유고 조릴라, 『복음과 사회정의』, 이희숙 역 (서울: 나단출판사, 1990). 54.

전하는 설교나 전도만 강조한다든가, 예수 그리스도의 구원 사역의 중요성에 대한 선포가 없이 사회 참여에만 힘쓰는 것은 밸런스를 상실한 것이다. 교회는 선교 사역을 통해서 살아 역동적으로 움직이고 부흥하며 온전하게 된다.

3. 선교 사역의 방법

첫째, 선교 사역의 주체는 성령님이심을 명심해야 한다. 예수님은 성령이 임해야 권능을 받고 복음의 증인이 될 수 있다고 하셨다.

> "오직 성령이 너희에게 임하시면 너희가 권능을 받고 예루살렘과 온 유대와 사마리아와 땅 끝까지 이르러 내 증인이 되리라 하시니라"_사도행전 1:8

성령님은 선교를 시작하시고 이끌어 가시며 주도하시는 선교의 영이다. 성령님은 선교사들이 어디로 가야 하는지 또 어떻게 사역해야 하는지에 대하여 구체적으로 인도하신다. 최초의 이방인 교회였던 안디옥 교회가 바나바와 바울을 해외 선교사로 파송한 것도 성령님의 지시에 따른 것이었다행 13:2.

선교는 '성령님이 불러 시키시는 일'이다. 사도 바울이 실라와 함께

제2차 선교여행을 떠났을 때에도 성령님은 바울 사역팀이 아시아에서 선교하지 못하도록 막으셨다. 성령님은 이들이 무시아에서 비두니아로 향하는 것도 허락하지 않았다행 16:6-7. 결국 바울은 에게해 연안의 드로아로 갔는데 거기서 밤중에 '건너와서 우리를 도우라'고 하는 마게도냐 사람의 환상을 보게 되었다. 이를 통해 유럽의 복음화가 시작된 것이다.

> "성령이 아시아에서 말씀을 전하지 못하게 하시거늘 그들이 브루기아와 갈라디아 땅으로 다녀가 무시아 앞에 이르러 비두니아로 가고자 애쓰되 예수의 영이 허락하지 아니하시는지라 무시아를 지나 드로아로 내려갔는데 밤에 환상이 바울에게 보이니 마게도냐 사람 하나가 서서 그에게 청하여 이르되 마게도냐로 건너와서 우리를 도우라 하거늘 바울이 그 환상을 보았을 때 우리가 곧 마게도냐로 떠나기를 힘쓰니 이는 하나님이 저 사람들에게 복음을 전하라고 우리를 부르신 줄로 인정함이러라"_사도행전 16:6-10

성령님은 선교 사역의 주체이실 뿐 아니라 지혜와 전략도 주시는 분이시다. 그러므로 모든 선교 사역은 보혜사 성령님의 인도를 받아야 한다.

둘째, 지속적으로 하나님 나라의 통전적 선교를 지향해야 한다. 선교에는 전도뿐 아니라, 교육 선교, 의료 선교, NGONon-Governmental

Organization 선교 등 다양한 측면이 있다. 복음을 전하여 교회를 개척하고 제자화시키는 사역뿐 아니라 지역사회에 대한 사회적 섬김이나 시민사회 운동도 포함될 수 있다.[160] 교회와 선교 단체간의 유기적인 협력과 동역도 중요하다.

올란도 코스타스Orlando E. Costas는 "교회가 복음전도가 우선이냐 사회참여가 우선이냐 하는 문제로 논쟁하는 것은 시간의 낭비이다"라고 말한다. 그러면서 "선교의 진실한 시험대는 우리가 복음을 선포하는가? 제자를 만드는가? 사회, 경제, 정치적 이슈들에 참여하고 있는가? 등이 아니라 어떻게 이러한 것들을 종합적이고 역동적이며 일관성이 있는 증언으로 통합할 수 있는 능력이 있느냐 하는 것이다"라고 강조하고 있다.[161] 교회 선교의 과업은 하나님 나라의 모습을 일관성 있고 통일성 있게 경험하게 하고 제시하는 일이다.

조용기 목사의 삼중축복의 선교적 원리도 통전적이라고 볼 수 있다요삼 1:2. 영혼이 잘되는 선교는 선교사 파송을 통한 원주민 전도와 교회 개척에 집중할 수 있다. 범사가 잘되는 선교는 NGO 및 비즈니스 선교와 연계하여 교육, 문서, 언론, 그리고 직업훈련 등의 사역을 전문적으로 실시할 수 있다. 심신이 잘되는 선교는 의료계와 상담 분야 전문가들과 협업하여 선교할 수 있다. 하나님 나라를 이 세상에서

---

160 도날드 밀러, 테쓰나오 야마모리, 『왜 섬기는 교회에 세계가 열광하는가?』, 54-156 참고.

161 Orlando E. Costas, *The Integrity of Mission: The Inner Life and Outreach of the Church* (San Francisco CA: Harper and Row, 1979), 75.

실현하는 선교 사역은 개인의 영·혼·육뿐 아니라, 종교교회, 가정, 정부, 교육, 미디어, 문화, 비즈니스경제 영역 등 삶 속의 모든 영역에서 이루어져야 한다.

셋째, 전략적인 선교가 중요하다. 대도시를 중심으로 한 선교는 효과적이다. 오늘날 세계적 대도시인구 5백만 이상는 선교의 요충지로 변했다. 세계 선교 통계2023년에 의하면 세계 도시 인구는 약 46억 2천만 명세계 인구의 57.4%이고, 세계 도시 빈민 인구는 약 28억 2천만 명이고, 빈민 지역 거주자는 11억 6천만 명이고, 세계 도시 거주 기독교 인구는 약 17억 1천만 명이다. 따라서 향후 세계선교는 대도시를 복음화하여 전초 기지로 삼으면서 빈부격차가 심해지는 대도시의 빈민 지역과 지방 도시를 대상으로 해야 한다.[162]

아울러 대도시 다문화 선교에도 관심을 가져야 한다. 한국에도 다양한 직업을 가진 외국인들이 대도시를 중심으로 거주하고 있다. 외국인 노동자 밀집 지역 내 지역교회와 협업하여 지역별, 국가별 필요를 지원해야 한다. 외국인 노동자들이 국내에서 건강하게 거주하도록 의식주를 지원하는 선교도 고려되어야 한다. 선교의 목적이 비슷하다면 대형교회와 지역교회 간의 동역도 필요하다. 또 4차 산업혁명

---

162 한국선교연구원, "세계 선교 통계(2023년)", 출처: International Bulletin of Missionary Research 2023년 1월호.

시대에 맞추어, 인터넷을 통해, 모바일 앱app이나 유튜브youtube를 통해 전도하는 전략을 세우고 메타버스metaverse를 통한 선교 사역을 준비하여 활용해야 한다. 성령님의 지혜와 인도와 따라 적절한 선교 기술적 도구를 접목시켜야 한다.

넷째, 교회 성도들을 자신의 삶의 영역에서 풀뿌리 선교사가 되도록 훈련해야 한다. 이전에는 선교가 선교사들의 전유물인 것처럼 인식되었다. 하지만 이제는 지구촌 시대에 이민자도 많아지고 정보화 시대가 되었다. 해외에 있는 한국인의 수도 8백만 명이나 되고 동시에 타국인이나 타문화권 사람들이 우리 주변으로 오는 일도 많아졌다. 그러므로 선교는 선교지라는 특정 지역에서만 이루어지는 것이 아니라 지구상의 모든 영역에서 이루어지는 상황이 되었다.[163] 그렇다면 선교의 영역이 단지 다른 나라에 가서 복음을 전하는 방식에서 머무는 것이 아니라, 우리의 삶이 선교적 방식이 되는 것으로 더 넓혀져야 한다.[164]

이와 관련하여 허드슨 테일러J. Hudson Taylor도 이렇게 말했다.

어떤 사람이 배를 타고 선교지에 간다고 해서 선교사가 되는 것은 아닙니다. 그 사람이 만약 자기의 본국에서 선교사가 아니라면 배를 타

---

163 손창남, 『풀뿌리 선교』 (서울: 죠이북스, 2023), 33–35.
164 김병삼, "울타리인가? 우물인가? 선교적 관점을 Change하라!", 만나교회설교(2019. 2. 24.).

고 간다고 해서 변화가 생기는 것은 아닙니다. [165]

자신의 삶의 현장에서 복음을 전하는 것, 직접 나가지 않아도 해외 선교사들을 위해 중보기도하고 물질로 후원하는 것, 선교 현장에 단기선교 체험을 하는 것, 자신의 재능이나 은사로 선교를 위해 섬기는 것 등은 성도들에게 보내는 신교사로서의 사명자로 세우는 중요한 방법이다. 복음을 위해 헌신하는 선교사들을 섬기는 것은 주님을 섬기는 것이다.

"너는 말씀을 전파하라 때를 얻든지 못 얻든지 항상 힘쓰라 범사에 오래 참음과 가르침으로 경책하며 경계하며 권하라"_디모데후서 4:2

예수님을 통해 주어진 하나님 나라의 복음은 오늘날 교회의 중요한 사명이다. 교회는 전도 사역을 통해 영혼을 구원하고 교회를 개척하며 제자화 사역과 치유 사역을 통해 성도들을 온전하게 세우며 나아가 세계선교의 비전을 가지고 주님 오실 때까지 충성스럽게 사명을 감당해야 한다. 그럴 때 교회를 통해 나타나는 하나님 나라의 권능과 영광이 나타나게 될 것이다.

---

165 손창남, 『풀뿌리 선교』, 215 재인용.

The Theological
Practice of
Absolute Positivity

"
이 강물이 이르는 곳마다 번성하는 모든 생물이 살고
또 고기가 심히 많으리니
이 물이 흘러 들어가므로 바닷물이 되살아나겠고
이 강이 이르는 각처에 모든 것이 살 것이며 …
강 좌우 가에는 각종 먹을 과실나무가 자라서
그 잎이 시들지 아니하며 열매가 끊이지 아니하고
달마다 새 열매를 맺으리니
그 물이 성소를 통하여 나옴이라
그 열매는 먹을 만하고 그 잎사귀는 약 재료가 되리라

에스겔 47장 9-12절

"

Part

7

절대긍정과
하나님 나라 사역(2):
사회적 성화
Spiritual Sanctification

Intro

예수님의 절대긍정의 복음은 개인을 구원하고 양육하고 치료하고 살릴
뿐 아니라 사회적 성화의 차원을 가지고 있다. 사회적 성화란 하나님 나
라의 복음이 사회적 차원으로 영향을 미쳐서 거룩하게 하고 변화를 가
져오는 것을 의미한다. 하나님이 만드신 이 세상에 대한 절대긍정의 비
전이 예수 그리스도의 복음을 통해 드러나게 된다. 하나님은 교회를 통
하여 이 사회가 정의와 평화가 넘치길 바라신다. 교회가 청지기로서 자
연환경과 생물을 돌보고 하나님의 나라가 생태계에도 이루어지길 원하
신다. 교회가 사랑 실천에 앞장서서 말로만이 아닌 행동으로 예수 그리
스도의 사랑의 복음을 드러내길 원하신다. 예수님의 복음은 교회와 개
인과 사회에 대한 하나님의 절대긍정의 사랑의 비전을 보여 준다.

성령님과
사회적 성화

　예수님은 제자들에게 주의 나라가 임하기를 위해 기도하며눅 11:2, 아버지께 성령을 주시도록 구하라고 가르치셨다눅 11:13. 이 두 가지는 사실 같은 의미를 담고 있다. 주님의 나라와 성령님의 역사는 함께 이루어지기 때문이다. 성령님은 다가오는 하나님 나라의 현존을 경험하게 하신다. 성령을 받는 것은 지금 이 자라에 있는 하나님의 나라에 참여하는 것이다. 성령님은 하나님의 구속의 거룩한 꿈과 하나님 나라를 위해 일하신다. 성령님의 역사는 개인적인 사역에 그치지 않고 사회적이고 우주적인 차원을 가진다.

1. 사회적 관심과 책임

예수 그리스도는 이 세상을 구원하기 위해 인간의 몸을 친히 입고 오셨다. 그리스도의 성육신과 성령 사역은 그리스도인들이 이 세상에 진지하고 적극적인 관심을 가져야 하는 중요한 근거가 된다. 하나님 나라의 현존이 성령님의 사역을 통해 경험될 수 있다면, 하나님의 나라가 '제도적인 교회를 통한 성령의 사역에만 제한된 것인가'라는 질문을 던질 수 있다.

성령님은 그분의 주권으로 주도권을 갖고 계시기에 하나님의 나라는 그분이 계신 곳에 현존하고 확장될 수 있다. 성령님께서는 이방인 왕 고레스에게 기름 부으셨다사 45:1-13. 그가 선한 왕이기 때문이 아니라, 하나님께서 그를 하나님의 나라를 이루는 도구로 사용하기로 작정하셨기 때문이다.

> "여호와야훼께서 그의 기름 부음을 받은 고레스에게 이같이 말씀하시되 내가 그의 오른손을 붙들고 그 앞에 열국을 항복하게 하며 내가 왕들의 허리를 풀어 그 앞에 문들을 열고 성문들이 닫히지 못하게 하리라 내가 너보다 앞서 가서 험한 곳을 평탄하게 하며 놋문을 쳐서 부수며 쇠빗장을 꺾고 네게 흑암 중의 보화와 은밀한 곳에 숨은 재물을 주어 네 이름을 부르는 자가 나 여호와야훼 이스라엘의 하나님인 줄을 네가 알게 하리라"_이사야 45:1-3

하나님은 바사 왕 고레스를 통해 바벨론 땅으로 유배된 유다 백성들을 본국 예루살렘으로 귀환하게 하셨다. 만약 성령님이 이방 왕 고레스에게 기름 부으실 수 있다면, 성령님은 동일하게 세상의 국제정치나 사회에서도 역사하실 수 있고 불신자에게도 역사하여 하나님의 나라를 이루어 가실 수 있다. 그러므로 교회는 이 세상과 사회 가운데 역사하시는 성령님에 대해 깊은 관심을 가져야 한다. 성령께서 임하시면 불의로 인해 광야와 같이 메마른 이 사회에 정의가 임할 것이며, 하나님의 통치로 말미암아 영원한 평화가 임하게 될 것이다사 32:15-17.

더글라스 피터슨Douglas Petersen은 오순절을 오순절답게 만드는 사회적 교리의 측면이 바로 성령세례침례의 사역이라고 보았다.[166] 그리스도인들이 성령의 능력을 받을 때 그들은 인간의 고통과 곤경 가운데서도 '하나님 나라의 사역들Kingdom works'을 하도록 부름을 받게 된다. 피터슨은 "만약 오순절주의자들이 성령에 대한 그들의 경험을 사회적 책임감을 태만히 하면서 자신들만의 교화를 위해 사용한다면 성령의 선물을 받은 이유를 오해하는 것이다"라고 주장한다.[167] 그러므로 성령세례침례의 경험이나 성령의 은사와 열매 안에 깊이 간직된 사회적 가치들social values은 교회의 사회적 기능과 책임에 대한 시사점이 있는 것이다.

---

166 Douglas Peterson, "Missions in the Twenty-first Century", A Paper Presented at the 9th Conference of the EPCRA(European Pentecostal Charismatic Research Association) with the Academy of Mission in University of Hamburg, July 13-17, 1999, in Hamburg, Germany.

167 Douglas Peterson, *Not by Might Nor by Power: A Pentecostal Theology of Social Concern in Latin America*, (Oxford: Regnum, 1996), 228-229.

2. 성령님에 대한 개인적 체험

하나님 나라의 선교 사역은 교회의 사회적 책임과 성령님의 지혜와 능력을 요구한다. 그러나 성령님에 대한 '개인적인 체험'이 선행되지 않으면 하나님 나라와 사회적 성화의 복음을 전파하는 사명을 감당하기는 어렵다. 이 책의 파트 6에서 다룬 것처럼, 하나님의 나라는 개인적이든 사회적이든 삶의 총체성에 대한 하나님의 통치를 의미하기 때문이다. 성령께서 어디에서 어떻게 활동하는가를 인식하는 것만으로는 충분하지 않다. 성령님이 이 세상에서 변화를 가져온다면 죄를 깨우치게 하는 역사를 이해해야 한다. 하나님 나라의 역사는 개인적이든 사회적이든 죄와 의와 심판에 대한 책망을 요구하기 때문이다.

> "그가 와서 죄에 대하여, 의에 대하여, 심판에 대하여 세상을 책망하시리라 죄에 대하여라 함은 그들이 나를 믿지 아니함이요"_요한복음 16:8-9

우리는 매순간 성령님의 도우심을 구해야 하고 하나님의 나라가 임하도록 기도해야 한다. 무엇보다 성령께서 우리 삶에 역사할 수 있도록 주도권을 내어드려야 한다. 빌립은 성령께 순종하여 광야로 가서, 그곳에서 에디오피아 내시를 만나 그에게 복음을 전하고, 끝까지 성령님의 인도를 받았다행 8:26, 29, 39. 또한 예루살렘 공의회는 이방인들이

나 유대인들이나 차별 없이 예수님의 은혜로 구원받는 교리를 확정하였는데행 15:11, 이 결정은 인간의 지혜로 된 것이 아니라 성령께서 이 모든 회의를 주도적으로 이끄신 결과이다.

"성령과 우리는 이 요긴한 것들 외에는 아무 짐도 너희에게 지우지 아니하는 것이 옳은 줄 알았노니"_사도행전 15:28

그러므로 우리는 성령충만의 상태를 유지하기 위해 노력해야 한다. 성령의 충만함 없이는 하나님 나라와 사회적 성화의 책임을 감당하기 어렵기 때문이다. 성경은 우리가 구할 때 성령을 주시며, 성령의 충만함을 받을 수 있다고 증언한다눅 11:13; 엡 5:18.

3. 절대긍정의 복음과 통전성의 지향

하나님의 나라의 복음은 통전성을 지향한다. 하나님의 말씀과 복음의 선포word, 사회참여 사역work, 그리고 표적과 능력 사역wonder의 통합된 모습이 하나님 나라의 표징이 된다. 교회는 성령의 전으로서 하나님 나라에 대한 예수 그리스도의 사명mission과 사역ministry과 메시지message를 계속해서 수행해 나갈 것이다. 온 사회와 피조 세계에 하나님의 왕국을 실현하기 위해 교회는 성령님의 능력을 받아야 한다. 성령의 능력을 통해서만 하나님의 뜻을 통해 이 세상을 섬길 수 있기 때문이다.

성령님은 하나님 나라의 실행가이고 대사이며 청지기이다. 예수 그리스도에 대한 성령님의 기름 부음에서 우리는 죄의 용서, 육체적 치유, 귀신의 압박으로부터 자유함, 적대감의 종식과 평화의 회복, 정치 사회 경제적 정의, 생태계의 회복 등 하나님의 풍성한 은혜가 넘치는 새로운 시대의 비전을 보게 된다눅 4:18-19.

예수 그리스도의 복음은 삼중축복과 전인구원의 복음이다. 예수 그리스도의 복음은 개인적 성화와 사회적 성화의 복음이다. 예수 그리스도의 복음은 개인과 사회를 향한 긍정의 복음이다. 예수 그리스도의 복음은 하나님의 절대긍정의 사랑이 개인과 사회와 생태계에 구현되는 복음이다. 보혜사 성령님은 하나님의 절대긍정의 복음의 비전을 실행하도록 도우시고 권능을 주시고 인도하신다.

"주의 성령이 내게 임하셨으니 이는 가난한 자에게 복음을 전하게 하시려고 내게 기름을 부으시고 나를 보내사 포로 된 자에게 자유를, 눈 먼 자에게 다시 보게 함을 전파하며 눌린 자를 자유롭게 하고 주의 은혜의 해를 전파하게 하려 하심이라 하였더라"_누가복음 4:18-19

Chapter
24

절대긍정과
하나님 나라 사역(5):
정의와 평화 사역

1. 정의와 평화 사역의 의미

정의와 평화 사역은 하나님 나라에 대한 절대긍정의 사역이다. 하나님의 나라는 하나님의 정의와 평화가 지배하는 세계이기 때문이다. 정의와 평화는 성경이 말하는 주요한 개념이다. 정의는 히브리어로 '미쉬파트ʊɐʊ'인데, '판결하다'라는 뜻의 '샤파트ʊɐʊ'에서 유래되었다. 이 단어는 사법적 정의와 연결되어 있으며 '공의righteousness'라는 뜻도 내포하고 있다. 고대 이스라엘 지도자에게는 공정이 요구되었다. 지도자는 뇌물을 받아서는 안 되었으며, 약자를 차별하여 판결을 굽게 해서는 안 되었다출 23:6, 8; 신 16:18; 삼상 8:3; 욥 8:3; 잠 17:23; 암 2:7.

성경에서 '정의혹은 공의'로 번역되는 또 다른 단어로 '체다카ㄱㄱ꽃'가 있다. '체다카'는 하나님과 올바른 관계 가운데 놓여 있는 상태를 의미한다. 창세기 15장 6절은 "아브람이 여호와야훼를 믿으니 여호와야훼께서 이를 그의 의로 여기시고"라고 증언하는데, 여기서 '의'로 번역된 단어가 바로 '체다카'이다. 이는 물론 아브람이 하나님과 바른 관계를 맺고 있었다는 사실을 뜻한다.

이와 같은 하나님과 올바른 관계성은 '이웃 사랑'으로 확대된다. 세상은 산술적 공평과 공정만을 강조하지만, 하나님의 정의와 공의는 약자들에 대한 돌봄과 관련이 있다. 고아와 과부, 나그네는 구약성경에서 특별히 돌보아야 할 대상으로 분류되었다신 16:11, 14. 하나님의 언약 공동체는 사회적 약자들도 더불어 살아갈 수 있도록 자비를 베풀 것을 요구받은 것이다신 10:18.

평화는 히브리어로 '샬롬ㅁ7꽃'이다. 이는 단순히 폭력과 전쟁이 그친 상태, 혹은 인간 내면의 안정감을 뛰어넘는 '완전한 평안의 상태'를 의미한다. 이러한 완전한 평안은 결코 인간 스스로 만들어 낼 수 있는 환경이나 심리적 변화가 아니다. 인간혹은 공동체 스스로가 하나님의 주권을 겸허히 인정하며 그 뜻에 순종할 때 누리는 '평강샬롬'인 것이다.

평화는 하나님의 선물이다. 평화는 하나님과 당신의 백성 간의 올바르고 의로운 관계가 유지됨으로 향유된다. 평화의 세계를 창조하기 위해 하나님께서는 예수 그리스도를 보내셨다. 성경은 예수님을

'평화샬롬의 왕'이라 하였으며사 9:6, 바울은 자신의 편지의 서두에 늘 은혜와 평강평화이 있기를 기원하였다롬 1:7; 고전 1:3; 고후 1:2; 갈 1:3; 엡 1:2; 빌 1:2.[168] 평화는 십자가 고난으로 하나님과의 관계를 회복하신 예수님 안에서 누릴 수 있는 완전함이다.

정의가 없이 진정한 평화를 누릴 수 없고, 평화가 없이 진정한 정의는 이루어지기 어렵다.

2. 정의와 평화 사역의 중요성

첫째, 정의와 평화는 하나님의 속성인 동시에 하나님 나라의 통치 원리이다. 이는 사변적思辨的 관념觀念 혹은 가치와 구별되며, 하나님께 우리의 의지를 내어 드릴 때 우리 가운데 임하시는 하나님의 실제적 다스림이다. 그러므로 하나님의 백성은 하나님과 바른 관계를 맺음으로 이 땅에 정의와 평화의 질서를 이룩해야 할 거룩한 책임이 있는 것이다.

하나님은 정의를 떠난 시대마다 선지자를 보내어 하나님의 통치에서 벗어난 백성들을 책망하셨다. 아모스는 뇌물을 받고 사회적 약자를 탄압하던 당시 이스라엘 사회를 향하여 '정의미쉬파트'를 물 같이 '공의체다카'를 마르지 않는 강 같이 흐르게 할 것을 요청하였다.

168　신약성경에서 평화는 헬라어로 에이레네(εἰρήνη)이고 히브리어 샬롬(מִשְׁ)과 같은 의미이다.

"오직 정의를 물 같이, 공의를 마르지 않는 강 같이 흐르게 할지어다"
_아모스 5:24

미가 역시 당시의 사회적 불의를 보고 하나님의 예언을 선포하였다. 재판관은 뇌물을 요구하고 가난한 자를 멸시하였으며, 권세자는 자신의 욕심을 따라 행동함으로 하나님의 통치 질서를 거슬렀다미 7:3. 그들은 '정의'를 미워하였다미 3:9. 이에 선지자 미가는 하나님의 뜻이 오직 정의를 행하며 인자를 사랑하며 겸손하게 하나님과 함께 행하는 것에 있음을 선포하였다.

"여호와야훼께서 천천의 숫양이나 만만의 강물 같은 기름을 기뻐하실까 내 허물을 위하여 내 맏아들을, 내 영혼의 죄로 말미암아 내 몸의 열매를 드릴까 사람아 주께서 선한 것이 무엇임을 네게 보이셨나니 여호와 야훼께서 네게 구하시는 것은 오직 정의를 행하며 인자를 사랑하며 겸손하게 네 하나님과 함께 행하는 것이 아니냐"_미가 6:7-8

하나님은 형식적인 제사예배보다도 하나님의 통치에 순종하는 것을 더 기쁘게 여기신다. 이스라엘 백성들은 절기마다 성전을 찾아와 각종 번제와 소제, 화목제와 더불어 귀한 예물을 하나님께 드렸다사 1:11-14; 렘 7:1-3; 암 5:21-23; 미 6:6-7. 그러나 하나님은 정의와 자비를 떠나 악한 행실 가운데 드리는 형식적인 예배를 미워하신다사 1:15. 겉으로 드러난 예식에 앞서 마음의 중심을 보시기 때문이다. 예배보다 정의와 선을 행하며 이 땅에서 하나님의 뜻을 이루는 것이 먼저이다. 정의와 평화 사역은 하나님을 뜻을 따르기에 하나님을 진정 기쁘시게 하는 사역이다. 지혜자 솔로몬은 다음과 같이 말한다.

> "공의와 정의를 행하는 것은 제사 드리는 것보다 여호와야훼께서 기쁘게 여기시느니라"_잠언 21:3

둘째, 정의와 평화 사역은 하나님 나라의 복음이며 교회의 사회적 책임이다. 경제적 정의의 문제는 구약에서 나타난 기독교 신학의 중심 문제이기도 하다. 성경에 이자 놀이에 대한 금지레 25:35-38, 저당 잡은 외투를 밤이 되면 되돌려주라는 이스라엘의 법 정신레 17~26장, 사회적 약자의 보호에 대한 관심, 빚진 노예의 해방과 일반적인 부채의 탕감에 대한 규정신 15:1-11 등은 이에 대한 좋은 예로 등장한다. 성경에서 십일조의 목적은 레위인들을 위할 뿐만 아니라 나그네와 과부나 고아를 먹이는 데 쓰기 위함이고 이삭 남기기 제도는 가난한 자를 위한 사려 깊은 배려이다.

오늘날에도 세상은 여전히 불의 가운데 노출되어 있으며, 수많은 약자가 배려 받지 못하고 있는 실정이다. 경쟁 속의 세상은 다른 이들을 끌어내려서라도 자신이 생존하려 한다. 갈등과 다툼으로 서로 싸우고 전쟁은 계속 일어난다. 그러나 불의에 폭력으로 맞서는 것으로는 결코 진정한 정의와 평화샬롬를 이룰 수 없다. 어떠한 상황 속에서도 교회는 하나님의 뜻에 따라 복음을 전하는 동시에_{행 1:8}, 이 땅 위에 사랑으로 정의와 평화를 실현해야 할 책임이 있는 것이다.

마틴 루터 킹_{Martin Luther King Jr.} 목사는 인종차별이 만연했던 미국 사회에서 흑인 인권 운동을 펼쳤다. "나에게는 꿈이 있습니다_{I have a dream}"로 시작하는 그의 유명한 연설에는 의와 압제에 맞서 이 땅에 정의와 평화를 실현하기 위해 고군분투했던 그의 비전과 열정이 고스란히 녹아있다. 그는 세상의 불의와 폭력에 같은 방식으로 응전하지 않았으며, 오히려 비폭력과 사랑으로 맞설 것을 주장했다.[169] 그것은 이 땅에 하나님 나라를 건설하는 예수님의 방식이었다.

> "또 눈은 눈으로, 이는 이로 갚으라 하였다는 것을 너희가 들었으나 나는 너희에게 이르노니 악한 자를 대적하지 말라 누구든지 네 오른편 뺨을 치거든 왼편도 돌려 대며 또 너를 고발하여 속옷을 가지고자 하는 자에게 겉옷까지도 가지게 하며 또 누구든지 너로 억지로 오 리를 가게 하거든 그 사람과 십 리를 동행하고 네게 구하는 자에게 주며 네게 꾸고자 하는 자에게 거절하지 말라"_마태복음 5:38-42

---

169 그가 남긴 또 다른 유명한 설교 중 하나인 "Loving your Enemies"에서 다음과 같이 말했다. "어둠은 어둠을 몰아낼 수 없습니다; 오직 빛이 그것을 할 수 있습니다. 증오는 증오를 쫓아낼 수 없습니다; 오직 사랑만이 그것을 할 수 있습니다(Darkness cannot drive out darkness; only light can do that. Hate cannot drive out hate; only love can do that)."
Martin Luther King Jr. "Loving your Enemies" speech(audio), https://www.gardnerkansas.gov/Home/Components/News/News/684/72?arch=1 (2024. 5. 5 검색).

예수님께서는 동해보복同害報復을 금하신다. 불의에 폭력으로 맞서 싸우는 것은 또 다른 폭력을 불러일으킨다. 악조차도 선으로 갚을 때 하나님 나라는 임할 것이며, 이 땅은 하나님의 질서 가운데 보존될 것이다. 교회는 성경의 계명과 원리를 통해 정의와 평화 사역을 수행해야 할 것이다.

셋째, 정의와 평화의 사역을 통해 궁극적으로 하나님이 영광을 받으시게 된다. 이사야 선지자는 장차 올 메시아의 통치로 인하여 이 땅에 하나님의 '공의'가 임할 것이라 말하였는데, 그 통치의 결과로 이 땅에는 하나님을 아는 지식이 충만하게 된다고 예언하였다.

"공의로 가난한 자를 심판하며 정직으로 세상의 겸손한 자를 판단할 것이며 그의 입의 막대기로 세상을 치며 그의 입술의 기운으로 악인을 죽일 것이며 공의로 그의 허리띠를 삼으며 성실로 그의 몸의 띠를 삼으리라"_이사야 11:4-5

"내 거룩한 산 모든 곳에서 해 됨도 없고 상함도 없을 것이니 이는 물이 바다를 덮음 같이 여호와야훼를 아는 지식이 세상에 충만할 것임이니라"_이사야 11:9

온전한 하나님의 나라와 통치가 임하게 되어 하나님이 영광을 받으시는 것이다. 인간은 자신의 감정과 욕망과 의지대로 살아가는 것이 아닌 하나님을 기뻐하고 하나님께 영광을 돌리도록 창조되었다사 66:10; 시 37:4; 계 5:12. 이것이 인생의 궁극적 목적이다. 이 목적을 바로 아는 사람은 어떠한 환난과 역경 가운데서도 좌절하지 않고 이 땅에서 하나님의 정의와 평화가 이루어지도록 하나님의 뜻을 성취해 간다.

느헤미야는 예루살렘 성벽 건축이라는 하나님의 비전을 이루는 가운데 대적자들로부터 조롱을 당했고느 4:1-20, 위험한 음모에도 직면하였다느 6:1-14. 이러한 역경 속에서도 느헤미야는 더 열심히 하나님께 기도하였고, 사명의 자리인 예루살렘을 떠나지 않고 지켰다느 6:9. 그는 당시 백성들의 삶 가운데 만연했던 경제적 불의의 문제를 보았다. 예루살렘의 귀족과 관리들이 백성들에게 부당한 폭리를 취하고 있었던 것이다느 5:7. 그 결과 백성들의 소유는 저당 잡혔고느 5:3-4, 채무와 높은 이자 때문에 자녀들을 종으로 파는 일이 만연했다느 5:5. 그는 이 일의 부당함을 알리고 바로잡았으며, 총독인 자신이 자발적으로 녹을 받지 않음으로 백성들의 부역賦役을 덜어 주고자 하였다느 5:11-12, 18. 결국 성벽은 52일 만에 완공되었을 뿐 아니라, 하나님께서는 이 모든 일로 인해 대적자들뿐 아니라 하나님의 백성들로부터 큰 영광을 받으시게 되었다느 5:13, 6:16.

성경이 말하는 정의와 평화의 가치를 좇아 하나님 나라를 세우는 것은 결코 쉬운 일은 아니다. 이 사명을 이루어 나가는데 비판을 받기도 하고 모함이나 배신을 당하기도 한다. 각종 사회적 불의와 악에 직면하기도 한다. 그러나 끝까지 포기하지 않는 사명자들을 통해 하나님의 나라는 임하게 되며 하나님이 영광을 받으시게 된다.

정의와 평화는 어느 날 갑자기 우연히 얻어지는 것이 아니다. 부르신 삶의 현장에서 치열하게 하나님의 뜻을 묻고 구하며, 그 말씀에 순종하며 살아가는 사람들을 통해 이루어지는 것이다. 하나님 나라를 위해 자신의 전부를 헌신하는 자가 이 기쁨과 은혜를 입게 된다.

> "천국은 마치 밭에 감추인 보화와 같으니 사람이 이를 발견한 후 숨겨 두고 기뻐하며 돌아가서 자기의 소유를 다 팔아 그 밭을 사느니라"_마태복음 13:44

그럼 교회가 하나님 나라의 정의와 평화를 이루기 위해서 어떤 방법으로 사역을 해야 할까?

3. 정의와 평화 사역의 방법

첫째, 교회가 정의와 평화의 공동체가 되어야 한다. 사회적 불의에 대항하여 목소리를 내기 전에 교회 자신을 돌아볼 줄 알아야 한다. 하나님 나라를 위해 부르심을 받은 교회는 무엇보다 성령이 하나 되

게 하신 것을 힘써 지켜야 한다.[170]

> "평안의 매는 줄로 성령이 하나 되게 하신 것을 힘써 지키라"_에베소
> 서 4:3

혹시나 교회 안에 하나 됨을 방해하는 불의나 폭력적인 요소가 있는지 살펴야 한다. 다툼과 분열은 서로의 다름을 인정하지 못하고, 틀렸다고 비방할 때 생겨난다. 사도 바울의 권면은 다툼으로 분열의 위기 가운데 놓여 있던 빌립보 교회뿐 아니라, 모든 시대 교회를 향한 메시지이다.

> "아무 일에든지 다툼이나 허영으로 하지 말고 오직 겸손한 마음으로 각
> 각 자기보다 남을 낫게 여기고"_빌립보서 2:3

교회 내의 교권주의와 지나친 서열주의도 교회의 정의와 하나 됨을 막는다. 성령께서 교회 성도 각 사람에게 각기 다른 은사를 주신 목적은 예수 그리스도의 몸인 교회를 세우기 위함이다. 따라서 은사 간에 우열이 있을 수 없다. 더 나아가 교회 내 직분 간에도 결코 높고 낮음이 있을 수 없다. 바울의 권면대로 각기 다른 은사와 직분을 가진 교회가 서로 사랑으로 섬기지 않는다면 아무런 유익이 없다고전 13:1-

---

170 이영훈, 『하나님께서 기뻐하시는 교회』 (서울: 서울말씀사, 2009), 163.

13. 서로 서열을 따지며 다투던 제자들을 향해 예수님은 다음과 같이 말씀하셨다.

> "누구든지 첫째가 되고자 하면 뭇 사람의 끝이 되며 뭇 사람을 섬기는 자가 되어야 하리라"_마가복음 9:35

그리스도를 아는 것은 평화를 사랑하는 것이다. 사도 바울은 그리스도의 평화의 복음에 대해 말하면서 그 복음은 하나님과 인간관계의 회복뿐 아니라 인간과 인간 사이의 분열의 장벽을 무너뜨리는 것으로 이해하였다.

> "그는 우리의 화평이신지라 둘로 하나를 만드사 원수 된 것 곧 중간에 막힌 담을 자기 육체로 허시고"_에베소서 2:14

교회 안에서 차별이 있어서는 안 된다. 성별, 빈부, 학력, 배경 등의 이유로 사람을 차별하는 것은 세상의 모습이다. 교회 성도들은 예수님 안에서 하나이며 한 가족이다. 예수님은 그를 믿는 모든 사람의 주가 되시며롬 10:12; 고전 12:13; 갈 3:28; 골 3:11, 성도 개개인을 모두 받으셨기 때문이다롬 14:3. 교회가 세상적인 가치관으로 사람을 차별하게 된다면 세상의 불의한 모습과 전혀 다를 바 없다. 사도 야고보는 이에 대해 이렇게 경고하고 있다.

"만일 너희가 사람을 차별하여 대하면 죄를 짓는 것이니 율법이 너희를 범법자로 정죄하리라"_야고보서2:9

교회는 스스로 성찰省察하는 힘을 길러야 한다. 교회는 가난과 억압의 불의 가운데 우월한 도덕성을 유지하며 예언자적인 목소리를 내야 한다. 사회 정치적 변화를 가능하게 하는 교회의 행태적인 힘은 바로 교회의 우월한 도덕적 권위에 대한 사회의 인식과 교회의 공신력과 신뢰성에 대한 사회의 인식에서부터 우러나온다.[171] 교회는 사회에 대해 예언자적 직능을 갖고 하나님과의 관계 속에서 사회의 양심을 살게 하고 윤리적 분별력을 분명히 하여 도덕적 용기와 힘을 강하게 해야 할 것이다. 교회는 정의, 화해, 평화 등의 메시지를 가르침과 설교를 통해 지속적으로 선포할 필요가 있다.[172]

둘째, 교회는 건강한 기독교 문화 창출에 힘을 내야 한다. 억압과 착취의 문화는 가나안世上의 문화이다. 반면 '여호와야훼 신앙'은 사랑과 정의의 가치를 수호한다. 세상의 문화는 분명 기독교와 복음에 적대적이다. 그러나 문화는 복음과 기독교 가치관을 실어 나르는 도구로도 얼마든지 사용될 수 있다. 문화는 절대적인 것이 아니기에, 교회는 얼마든지 좋은 문화를 만들어 낼 수 있다.

---

171 김녕,『한국 정치와 교회: 국가 갈등』(서울: 소나무, 1996).
172 조셉 L. 알렌,『기독교인은 전쟁을 어떻게 볼 것인가?』, 김홍규 역 (서울: 대한기독교서회, 1993), 110-120.

기독교 윤리학자인 리처드 니버Richard Niebuhr는 『그리스도와 문화』라는 책에서 문화와 기독교의 관계에 대한 다섯 가지 유형을 제시했는데, 그가 제시한 마지막 유형인 '문화를 변혁시키는 그리스도'가 바로 여기에 해당한다.[173] 니버에 따르면 문화는 본래 악한 것이 아니라, 죄로 말미암아 타락한 것으로 그리스도 안에서 회복될 수 있다고 본다.[174]

국민일보와 같은 기독 언론과 미디어의 발전, 동성애나 마약 문제에 대한 대응 등도 기독교 문화 창달에 도움이 될 수 있다. 기독교 가치관을 담은 문화 예술 활동이나 교육 활동도 중요하다. 또 저출산 문제에 대한 기독교 출산 캠페인, 다문화 시대에 외국인 노동자들에 대한 배려 캠페인, 절대긍정 캠페인 등 기독교적 가치를 담은 대사회적 캠페인도 중요하다. 이 땅의 교회는 건전한 기독교 문화 창출을 통해 하나님 나라를 세워가야 할 것이다.

셋째, 교회는 정의와 평화에 대해 사회적 목소리를 낼 수 있어야

---

173 리처드 니버는 교회사적으로 드러난 문화와 그리스도의 관계에 대해 다섯 가지로 유형으로 분류하였다. 그것은 문화와 대립하는 그리스도, 문화에 속한 그리스도, 문화 위에 있는 그리스도, 문화와 역설적 관계에 있는 그리스도, 문화를 변혁시키는 그리스도이다. 리처드 니버, 『그리스도와 문화』, 홍병룡 역 (서울: IVP, 2014), 47-69. 아우구스티누스, 칼뱅, 조나단 에드워즈 등이 지지하는 '문화를 변혁시키는 그리스도'의 유형은 교회사적으로 정통주의 입장이라고 볼 수 있다.
174 위의 책, 68-69.

한다. 이러한 목소리는 자신의 이익집단과 개인의 안녕을 위한 사회 참여와는 구별된다. 교회가 내는 목소리는 성경의 증언에 기초한 예언자적 선포이다. 구약의 하나님은 시대마다 예언자를 두어서 불의한 세상과 이스라엘에 경고의 메시지를 선포하게 하셨다.

2차 세계대전 당시 독일 교회는 나치와 협력하여 그들의 사상을 지지하였다. 하나님의 편에 서서 복음을 전하고, 정의와 세계의 평화를 외쳐야 할 교회가 정권의 이데올로기를 위해 사용되었던 것이다.

이러한 상황 가운데서도 이에 반대하는 목회자들은 독일의 '고백교회Bekennende Kirche, Confessing Church'를 중심으로 세상에 목소리를 내었다.[175] 고백교회의 목회자로서 '정의'의 목소리를 내다 순교한 디트리히 본회퍼Dietrich Bonhoeffer는 이런 예언자적 메시지를 선포하였다. "미친 운전사가 차를 몰고 있을 때 기독교인의 본분은 차에 치인 사람의 장례를 치르는 것이 아니라 그 운전사를 끌어 내리는 것이다."[176]

---

175 고백교회는 독일의 나치즘에 반대한 교회로서, 정권의 하녀가 되어버린 당시 독일교회의 잘못을 규탄하였다. 이들은 1935년 독일 바르멘(Barmen)에서 오직 하나님의 말씀인 성경과 예수 그리스도만이 복종의 대상임을 알리는 '바르멘 선언'을 발표하였다. 이를 계기로 독일 교회는 나치의 지배를 받는 국가 교회와 고백교회를 따르는 교회로 나뉘었다. 히틀러는 고백교회 측의 인사 다수를 체포하는 등 탄압하였고, 1933년 전쟁이 발발하면서 더 이상의 공개적 활동이 불가능해짐에 따라 교회는 지하 활동으로 전환하였다. 고백교회 인사들은 이렇게 말하였다. "우리는 국가가 그 맡은 특별한 임무를 넘어서 인간 생활의 유일한 질서이며 질서의 전부가 되어야 하고 또한 교회의 목적까지 성취해야 하고, 할 수 있다는 잘못된 가르침을 배격한다." 김영재 편, 『기독교 신앙고백』 (서울: 영음사, 2015), 811-813.

176 미친 운전사는 당시 독일의 총통이었던 히틀러였다. 그는 기독교를 자신의 정권을 유지하기 위한 수단으로 사용하였다. "디트리히 본회퍼 서거 70주년 맞아 새롭게 번역한 기독교 신앙의 정수", http://news.kmib.co.kr/article/view.asp?arcid=0923631042&code=23111312&cp=nv (2023. 11. 24. 검색).

위기의 시대마다 하나님은 하나님의 정의와 마음을 바로 알아 세상에 진리와 공의의 메시지를 외칠 사람들을 찾고 계신다. 주님은 선지자 엘리야의 시대에 바알에게 무릎 꿇지 않은 7천 명을 예비하셨음을 기억해야 한다왕상 19:18. 교회는 세상의 타락한 문화와 타협하지 않고 하나님 나라를 이루는 일에 공의와 평화의 메신저로 사용될 수 있도록 준비되어야 한다.

넷째, 교회는 가난한 자들의 편에 서야 한다. 구약성경에서 핵심적인 정의 중 하나는 '가난한 자의 권리가 회복되는 것'렘 5:28-29이다.[177] 구약의 율법은 가난한 자들과 더불어 고아와 과부, 나그네들을 보호하였다신 14:29, 16:11, 24:19-21, 26:12. 특별히 '희년禧年'에는 모든 채무 관계를 원점으로 돌렸다. 희년은 노예가 해방되는 해이며, 몇몇 사람에게 집중되었던 토지가 본래의 소유관계로 되돌아가는 은혜의 복된 해이다 레 25:10. 이 희년이 이스라엘의 역사상 과연 제대로 실행되었는지에 대해 대다수 학자들은 회의적이다.[178] 희년의 진정한 의미는 예수님이 오심으로 비로소 온전히 성취되었다. 공적인 사역을 앞두고 예수님은 나사렛의 한 회당에서 다음과 같이 첫 설교 메시지를 선포하셨다.

"주의 성령이 내게 임하셨으니 이는 가난한 자에게 복음을 전하게 하시려고 내게 기름을 부으시고 나를 보내사 포로 된 자에게 자유를, 눈 먼

---

177 박득훈, "하나님은 올곧은 정치인을 원하신다", 『빛과 소금』 (2001년 10월 15일자), 24-26.
178 도널드 크레이빌, 『예수가 바라본 하나님 나라』, 김기철 역 (서울: 복있는사람, 2015), 135.

자에게 다시 보게 함을 전파하며 눌린 자를 자유롭게 하고 주의 은혜의 해를 전파하게 하려 하심이라 하였더라"_누가복음 4:18-19

예수님의 사역 대상은 일차적으로 가난한 자들이다. 고대사회에서 포로 된 자, 눈먼 자, 눌린 자들은 하나같이 가난한 사회적 약자들이었다. 예수 그리스도로 인해 창조된 새로운 교회 공동체는 매 49년마다 한 번이 아닌, 매일의 '희년 공동체'가 되었다. 그리스도께서 선포하신 하나님의 나라는 정의로운 나라며 그것은 가난한 자와 눌린 자와 눈먼 자들에게 기쁜 소식이었다. 이들을 자유하게 하는 희년의 복된 소식을 전하기 위해 예수님은 성령의 기름 부음을 받으신 것이다. 여기서 우리는 성령의 기름 부으심의 사회적 성화 차원을 볼 수 있다.

고든 피Gordon D. Fee는 하나님께서 '가난한 자들에 대한 복된 소식을 선포함'으로써 미래의 하나님의 통치를 현재에 가져다주신다고 말한다.[179]

현대사회에도 가난한 자들은 여전히 존재하며 이들은 많은 도움이 필요하다. 하루에 1달러 미만으로 생활하는 사람들이 15억 명이 넘으며, '2022년 세계 식량 위기 보고서Global Report on Food Crises'에 따르면 분석 대상 53개국 가운데 51개국에서 1억 7천 9백만 명에서 1억 8천 1백

---

179 Gordon D. Fee, "The Kingdom of God and the Church's Global Mission", Muray Dempster eds., *Called and Empowered: Pentecostal Perspectives on Global Mission* (Peabody: Hendrickson, 1991), 16.

만 명이 이미 '식량 위기 이상'에 처한 것으로 보고 있다.[180] 영양 과다로 많은 사람이 각종 성인병에 시달리는 나라들이 있는 반면, 지구 한 편에는 아사餓死하는 사람들이 속출하고 있다.

교회는 가난한 자들을 돕고 목소리 없는 자들의 목소리the voice of the voiceless가 되어야 한다. 마태복음에는 마지막 심판 때에 예수님이 무엇을 요구하시는가를 분명히 보여 준다마 25:31-46. 예수님은 자기 자신을 가장 가난한 사람들, 즉 '작은 자들'과 동일시하고 계시다. 이들은 굶주린 사람들이요 목마른 사람들이요 병든 사람들이요 옥에 갇힌 자들이다. 마지막 심판의 때의 물음은 '정의를 필요로 하는 자들에게 우리는 어떤 반응을 보였는가?'가 될 것이다.

더 나아가 영적으로 가난한 자도 많이 있다. 인터넷 게임과 포르노, 마약, 도박 등에 중독되어 포로 된 자들이 여전히 존재하며, 영적인 눈이 멀어 하나님과 복음을 거부한 채 죽어가는 이들이 여전히 우리 사회 곳곳에 있다. 교회에는 이들에게 복음을 전해야 할 뿐 아니라, 병든 사회 곳곳에 정의와 평화의 하나님 나라를 이루어야 할 거룩한 사명이 있다.[181] 예수님을 통해 이미 이루어진 희년의 은혜를 선

---

180 임송수, "2022년 세계 식량 위기 보고서", 『세계농업』, Vol. 248 (2022), 97.

181 예수전도단의 설립자인 로렌 커닝햄(Loren Cunningham)은 예수님께로 돌아와야 하는 세상의 전 영역을 일곱 가지로 구분하였다(가정, 교회, 교육, 언론, 정부, 연예와 스포츠, 상업과 과학·기술계). 그리스도인은 저마다 부르신 세상의 각 영역으로 파송되어 하나님의 정의와 평화를 이루는 일에 부름을 받은 사명자이다. 로렌 커닝햄, 『네 신을 벗으라』, 예수전도단 역 (서울: 도서출판 예수전도단, 2009), 159-173.

포해야 하는 것이다. 정의와 평화는 하나님과의 바른 관계에 기초하며 타인, 특히 가난하고 소외된 약자들을 돌보는 관계에서 그 의미가 부각된다.[182] 기독교의 절대긍정의 복음은 인간의 내면적인 것에만 국한되지 않는다. 그것은 사회적인 관계를 통해 온전히 드러나게 된다. 하나님 나라를 지향하는 교회는 정의와 평화의 복음을 선포하고 정의와 평화의 공동체를 건설하도록 부름을 받은 것이다.

---

182   유고 조릴라,『복음과 사회정의』, 40.

절대긍정과
하나님 나라 사역(6):
생태계 사역

1. 생태계 사역의 의미

생태계 사역은 하나님 나라에 대한 절대긍정의 사역이다. 미래에 완성될 하나님의 나라에서 모든 자연 만물은 아름답게 회복될 것이며 모든 피조물이 함께 사랑으로 거하는 세계가 될 것이다. 하나님 나라를 지향하는 교회는 우주적인 복음을 선포하면서 생태 공동체를 건설하도록 부름을 받았다.

생태계 사역은 하나님께서 창조하신 자연에 대한 인간의 청지기적인 책임을 나타낸다. 인간은 자연의 주인owner이 아니라 자연의 청지기steward이다. 자연의 주인은 하나님이시다. 자연과 그 가운데 모든 생물은 하나님이 지으신 피조물이다.

"하늘이 주의 것이요 땅도 주의 것이라 세계와 그 중에 충만한 것을 주께서 건설하셨나이다"_시편 89:11

자연과 인간은 생태학적으로 볼 때 서로 단절되고 지배하는 관계가 아니라 상호 협조하여 살아가는 공동체의 관계다. 자연은 인간이 착취하고 이용하는 대상이 이니리 보전히고 존중해야 할 대상이다. 인간과 자연은 모두 하나의 삶의 그물로 엮인 공동체적인 관계인 것이다. 그러므로 자연보다 우위에 있다는 생각을 버리고 스스로 낮추어 자연과 인류의 공동체성을 회복하는 것이 오늘날 환경 문제 해결의 실마리가 될 수 있다.[183]

"하나님이 그들에게 복을 주시며 하나님이 그들에게 이르시되 생육하고 번성하여 땅에 충만하라, 땅을 정복하라, 바다의 물고기와 하늘의 새와 땅에 움직이는 모든 생물을 다스리라 하시니라"_창세기 1:28

환경 보호는 피조 세계를 잘 다스리라는 하나님의 문화명령과 연관되어 있다. 창세기 1장 28절 말씀은 사람의 유익을 위해 땅을 마음대로 파헤치고 이용하라는 의미가 아니다. 그것은 '경작하고 지키는 것'이라는 의미 안에서 이해해야 한다.

---

183 이영훈, 『십자가 순복음 신앙의 뿌리』, 230-231.

"여호와야훼 하나님이 그 사람을 이끌어 에덴동산에 두어 그것을 경작하며 지키게 하시고"_창세기 2:15

'경작한다'라는 말의 어근은 '섬긴다'라는 의미이고, '지킨다'라는 말의 어근은 '보존한다'라는 의미를 가진다. 자연을 잘 섬기고 잘 보존하는 것이 바로 청지기적 자세이다. 세상에 거주하는 모든 것에 관심을 갖고 이해하며 함께 사는 것을 의미하는 '생태학ecology'은 물질적인 자원의 경영을 의미하는 '경제학economics'과 같은 어근을 갖는다. 하나님의 문화명령은 청지기적 경영이다.

하나님의 구원은 인간뿐만 아니라 온 우주의 만물에도 필요하다. 선지자 이사야는 구원의 세 가지 차원에 대해 언급하고 있다사 35:1-10. 그것은 하나님의 영광을 바라보는 것, 약하고 억압을 당하는 자들이 힘을 얻고 자유롭게 되는 것, 그리고 마지막으로 사막에 샘이 넘쳐흐르는 것이다. 즉, 하나님과의 관계로서 종교적인 구원, 사회정의 실현으로서의 사회적 구원, 메마른 땅에서 샘이 터지는 것으로서 자연적 구원의 세 가지 차원을 말하고 있다. 하나님의 절대긍정의 구원 사역은 전 지구적인 총체적 평화샬롬을 지향하고 있다사 65장.

2. 생태계 사역의 중요성

첫째, 20세기를 경제의 세기라고 한다면 21세기는 환경의 세기라고 할 수 있다. 산업과 과학의 발전은 문명의 발전과 편리함을 가져왔지만, 지구로 하여금 병들고 신음하게 만들었다. 환경 문제는 인간의 탐욕, 이기심 같은 죄성과 관련된 뿌리 깊은 문제다. 인간이 욕심을 다스리지 못한다면 환경은 더 파괴되고 지구는 신음할 수밖에 없는 것이다. 오늘날 환경이 파괴된 이유는 인간이 하나님 앞에서 청지기적 책임을 거부하였기 때문이다. 즉, 소작인이 주인이 되기를 요구한 것이다.

인간은 천연자원을 자신의 만족을 위해서 마음대로 파헤쳤고 과학적으로 가능한 모든 것태아 연구, 동물 실험, 유전자 변형 등을 실험하였고 인간 자신만을 중요하게 생각하였다. 21세기 과학 문명의 발달과 더불어, 지구 환경의 돌봄과 보존의 중요성이 더 대두된 것이다.

둘째, 예수 그리스도는 인간의 구원자이실 뿐 아니라 그가 창조하신 '생태계의 구원자'이시기도 하다. 성경에 나타난 안식일은 생태학적 의미가 있다. 안식일의 휴식은 인간을 위한 것일 뿐 아니라 자연을 위한 것이기도 하다. 안식일 계명은 남종과 여종, 가축이나 집안에 머무는 식객에게도 해당된다출 20:8-11; 막 2:27. 그것은 노동으로 지친 인간을 회복시키는 '치료적인 의미'뿐 아니라 인간에 의해 가공되는 자연을 회복시키는 '생태학적 의미'를 가진다.

안식일의 정신은 안식년과 희년으로 확대된다. 이스라엘 백성은 안식년의 계명을 지키지 않았기 때문에 바벨론의 포로가 되고 가나안 땅을 잃어버리게 되었다대하 36:20-21. 안식년과 희년 제도는 토지의 생명력뿐 아니라 육축과 야생동물까지 배려하신 것이다레 25:3-7.

인간은 땅 위에 살다가 땅을 떠나가는 '나그네'이자 '청지기'이기 때문에 인간과 땅, 인간과 자연의 올바른 관계가 회복되어야 한다. 성경은 죄로 말미암아 현재 피조물도 함께 탄식하며 함께 고통을 겪는다고 말하고 있다롬 8:21-22. 오늘날 피조물들은 하나님의 아들이 나타나기를 고대하고 있다. 자연도 하나님 나라의 구성 요소이기 때문에 하나님 나라에 대한 예수 그리스도의 메시지는 생태학적 의미를 가지고 있다.

셋째, 지구촌의 자원은 점점 고갈되고 있기에 생태계 사역이 중요하다. 이것은 우리의 미래의 후손과 직결된 중요한 문제이다. 에너지 고갈의 문제는 심각하다. 석유는 태양 에너지가 오랜 세월 동안 축적된 화석연료로서 매장량이 앞으로 수십 년 쓸 것밖에 없다고 한다. 이와 같이 유한한 에너지인 석유를 난방, 발전, 차량운행, 생필품의 원료로 시용하면서 탕진해 온 것은 잘못된 것이다. 지구는 또 방사능 오염과 핵 공해, 폭발적 인구 증가와 무분별한 토지 사용 등으로 몸살을 앓고 있다. 지구 온난화, 오존층 파괴, 산성비, 적조 현상, 산림 황폐, 이상기후 등으로 환경적 위기도 겪고 있다.

물 부족 문제도 심각하다. 예를 들어, 아프리카 가나에서 하루 한 사람당 쓰는 물의 양은 유럽 사람의 70분의 1, 미국 사람의 150분의 1밖에 되지 않는다. 과대하게 방출되는 생활수, 화학 폐기수, 농업 폐수 등은 바다를 오염시키고 있다. 지구촌에서는 해마다 2억 5천만 명이 물 때문에 질병에 걸리는 데 그 가운데서 1천만 명이 죽는다고 한다. 인긴은 파괴된 자연의 신음소리를 들을 수 있이야 한다. 우리의 후손이 살아야 하는 지구를 잘 관리해 넘겨주어야 한다.

3. 생태계 사역을 위한 실천 방법

첫째, 교회는 자족의 가치관을 가져야 한다. 현재 지구의 자원은 제한되어 있는데 인간은 더 많이 소유하기 원하고 더 많이 편해지기 원한다. 이러한 물질적 부요에 대한 집착에서 자유하지 않으면 환경 문제의 해결은 어렵다. 큰 것, 많은 것, 편리한 것, 화려한 것은 좋은 것이라는 가치관을 바꾸어야 한다. 환경 파괴는 인간의 어리석음과 탐욕에 그 원인이 있다. 눈앞에 보이는 이익을 마다하고 환경을 개선하고 보호하려는 사람들이 별로 없다. 의식주를 단순화하면 에너지 문제도 해결해 갈 수 있다. 사도 바울은 자족의 마음을 이렇게 말하였다빌 4:11; 딤전 6:6-8.

"자족하는 마음이 있으면 경건은 큰 이익이 되느니라 우리가 세상에 아

무 것도 가지고 온 것이 없으매 또한 아무 것도 가지고 가지 못하리니
우리가 먹을 것과 입을 것이 있은즉 족한 줄로 알 것이니라"_디모데전
서 6:6-8

교회는 자족의 성경적 가치관을 성도들에게 내면화해야 한다. 자족self-content의 마음은 선교적인 마음이다.

둘째, 녹색 그리스도인으로 양육해야 한다. 녹색 그리스도인은 환경을 보호할 줄 아는 그리스도인을 의미한다. 교회가 녹색 교회가 되고 성도가 녹색 그리스도인이 되려면 먼저 환경을 생각하는 습관을 갖게 해야 한다. 환경보호는 근본적으로 인간의 기본 윤리와 관계된 문제임을 알려야 한다. 인간과 자연은 별개의 관계가 아니라 유기적인 관계임을 가르쳐야 한다. 이를 위해 설교나 교회의 모든 모임 등에서 환경 교육을 실시하거나 환경 세미나를 개최할 수 있다. 예를 들어, 교회학교에서도 간식은 인스턴트식품이 아닌 우리 농산물로 된 먹거리를 제공할 수 있다. 또 일회용품과 합성세제 쓰지 않기, 장바구니 보급, 재생 화장지 사용 등 가정에서의 실천도 교육해야 한다.

또 교회가 먼저 본을 보여 쓰레기를 덜 방출하고 검소한 식생활을 하도록 가르쳐야 한다. 빈국의 수많은 사람이 굶어 죽어 가고 있는 때에 많은 음식물을 낭비하는 것은 비기독교적인 윤리다.[184] 성도

---

184   조용훈, 『기독교환경윤리의 실천과제』 (서울: 대한기독교서회, 1997), 58.

들이 걸어 다닐 수 있는 거리는 걸어 다니고 물도 아껴서 사용하도록 해야 한다. 교회는 작은 일부터 환경을 아끼는 삶을 살도록 성도들을 지도해야 하고 이웃과 자연을 위해 기도하게 해야 한다.

셋째, 기독교적 환경 운동에 관심을 가져야 한다. 환경 운동은 기독교적 관점에서 접근해야 한다. 뉴에이지 운동은 자연을 신으로 보는 범신론적 세계관을 가지고 있기 때문에 환경 운동을 하지만,[185] 자연은 경배의 대상이 아니라 관리와 돌봄의 대상이다. 기독교적인 가치관으로 교회나 시민 단체가 환경 운동을 하는 데 적극 참여해야 한다. 환경을 살리는 데 교회 예산도 사용하고 지역 주민들을 대상으로 한 환경 프로그램도 실시할 수 있다. 또 지역사회와 교회들 간에 환경 보전을 위해 연대할 수 있다. 환경을 파괴하는 기업체를 신고하는 정신도 가져야 한다. 교회는 경제론자들의 주장 이상으로 환경론자들의 주장도 주의 깊게 귀 기울여 들어 보아야 한다.

넷째, 교회는 예수님 안에서 만물이 다시 소생하는 꿈을 꾸어야 한다. 하나님의 나라는 오염이 없는 아름다운 자연 세계, 모든 생물이 함께 거하는 세계가 될 것이다. 구약성경은 그때를 다음과 같이 묘사하고 있다.

185　이동원, 『양심 클린토피아』 (서울: 생명의말씀사, 2000), 273.

"그 때에 이리가 어린 양과 함께 살며 표범이 어린 염소와 함께 누우며 송아지와 어린 사자와 살진 짐승이 함께 있어 어린 아이에게 끌리며 … 젖 먹는 아이가 독사의 구멍에서 장난하며 젖 뗀 어린 아이가 독사의 굴에 손을 넣을 것이라 내 거룩한 산 모든 곳에서 해 됨도 없고 상함도 없을 것이니 이는 물이 바다를 덮음 같이 여호와예를 아는 지식이 세상에 충만할 것임이니라"_이사야 11:6-9

사도 바울도 그리스도가 재림하실 때 일어날 일에 대해 다음과 같이 말하였다.

"피조물이 고대하는 바는 하나님의 아들들이 나타나는 것이니 피조물이 허무한 데 굴복하는 것은 자기 뜻이 아니요 오직 굴복하게 하시는 이로 말미암음이라 그 바라는 것은 피조물도 썩어짐의 종 노릇 한 데서 해방되어 하나님의 자녀들의 영광의 자유에 이르는 것이니라 피조물이 다 이제까지 함께 탄식하며 함께 고통을 겪고 있는 것을 우리가 아느니라 그뿐 아니라 또한 우리 곧 성령의 처음 익은 열매를 받은 우리까지도 속으로 탄식하여 양자 될 것 곧 우리 몸의 속량을 기다리느니라"_로마서 8:19-23

바울은 성도의 몸이 죽은 상태에서 일어나게 될 때 자연도 함께 구속을 받게 될 것을 말하고 있다. 교회는 주님이 다시 오실 때까지 지구의 선한 청지기로서 봉사해야 한다. 유럽의 환경 운동 단체인 그린 피스Greenpeace는 "지구 위에 남은 마지막 나무에서 마지막 잎이 떨어질 때에야 비로소 인간은 돈을 먹고 살 수 없다는 것을 배울 것이다"라고 말한 적이 있다. 다소 냉소적이기는 하지만 환경 보존의 중요성을 설파한 말이다.

앞으로 21세기 신학과 신교의 중심은 생대학이 되어야 한다. 하나님의 나라에서 새로운 창조는 새 하늘과 새 땅을 포함할 것이기 때문이다. 오순절 선교학자인 그란트 맥클렁Grant L. McClung은 미래를 위한 오순절적 선교의 패러다임으로 말씀과 성령에 근거를 두면서 전도evangelism와 에큐메니즘ecumenism, 종말론eschatology과 함께 생태학ecology을 포함할 것을 제안한 바 있다.[186]

하나님 나라의 선교는 이 세상과 환경에 대한 하나님의 절대긍정의 사역이다. 생태계를 잘 보존하고 녹색 공동체를 만드는 것은 분명 하나님 나라의 사역이다.

---

186 Grant L. McClung, "Try to Get People Saved: Revisiting the Paradigm o f an Urgent Pentecostal Missiology", in Dempster, Murray W, Kluas, Byron D, and Peterson, Douglas(eds.) *The Globalization of Pentecostalism – A Religion Made to Travel* (Oxford: Regnum, 1999), 30–51.

Chapter
26

절대긍정과
하나님 나라 사역(7):
사랑 실천 사역

1. 사랑 실천 사역의 의미

사랑 실천 사역은 하나님 나라에 대한 절대긍정의 사역이다. 미래에 완성될 하나님의 나라에서는 하나님의 사랑이 지배하는 세계가될 것이다. 사랑은 하나님의 존재의 본질이다. 기독교의 하나님은 삼위일체이며 그 존재 양식은 사랑에 기초한다.

삼위일체를 의미하는 신학적 용어인 '페리코레시스περιχορησις'는 각각의 위격이 다른 두 위격의 생명에 상호 침투하고 교제하면서 각 위격의 개성이 유지되는 것을 의미한다. 삼위성부, 성자, 성령이신 하나님이 완벽하게 일체의 본질이 될 수 있는 것은 자기희생과 사랑 때문이다. 자기희생과 사랑은 선교의 기초이며 동력이며 본질이다.

사도 요한은 사랑 안에 거하는 자는 하나님 안에 거하고요일 4:16, 하나님을 사랑한다 하면서 그 형제를 미워하면사랑을 실천하지 아니하면 거짓말하는 자라고 말한다요일 4:20. 왜냐하면 하나님의 존재 자체가 사랑이기에 사랑하면 하나님을 알고 사랑하지 않으면 하나님을 알지 못하기 때문이다.

"사랑하지 아니하는 자는 하나님을 알지 못하나니 이는 하나님은 사랑이심이라"_요한1서 4:8

성경이 전하는 복음은 절대긍정의 하나님의 절대사랑의 메시지이다. 인간을 위해 아들을 아끼지 않고 주신 하나님의 절대사랑, 하나님의 뜻에 절대순종하신 예수님의 은혜, 성령으로 말미암아 누리게 되는 하나님의 사랑롬 5:5을 깨달은 자마다 그 사랑을 전하며, 행하지 않을 수 없다. 그리스도인들은 서로 사랑해야 하고, 이것을 뛰어넘어 원수조차도 사랑해야 한다.

"새 계명을 너희에게 주노니 서로 사랑하라 내가 너희를 사랑한것 같이 너희도 서로 사랑하라"_요한복음 13:34

"나는 너희에게 이르노니 너희 원수를 사랑하며 너희를 박해하는 자를 위하여 기도하라"_마태복음 5:44

더 나아가 복음을 듣지 못한 타락한 세상과 피조물도 그 회복을 바라보며 인내와 사랑으로 품을 수 있어야 한다롬 8:21. 하나님 사랑과 이웃 사랑은 교회가 지켜야 할 최고의 계명이다. 하나님 나라를 지향하는 교회는 하나님의 절대긍정의 사랑의 복음을 선포하고 사랑 공동체를 건설하도록 부르심을 받았다. 교회는 하나님의 사랑을 체질화하며 실천함으로 그 사랑을 증거해야 한다.

> "첫째는 이것이니 이스라엘아 들으라 주 곧 우리 하나님은 유일한 주시라 네 마음을 다하고 목숨을 다하고 뜻을 다하고 힘을 다하여 주 너의 하나님을 사랑하라 하신 것이요 둘째는 이것이니 네 이웃을 네 자신과 같이 사랑하라 하신 것이라 이보다 더 큰 계명이 없느니라"_마가복음 12:29-31

2. 사랑 실천 사역의 중요성

사랑 실천 사역이 중요한 것은 첫째, 사랑 실천이 하나님 나라의 사역과 선교의 본질이기 때문이다. 선교는 하나님의 절대긍정의 사랑이야기라고 볼 수 있다. 기독교의 복음은 "하나님이 세상을 이처럼 사랑하사"요 3:16라는 진리의 선포로 시작한다. 인간이 누리게 되는 영생의 근거는 바로 하나님의 사랑에서 흘러나온다. 하나님이 우리를 사랑하시는 것은 우리의 본성 때문이 아니라 하나님 자신의 사랑의 본성 때문이다. 우리가 부족하고 죄인되었을 때에 하나님은 우리를 사랑하시기로 결단하셨다. 하나님의 형상으로 탄생시킨 인간을 위해 하나님께서는 존재의 본질상 자기를 희생하지 않을 수 없으셨다.

> "하나님이 세상을 이처럼 사랑하사 독생자를 주셨으니 이는 그를 믿는 자마다 멸망하지 않고 영생을 얻게 하려 하심이라 하나님이 그 아들을 세상에 보내신 것은 세상을 심판하려 하심이 아니요 그로 말미암아 세상이 구원을 받게 하려 하심이라"_요한복음 3:16-17

성부 하나님은 인간을 위해 그 아들 예수 그리스도를 주시기로 하셨으며, 성자 하나님은 이 제안에 응답하셨다. 그리고 성령 하나님은 성자 하나님의 오심을 예비하며 성자 하나님을 도우셨다. 하나님의 절대긍정의 사랑 이야기가 절정으로 나타난 것이 바로 예수 그리스도의 성육신 사건이다. 그러므로 선교는 예수 그리스도를 통한 하나님의 사랑 이야기이며 성경은 '선교의 역사가 담긴 책the book of mission history'이다. 성경과 복음의 핵심은 하나님의 사랑과 구원을 깨닫고 그 사랑을 본받아 나누는 것이다.

하나님의 사랑은 형제를 사랑하게 만든다. 하나님의 사랑을 깨달은 자마다 형제를, 이웃을 사랑하지 않을 수 없는 것이다. 사도 요한에 따르면, 우리는 사랑할 때 비로소 진정 하나님께 속해 있는지 알 수 있다요일 3:10, 14. 궁극적으로 성경이 우리에게 요청하는 것은 자기희생의 사랑이다. 형제를 위해 자신의 목숨까지도 버릴 수 있는 헌신인 것이다. 이러한 사랑은 먼저 주님께서 우리를 위하여 목숨을 버리심으로 증명되었다요일 3:16. 하나님의 사랑을 깨닫고 자신을 사랑하기 시작할 때 우리는 타인을 사랑할 수 있다. 성경은 "자기 아내를 사랑하는 자는 자기를 사랑하는 것이라"엡 5:28고 말씀한다. 이 말은 자신을 사랑하지 않는 자는 자기 아내, 자기 남편, 더 나아가 타인을 사랑하기 힘들다는 것을 시사해 준다.[187] 자기 사랑과 이웃 사랑은 모두 하나님의 사랑으로부터 흘러나온다.

둘째, 예수 그리스도의 목회와 사역의 핵심은 사랑이었다. 예수 그리스도는 우리에게 하나님 나라의 모습을 당신의 가르침과 삶으로 보여 주셨다. 그리스도는 사회에서 소외된 약자와 죄인을 받아들이시면서 하나님 나라의 새 계명으로 사랑을 선포하셨다. 그러므로 교회는 예수 그리스도의 사랑의 복음을 증거할 책임이 있다.

"내 계명은 곧 내가 너희를 사랑한 것 같이 너희도 서로 사랑하라 하는 이것이니라"_요한복음 15:12

선교학자인 데이비드 보쉬David Bosch는 그리스도의 선교의 기초가 경계선 없는 무한한 사랑에 있었다고 역설하고 있다.[188] 그리스도는

---

[187] 홍영기, 『24시간 그리스도인』 (서울: 예인출판사, 1995), 22.
[188] 데이비드 보쉬, 『세계를 향한 증거: 선교의 신학적 이해』, 전재옥 역 (서울: 두란노서원, 1993), 71-72.

사회에서 버림받은 자들에게 가서 그들에게 하나님의 사랑의 메시지를 선포하셨다. 여기에 복음의 위대성이 있다. 사람들은 성, 지위, 학력, 재산, 인종 등 여러 가지 기준으로 상대방을 차별한다. 그러나 하나님 사랑을 선포하는 그리스도의 복음 안에는 이러한 모든 차별이 사라지게 된다.

예수님은 제자들을 섬김으로 먼저 사랑의 본을 보이셨다. 요한복음에는 예수님의 죽음을 통한 자기희생이 친구들에 대한 사랑으로 기술된다요 15:13-15. 신학자 위르겐 몰트만Jürgen Moltmann은 "예수와의 사귐 속에서 제자들은 종이 아니라 친구가 되었다"라고 말한다.[189] 예수님은 십자가 고난 전에 제자들의 발을 씻기심으로 희생의 본을 보여 주셨다. 그리스도의 사랑은 추상적이지 않다. 그것은 구체적인 섬김의 모습으로 나타났다. 그리스도는 사랑의 계명을 통해 율법의 완성을 이루셨다. 특히 원수까지 사랑하라는 그리스도의 가르침은 당시 사회에 혁명적인 가치관이었다. 그러나 그리스도는 당신의 가르침을 스스로 실천하셨다. 그리스도는 열두 군단도 더 되는 천사들을 동원하여 십자가를 피할 수 있으셨지만, 세상 죄를 위하여, 또한 인간을 사랑하시기 때문에, 자신의 목숨을 기꺼이 바치신 것이다.

기독교회나 그리스도인의 특징은 단지 물고기 그림이나 십자가,

189　위르겐 몰트만, 『생명의 영』, 김균진 역 (서울: 대한기독교서회, 1992), 342.

혹은 면류관이 아니다. 그것은 바로 예수 그리스도의 십자가를 통해 드러난 하나님의 사랑이다. 그리스도의 사랑은 우리의 마음속에 하나님의 사랑을 느끼게 해 주는 동시에 우리가 하나님을 사랑하도록 반응하게 만든다. 우리는 그리스도의 십자가 사건 앞에서 진정한 영혼의 감동을 받는다. 우리는 우리를 위하여 자신을 희생하신 그리스도의 사건에서 은혜의 전율을 느낀다. 예수 그리스도의 목회는 철저하게 자기희생에 기초한 사랑 실천의 삶이었다.

셋째, 사랑을 실천할 때 교회는 더욱 부흥을 이루게 된다. 로드니 스타크Rodney Stark라는 종교사회학자는 초대교회가 사랑을 나눌 때 성장하게 되었다고 주장하였다.[190] 한국의 개신교도 학교, 병원, 사랑 실천 등을 통해 사회적 이미지를 제고하면서 성장하게 되었다. 성령님이 임하면 사랑이 충만하게 된다롬 5:5. 성령충만은 예수님을 닮아가고 사랑을 실천하게 함으로 교회도 성장하게 하고 사회도 변혁시킨다.[191] 한스 큉Hans Küng은 "교회는 온 세계를 위하여 주님이 하신 일이 얼마나 큰가를 증언해야 한다"라고 말했다.[192] 주님의 사랑을 실천하며 증거하는 교회는 성장하고 부흥할 수밖에 없다.

---

190 Rodney Stark, *The Rise of Christianity* (New Jersey: Princeton University Press, 1996), 3-28.

191 조용기 목사와 이영훈 목사와의 신앙계 창간 50주년 인터뷰, "절대긍정의 믿음에서 사회를 변화시킬 힘이 나옵니다", 『신앙계』 Vol. 599 (2017년 2월호), 12.

192 한스 큉, 『교회란 무엇인가?』, 김홍근 역 (서울: 분도출판사, 1992), 284.

예루살렘 교회는 성령 안에서 부흥한 교회였다. 베드로의 설교로 3천 명의 사람이 주께로 돌아왔으며, 교회는 사도들의 가르침을 받아 서로 교제하고 기도하기에 힘썼다행 2:41-42. 그러나 무엇보다 예루살 렘 교회는 서로 사랑함으로 성장했던 교회였다. 이들은 모든 것을 공 동으로 소유하였으며, 재산과 자신의 소유를 팔아 모든 사람에게 필 요한 대로 나누어 주었디행 2:44 45. 이들이 서로의 실제적인 필요를 사 랑으로 채워주는 모습을 보며 세상은 교회를 칭찬하였고, 하나님께 서는 구원받는 사람을 날마다 더하게 하셨다행 2:47. 사랑할 때 교회는 하나님께 칭찬받으며, 세상을 움직이는 선한 영향력을 끼치게 되는 것이다.

3. 사랑 실천 사역의 방법

첫째, 사랑 실천 사역을 위해서 교회가 사랑의 공동체가 되어야 한 다. 이를 위해서는 지도자가 먼저 사랑의 권위로 교회를 섬겨야 한 다. 사도 바울은 영적 권위를 행사하였지만, 그의 권위는 사랑에 기 초한 것이었다. 그는 영적 감수성이 풍부한 사람이었다. 바울은 에베 소의 장로들과 헤어질 때 무릎을 꿇고 서로 부둥켜안으며 울었다. 그 는 자신이 선교했던 교회의 제직과 성도를 생명을 다해 사랑하였다. "우리가 이같이 너희를 사모하여 하나님의 복음뿐 아니라 우리 목숨 까지도 너희에게 주기를 기뻐함은 너희가 우리의 사랑하는 자 됨이라"^{살전 2:8} 바울의 성공적인 사역은 그가 하나님의 복음을 헌신적인 사랑으로 증명했기 때문이다. 교회성장과 선교의 열매는 대부분 영적 지도자의 헌신된 희생과 사랑의 결과로 나타난다.[193]

사랑은 사변적 지식이 아닌, 실제적인 언어와 행동으로 표현될 필요가 있다. 그래서 교회는 예수 그리스도의 사랑을 표현하는 상징적인 의식도 발전시킬 필요가 있다. '형제들과 자매들'로 구성된 초대교회 공동체는 거룩한 입맞춤^{holy kiss}을 하였다^{고전 16:20; 살전 5:26}. 사도 베드로는 이를 '사랑의 입맞춤'^{벧전 5:14}이라고 불렀다. 이것은 성령 안에서의 사랑의 사귐을 나타내는 상징이었다. 한국과 같은 아시아 문화권에서는 이런 상징이 생소할 수 있지만, 문화적 상황을 고려하여 사랑을 표현할 수 있는 의식이나 상징을 발전시켜야 한다.

교회 내에서 서로 발을 씻어 주는 세족식도 하나의 사랑의 상징적 모델이다. 성 프란시스파수도원에서는 병든 사람들의 발을 하나의 의식으로 씻어 주었다. 사랑의 사귐의 본질을 '밥상 공동체'를 통해서도 표현할 수 있다. 한 테이블에서 함께 먹고 마시는 것은 하나님 안에서 차별이 없이 한 식구임을 나타내는 상징이다^{출 24:11; 신 12:7}. 성만찬 의식도 그리스도의 희생적 사랑과 구원의 은혜를 기념할 뿐 아니라 사랑의 나눔을 실천하는 의식이다. 우리는 하나님을 온 삶을 다해

---

193 허버트 케인, 『기독교세계선교사』, 박광철 역 (서울: 생명의말씀사, 1997), 233.

경험해야 하며 하나님 사랑의 경험을 표현하기 위해 모든 표현 양식을 사용해야 한다.[194] 이처럼 사랑을 실제적으로 표현함으로써 교회는 '사랑 공동체'로 거듭날 수 있다.

둘째, 사랑 실천 사역을 위해서 항상 성령으로 충만해야 한다. 교회는 오순절 성령강림 이후에 탄생했고 진정한 교회는 성령과 사랑의 공동체이다.[195] 성령님이 오셔야만 우리는 하나님의 사랑을 깨달을 수 있다. 성경은 "우리에게 오신 성령으로 말미암아 하나님의 사랑이 우리 마음에 부은 바 됨이니"롬 5:5라고 말한다. 그러므로 교회는 항상 성령으로 충만하도록 하나님을 사모하며 예배하고 기도해야 한다. 죄성을 가진 인간 안에는 사랑의 능력이 없다. 오직 성령님의 능력으로만 사랑을 배우고 실천할 수 있다.

진정한 사랑 공동체의 삶은 밖을 향하게 된다. 하나님 사랑을 깨달은 공동체는 그 사랑을 증거할 수밖에 없는 것이다. 성령충만의 증거는 사랑과 나눔으로 나타난다. 성령이 임하였을 때 교회에 나타난 대표적인 특징은 '사랑과 나눔'이었으며 이것은 선교의 원동력이 되었다행 2:42-47. 그리스도 안에서의 사랑의 교제는 교회 자체의 본질이면서 동시에 선교의 힘이 되는 것이다.[196] 그리고 성령님은 사랑과 선교

---

194 위르겐 몰트만, 『생명의 영』, 355.
195 이영훈, 『십자가 순복음 신앙의 뿌리』, 243.
196 최성일, "선교공동체로서의 교회와 코이노니아", 한국기독교학회 편, 『교회와 코이노니아』
       (서울: 대한기독교서회, 1993), 343.

의 불꽃을 타오르게 한다.

셋째, 작은 것부터 나누는 사랑을 실천해야 한다. 진정한 사랑은 그리스도의 복음과 물질을 나누는 것이다. 주님을 따른다는 것은 나눔을 실천하는 삶을 배우는 것이다. 예수님은 부자 청년에게 가서 네 재산을 팔아 가난한 자들에게 준 후에 나를 따르라고 말씀하셨다마 19:21-30.

현재 세계 6%의 사람들이 60% 이상의 부를 소유하고 있다. 유엔은 국내총생산GDP, Gross Domestic Product의 0.7% 이상을 가난한 나라를 돕도록 권장하고 있다. 그러나 이 기준을 지키는 나라는 그리 많지 않다. 대한민국도 이제 유엔 분담금 순위가 세계 9위로 상승하였다 2022년 기준. 이제 대한민국과 한국 교회는 더 어려운 나라들과 더 어려운 사람들을 물질적으로도 도와야 한다. 만약 세계 모든 교회가 사랑 나눔을 실천한다면 전 세계에 변혁을 일으킬 수 있다.

나눔의 훈련은 교회 소그룹 단위에서부터 시작될 수 있다. 또 지역 교회가 중심이 되어 지역사회에서 가장 어려운 사람들을 돕는 나눔의 운동을 전개할 수 있다. 가난한 자들과 약자들에 대한 돌봄과 배려는 성경의 주요한 주제이다. 의술이 발달하고, 생활수준이 높아졌다 하더라도 장애인들은 항상 도움의 손길을 필요로 한다. 청각 장애인을 위한 수어 예배, 몸이 불편한 장애인들을 위한 시설 확보나 돌봄은 사랑 실천 사역이 될 수 있다. 또한 저소득층을 위한 방과 후 사역이나 돌봄 사역, 독거노인 사역, 노숙자 사역 등을 통해 교회는 춥고 어두운 이 사회에 예수 그리스도의 사랑의 빛을 비출 수 있다. 사랑의 나눔은 성령의 열매이다.

하나님 나라의 복음의 능력은 한 영혼을 사랑하는 희생으로부터 나타난다. 십자가가 없이는 면류관도 없다No cross, no crown. 진정한 하나님 나라의 면류관은 사랑과 희생의 십자가를 통해서만 얻어질 수 있다. 이것이 바로 예수 그리스도께서 우리에게 보여 주신 사역의 모델이다. 삼위일체 하나님이 나타내신 절대긍정의 사랑은 성경의 근본적인 주제이다요일 1:3. 하나님의 사랑에 붙잡힌 공동체는 가장 강하게 결속되며 어떤 어려움이 닥쳐온다 할지라도 능히 이겨낼 수 있다. 하나님의 사랑을 깊이 깨달은 그리스도인이나 교회 공동체는 사랑 실천 외에 결코 다른 길로 들어설 수 없다. 이 사회 가운데 하나님의 사랑을 실천하며 증거하는 것은 분명 하나님 나라의 사역이다.

지금까지 우리는 절대긍정의 신학적 실제에 대하여 살펴보았다. 절대긍정의 영성을 가지고 사역하려면 하나님 말씀을 통한 절대긍정의 믿음과 절대긍정의 기도를 훈련해야 한다. 또한 하나님에 대한 절대긍정의 믿음을 가지고 자신에 대한 긍정, 타인에 대한 긍정, 일과 사명에 대한 긍정, 환경에 대한 긍정, 미래에 대한 긍정지수PQ, Positivity Quotient를 업그레이드 해야 한다. 이를 위해 긍정언어와 절대감사와 사랑나눔을 훈련해야 한다.

하나님 나라에 대한 절대긍정은 또 하나님 나라의 선교 사역으로 열매를 맺게 된다. 전도 사역, 제자화 사역, 치유 사역, 선교 사역은 하나님 나라에 대한 절대긍정의 영적 부흥의 열매로 나타나는 사역이다. 또 정의와 평화 사역, 생태계 사역, 사랑 실천 사역은 사회적 성화의 열매로 나타나는 것이다. 우리 모두는 하나님의 절대긍정의 사랑의 은혜를 입은 하나님 나라의 순례자이자 선교사이다. 우리는 주님 오실 때까지 절대긍정의 영성과 비전, 절대긍정의 사명감과 열정으로 하나님의 나라를 세워가야 할 것이다. 성경과 하나님 나라의 모든 진리는 절대긍정의 아멘으로 끝난다는 것을 기억해야 한다.

"이것들을 증언하신 이가 이르시되 내가 진실로 속히 오리라 하시거늘 아멘 주 예수여 오시옵소서 주 예수의 은혜가 모든 자들에게 있을지어다 아멘"_요한계시록 22:20-21

부록

—

Theology Quotient

절대긍정
신학지수
체크 리스트

—

Theology Quotient Check List

절대긍정 신학지수 체크 리스트 ☑

당신의 절대긍정 신학지수(TQ)는?

각 문항을 읽고 해당하는 칸에 체크해 봅니다.

측정 문항	전혀 아니다	아니다	보통 이다	그렇다	매우 그렇다
	1점	2점	3점	4점	5점
1. 하나님께서 만물의 유일한 창조주이시며 주인 이심을 믿는다.					
2. 사랑의 하나님께서 나를 하나님의 형상대로 창조하셨음을 믿는다.					
3. 하나님이 나의 영적인 아버지가 되셔서 모든 것을 돌보신다.					
4. 어떠한 상황 속에서도 하나님의 신실하심을 의심하지 않는다.					
5. 내 삶 속에서 하나님의 긍휼과 자비하심을 느끼고 있다.					
6. 하나님이 예수님을 통해서 나를 구원하신 은혜를 믿는다.					
7. 성령님과 동행하면서 하나님의 사랑을 항상 체험하고 있다.					
8. 성경 말씀을 통해 좋으신 하나님의 은혜와 속성을 배워가고 있다.					
9. 매일 하루를 시작하며 하나님의 사명에 대한 기대감이 있다.					
10. 내 삶 가운데 하나님의 선하심을 맛보고 있다.					

각 문항마다 체크한 점수를 합산합니다.

좋으신 하나님 지수 합계 (   )점

Theology **Q**uotient Check List
절대긍정 신학지수 체크 리스트 ☑

당신의 절대긍정 신학지수(TQ)는?
각 문항을 읽고 해당하는 칸에 체크해 봅니다.

측정 문항	전혀 아니다	아니다	보통 이다	그렇다	매우 그렇다
	1점	2점	3점	4점	5점
1. 하나님이 우주와 만물을 창조하신 주권자이심을 믿는다.					
2. 선한 일이나 악한 일이나 기쁘나 슬프나 모든 것이 하나님의 주권 안에 있다.					
3. 하나님의 절대주권에 대한 절대순종이 중요하다.					
4. 상황이 어렵고 힘들어도 모든 상황 가운데 일하시는 하나님을 신뢰한다.					
5. 일이 의도대로 풀리지 않아도 긍정적으로 해석하고 생각하는 편이다.					
6. 어떤 상황 속에서도 하나님을 인정하고 예배한다.					
7. 하나님의 주권을 다 이해할 수 없어도 하나님을 의지하고 있다.					
8. 모든 것을 합력하여 선을 이루시는 하나님을 믿는다.					
9. 나의 꿈과 비전이 꺾이는 경험을 해도 하나님의 인도하심을 구하고 있다.					
10. 모든 상황 속에서 하나님을 의식하며 나의 생각과 말과 행동을 절제하려고 노력한다.					

각 문항마다 체크한 점수를 합산합니다.
하나님 주권 지수 합계 (   )점

Theology Quotient Check List

절대긍정 신학지수 체크 리스트 ☑

당신의 절대긍정 신학지수(TQ)는?

각 문항을 읽고 해당하는 칸에 체크해 봅니다.

측정 문항	전혀 아니다	아니다	보통 이다	그렇다	매우 그렇다
	1점	2점	3점	4점	5점
1. 성경은 믿음의 사람들이 기록한 하나님의 말씀이다.					
2. 성경은 어떤 절망 가운데에도 절대희망을 주는 하나님의 메시지이다.					
3. 성경은 무오한 표준이자 절대적 권위를 갖는다.					
4. 신·구약성경의 주인공은 예수 그리스도이시다.					
5. 성경의 기록 목적은 예수님이 하나님의 아들이시고 구원자이심을 믿고 영생을 얻는 것이다.					
6. 성경에는 죄와 허물이 많은 인간을 택하시고 은혜를 주신 절대긍정의 하나님을 보여 주고 있다.					
7. 성경에 나타난 하나님은 나를 사랑하시고 나에게 복과 희망을 주기 원하시는 분이시다.					
8. 예수 그리스도를 통해 성취하신 하나님의 구원을 신뢰한다.					
9. 매일 하나님의 말씀을 읽고 묵상한다.					
10. 하나님께서 내게 주신 약속의 말씀을 의지하며 항상 용기와 희망을 얻는다.					

각 문항마다 체크한 점수를 합산합니다.

하나님 말씀 지수 합계 (   )점

Theology Quotient Check List

절대긍정 신학지수 체크 리스트 ☑

당신의 절대긍정 신학지수(TQ)는?

각 문항을 읽고 해당하는 칸에 체크해 봅니다.

측정 문항	전혀 아니다	아니다	보통 이다	그렇다	매우 그렇다
	1점	2점	3점	4점	5점
1. 아담의 불순종으로 인간의 영혼육에 삼중저주가 임하였다.					
2. 예수님의 십자가 죽음으로 아담의 불순종의 죄로 인한 절대절망의 문제가 다 해결되었음을 믿는다.					
3. 예수님의 십자가 죽음으로 하나님과 인간의 막힌 장벽이 철폐되었다.					
4. 예수님의 십자가 보혈만이 인간의 죄를 사한다.					
5. 예수님의 십자가 보혈에 모든 질병의 치유의 권세가 있다.					
6. 예수님의 십자가 보혈만이 인간의 모든 저주를 청산하고 복을 주신다.					
7. 예수님의 십자가 죽음으로 영원한 사망을 이기고 영생의 복이 주어졌다.					
8. 예수 그리스도가 나의 구주이심을 믿고 고백한다.					
9. 절대긍정의 인생의 기적은 예수님의 십자가에서 완성되었다.					
10. 절대절망에 처한 인간에게 예수님의 십자가는 절대희망의 능력이 된다.					

각 문항마다 체크한 점수를 합산합니다.

예수님 십자가 지수 합계 (   )점

Theology Quotient Check List

절대긍정 신학지수 체크 리스트 ☑

당신의 절대긍정 신학지수(TQ)는?
각 문항을 읽고 해당하는 칸에 체크해 봅니다.

측정 문항	전혀 아니다	아니다	보통 이다	그렇다	매우 그렇다
	1점	2점	3점	4점	5점
1. 예수님의 십자가 죽음을 통해 새로운 피조물이 된 것을 믿는다.					
2. 나는 하나님의 자녀답게 생각하고 행동하고 말하고 있다.					
3. 예수님의 이름으로 매일 성령의 충만함을 구하고 있다.					
4. 예수님의 성품을 본받아 성령의 열매를 맺기에 힘쓴다.					
5. 예수님의 십자가 보혈로 질병이 치유되고 건강이 주어졌음을 믿는다.					
6. 인생의 어떤 고통이나 질고도 예수님 보혈의 능력으로 이길 수 있다.					
7. 예수님의 이름으로 내 환경의 저주가 끊어진 것을 믿고 선포한다.					
8. 예수님의 십자가로 범사에 형통의 복이 주어진 것을 믿는다.					
9. 예수님이 나를 위해 영원한 처소를 예비하셨음을 믿는다.					
10. 예수님의 재림과 부활에 대한 소망으로 살아가고 있다.					

각 문항마다 체크한 점수를 합산합니다.
오중복음 지수 합계 (   )점

Theology **Q**uotient Check List
절대긍정 신학지수 체크 리스트 ☑

당신의 절대긍정 신학지수(TQ)는?

각 문항을 읽고 해당하는 칸에 체크해 봅니다.

측정 문항	전혀 아니다	아니다	보통 이다	그렇다	매우 그렇다
	1점	2점	3점	4점	5점
1. 성령님은 성부 하나님과 성자 예수님과 동일한 본질의 하나님이시다.					
2. 성령님은 단순한 힘이나 에너지가 아니라 인격적인 분이시다.					
3. 예수님은 우리의 믿음 생활을 돕고 위로하기 위해 보혜사 성령님을 보내신다.					
4. 성령님은 사람들 가운데 중생의 역사를 일으키신다.					
5. 예수님을 믿는 성도 안에 성령님께서 내주하고 계시다.					
6. 성령님의 주요 사역 중 하나는 성도를 거룩하게 하시는 일이다.					
7. 성령님의 은사는 교회와 하나님 나라를 세우기 위해 주어진 영적 능력이다.					
8. 성령님이 나의 생각과 마음과 행동과 언어를 주관하시도록 맡기고 있다.					
9. 언제 어디서나 성령님을 인격적으로 환영하고 의지한다.					
10. 성령의 충만을 위해 매일 기도하고 있다.					

각 문항마다 체크한 점수를 합산합니다.
성령론 지수 합계 (   )점

Theology **Q**uotient Check List

절대긍정 신학지수 체크 리스트 ☑

당신의 절대긍정 신학지수(TQ)는?

가 문항을 읽고 해당하는 칸에 체크해 봅니다.

측정 문항	전혀 아니다	아니다	보통 이다	그렇다	매우 그렇다
	1점	2점	3점	4점	5점
1. 교회의 머리는 예수님이시고 교회는 그분의 몸이다.					
2. 교회는 유기체이므로 몸 가운데 분쟁이 있어서는 안 된다.					
3. 교회의 궁극적 목표는 예수님으로 충만해지는 것이다.					
4. 교회가 성장하려면 리더십이 건강하고 성도들이 훈련받고 은사를 따라 봉사해야 한다.					
5. 교회의 가장 중요한 사명은 하나님께 대한 신령한 예배이다.					
6. 교회는 예수님의 말씀을 가르치고 지키게 해야 한다.					
7. 교회 안에서는 나보다 남을 낮게 여기고 먼저 존경해야 한다.					
8. 교회는 주님 오실 때까지 전도하고 선교해야 한다.					
9. 제직은 교회를 섬기기 위해 주어진 직분이다.					
10. 제직은 하나님의 능력으로 하나님 영광을 위해 봉사해야 한다.					

각 문항마다 체크한 점수를 합산합니다.
교회론 지수 합계 (   )점

Theology Quotient Check List
절대긍정 신학지수 체크 리스트 ☑

당신의 절대긍정 신학지수(TQ)는?
각 문항을 읽고 해당하는 칸에 체크해 봅니다.

측정 문항	전혀 아니다 1점	아니다 2점	보통 이다 3점	그렇다 4점	매우 그렇다 5점
1. 믿음은 어떤 상황 속에서도 하나님의 말씀과 인격을 전적으로 신뢰하는 것이다.					
2. 예수님은 절대긍정의 믿음의 완벽한 본이 되신다.					
3. 절대긍정의 믿음을 가지려면 하나님 말씀을 사랑해야 한다.					
4. 나는 하나님 말씀을 매일 읽거나 듣고 있다.					
5. 계속해서 하나님 말씀을 연구하고 배우는 편이다.					
6. 예배는 내 삶의 최우선순위이다.					
7. 예수님의 십자가 은혜를 생각하면 항상 찬송할 수 있다.					
8. 찬양과 감사는 성령충만의 증거가 된다.					
9. 절대긍정의 믿음을 가진 자는 어떤 환경 가운데에도 절대감사 한다.					
10. 절대긍정의 믿음은 매일 평생 훈련해야 하는 것이다.					

각 문항마다 체크한 점수를 합산합니다.
절대긍정 믿음 지수 합계 (   )점

Theology Quotient Check List

절대긍정 신학지수 체크 리스트 ☑

당신의 절대긍정 신학지수(TQ)는?
가 문항을 읽고 해당하는 칸에 체크해 봅니다.

측정 문항	전혀 아니다	아니다	보통 이다	그렇다	매우 그렇다
	1점	2점	3점	4점	5점
1. 하루를 기도로 시작하고 기도로 마무리 한다.					
2. 기도하면서 절대 부정적인 생각을 하지 않는 편이다.					
3. 묵상한 말씀이나 암송한 말씀으로 종종 기도한다.					
4. 하나님의 인도하심을 구하며 항상 약속의 말씀을 붙잡고 기도한다.					
5. 예수님 보혈로 기도할 때 치유와 축사의 능력이 나타난다.					
6. 예수님 보혈로 기도할 때 저주가 끊어지는 역사를 믿는다.					
7. 예수님 보혈로 무장하는 기도를 자주 한다.					
8. 기도를 시작할 때에도 성령님을 의지하며 시작하는 편이다.					
9. 방언으로 자주 기도하는 편이다.					
10. 불안하거나 예기치 못한 상황에서도 방언기도를 한다.					

각 문항마다 체크한 점수를 합산합니다.
삼위일체형 기도 지수 합계 (   )점

Theology Quotient Check List

절대긍정 신학지수 체크 리스트 ☑

당신의 절대긍정 신학지수(TQ)는?

각 문항을 읽고 해당하는 칸에 체크해 봅니다.

측정 문항	전혀 아니다	아니다	보통 이다	그렇다	매우 그렇다
	1점	2점	3점	4점	5점
1. 내가 창조된 목적은 하나님을 찬송하기 위함이라고 믿는다.					
2. 하나님의 성품을 묵상할 때마다 감격과 찬송이 나온다.					
3. 고난 중에 있더라도 하나님 안에서 잘될 것을 믿으며 감사한다.					
4. 함께 기도하는 기도 동역 팀이 있다.					
5. 예수님 보혈로 기도할 때 치유와 축사의 능력이 나타난다.					
6. 불신자(태신자) 전도를 위해서도 함께 기도하고 있다.					
7. 하나님의 약속의 말씀을 바라보며 기도하고 있다.					
8. 믿음으로 그림을 그리며 기도하고 있다.					
9. 기도할 때마다 예수님을 생각하며 기도한다.					
10. 기도하고 나면 절대 부정적으로 생각하지 않는다.					

각 문항마다 체크한 점수를 합산합니다.

4차원 영성형 기도 지수 합계 (   )점

Theology Quotient Check List

절대긍정 신학지수 체크 리스트 ☑

당신의 절대긍정 신학지수(TQ)는?

각 문항을 읽고 해당하는 칸에 체크해 봅니다.

측정 문항	전혀 아니다	아니다	보통 이다	그렇다	매우 그렇다
	1점	2점	3점	4점	5점
1. 스스로 가치가 있고 매력이 있다고 생각한다.					
2. 다른 사람과 비교하며 열등감을 느끼지 않는 편이다.					
3. 사람들을 대할 때 친절과 존중의 마음으로 대한다.					
4. 다른 사람의 장점은 칭찬하고 허물은 덮는 편이다.					
5. 내가 하고 있는 일(직업)을 즐기고 있는 편이다.					
6. 맡겨진 일에 대해 최선과 열정을 다하고 있다.					
7. 어려운 상황을 만나도 좌절하거나 불평하지 않는다.					
8. 내가 속한 공동체에 대해 긍정적으로 생각하는 편이다.					
9. 하나님이 내 삶에 기적을 베푸실 것을 기대하고 있다.					
10. 하나님의 꿈의 성취를 위해 항상 공부하며 배우고 있다.					

각 문항마다 체크한 점수를 합산합니다.

오중긍정 지수 합계 (   )점

Theology **Q**uotient Check List
절대긍정 신학지수 체크 리스트 ☑

당신의 절대긍정 신학지수(TQ)는?
각 문항을 읽고 해당하는 칸에 체크해 봅니다.

측정 문항	전혀 아니다	아니다	보통 이다	그렇다	매우 그렇다
	1점	2점	3점	4점	5점
1. 부정적인 말은 절대 내 입에서 나오지 않는다.					
2. 나 자신을 긍정적으로 생각하고 축복하며 선포한다.					
3. 하나님 말씀을 늘 읽고 묵상하고 있다.					
4. 아침과 저녁, 감사의 기도로 시작하고 마무리한다.					
5. 주위 사람들에게 자주 감사를 표현하는 편이다.					
6. 나쁜 일은 좋은 일로, 좋은 일은 더 좋게 행하실 하나님을 신뢰한다.					
7. 고난 중에도 불평 대신 감사의 고백을 드린다.					
8. 하나님이 주신 은사와 재능으로 교회나 이웃을 섬긴다.					
9. 주위 사람들의 필요를 살피며 돕거나 사랑을 실천하고 있다.					
10. 복음을 알지 못하는 사람에게 예수님의 복음을 전하고 있다.					

각 문항마다 체크한 점수를 합산합니다.
삼중훈련 지수 합계 (   )점

Theology **Q**uotient Check List

절대긍정 신학지수 체크 리스트 ☑

당신의 절대긍정 신학지수(TQ)는?
가 문항을 읽고 해당하는 칸에 체크해 봅니다.

측정 문항	전혀 아니다 1점	아니다 2점	보통 이다 3점	그렇다 4점	매우 그렇다 5점
1. 하나님의 나라는 예수님을 통해 도래하였다.					
2. 하나님의 나라는 예수님의 재림 때 완성될 것 이다.					
3. 전도는 예수님의 지상명령이라고 생각한다.					
4. 전도의 열매를 위해 효과적인 전략을 연구하 는 편이다.					
5. 하나님의 말씀을 늘 배우고 있다.					
6. 예수님과 복음을 위해서라면 고난도 기꺼이 받을 수 있다.					
7. 복음이 선포되는 곳에 치유의 역사도 나타남 을 믿는다.					
8. 주위 아픈 사람들의 치유를 위해 기도하고 있다.					
9. 국내외 선교 사역에 물질이나 시간을 구별하 여 섬긴다.					
10. 내가 처한 일터(현장)에서 선교적 비전과 마 인드를 가지고 있다.					

각 문항마다 체크한 점수를 합산합니다.
영적 부흥 지수 합계 (   )점

Theology **Q**uotient Check List

절대긍정 신학지수 체크 리스트 ☑

당신의 절대긍정 신학지수(TQ)는?
각 문항을 읽고 해당하는 칸에 체크해 봅니다.

측정 문항	전혀 아니다	아니다	보통 이다	그렇다	매우 그렇다
	1점	2점	3점	4점	5점
1. 성도 개인의 성화뿐 아니라 공동체의 성화도 중요하다고 생각한다.					
2. 기독교의 사회적 책임이나 나라를 위한 기도가 중요하다고 생각한다.					
3. 불의한 상황에 직면했을 때 성경적 가치관에 근거하여 대처한다.					
4. 교회가 가난하고 소외된 자들의 목소리를 내야 한다고 생각한다.					
5. 매사에 다툼이나 분쟁보다는 화합과 평화를 추구하는 편이다.					
6. 항상 기도하며 내 마음에 주님의 평안을 가지려고 노력한다.					
7. 물질만능주의 시대이지만 자족의 가치관을 갖고 있는 편이다.					
8. 자연보호나 친환경적인 생활방식(캠페인)에 관심이 많다.					
9. 내가 가진 물질의 일부를 가난한 자를 위한 구제에 사용하고 있다.					
10. 교회는 전도뿐 아니라 사랑실천을 통해서도 복음을 전해야 한다.					

각 문항마다 체크한 점수를 합산합니다.
사회적 성화 지수 합계 (   )점

절대긍정 신학지수(TQ)
측정 및 평가

『절대긍정의 신학적 기초』와 『절대긍정의 신학적 실제』를 읽고 TQ 체크 리스트 평가에 도달하신 여러분을 환영합니다. 여기서는 각 챕터의 주제에 따라 제시된 절대긍정 신학 지수를 자가 진단해 보는 시간입니다. 다음 순서에 따라 진행해 봅시다.

1. 각 영역의 신학지수 점수를 적고 합산해 보세요.

* 각 영역마다 50점 만점, 14가지 항목 총점 만점은 700점 입니다.

no	영역	합계
1	좋으신 하나님 지수	점
2	하나님 주권 지수	점
3	하나님 말씀 지수	점
4	예수님 십자가 지수	점
5	오중복음 지수	점
6	성령론 지수	점
7	교회론 지수	점
8	절대긍정 믿음 지수	점
9	삼위일체형 기도 지수	점
10	4차원 영성형 기도 지수	점
11	오중긍정 지수	점
12	삼중훈련 지수	점
13	영적 부흥 지수	점
14	사회적 성화 지수	점
총점		**점**

2. 총점을 7로 나누어 보세요.(100점 기준으로 환산)

* 예 | 총점이 560점이면 당신의 점수는 80점이 나옵니다(560÷7=80).

자신의 점수를 기록해 보십시오. (   ) 점

---

3. 당신의 TQ(100점 환산 기준)는 어디에 속하는지 알아보세요.

90~100점	**당신의 TQ는 탁월합니다.** **굉장히 탁월한 절대긍정의 신학적 사고를 가지고 있습니다.**

탁월한 절대긍정의 신학적 사고와 에너지를 소유한 당신은 모든 일에 긍정적이고 감사하는 사람입니다.
당신의 삶을 통해 나타날 놀라운 기적을 기대합니다.

80~89점	**당신의 TQ는 아주 높은 편입니다.** **상당한 수준의 절대긍정의 신학적 사고를 가지고 있습니다.**

높은 수준의 절대긍정의 신학적 사고와 에너지를 소유한 당신은 어떤 사역을 하든지
큰 성공을 거둘 수 있습니다. 조금 부족한 부분은 보완하여 탁월성을 향해 나아가십시오.

60~79점	**당신의 TQ는 괜찮은 편입니다.** **절대긍정의 신학적 마인드를 가지려고 노력하고 있네요.**

당신 안에 절대긍정의 신학적 사고와 자산이 많습니다. 14가지 영역 중 가장 취약한 부분을
성령님의 인도에 따라 보완한다면, 탁월한 절대긍정의 신학적 사고와 에너지를 소유할 수 있습니다.

40~59점	**당신의 TQ는 낮은 편입니다.** **당신 안에 긍정과 부정의 신학적 에너지의 싸움이 벌어지고 있군요.**

좋으신 하나님을 기억하며 성령님을 의지하여 성경 말씀을 더 많이 묵상해 봅니다.
절대긍정의 신학적 사고를 가진 사람들과 자주 교제하며 긍정의 에너지를 채워갑시다.
교재에 나오는 절대긍정 선포문을 선포하며 기도한다면, 새로운 변화가 일어날 것입니다.

39점 이하	**당신의 TQ는 아주 낮은 편입니다.** **아쉽게도 신학 부정지수가 더 높게 나타나네요.**

절대긍정의 신학지수를 높이기 위해 더 많은 노력이 필요합니다. 하지만 실망하지 마세요.
절대긍정의 하나님이 당신과 함께하십니다. 집중적인 상담과 훈련을 받는다면,
당신도 절대긍정의 신학적 에너지를 소유한 절대긍정의 사역자가 될 것입니다.

| 상담 및 교육 문의 |
절대긍정 코칭센터 TEL. 02-2036-7913 Absolute Positivity Coaching Center

참고문헌

- 국제신학연구원,『순복음 신학 개론』, 서울: 서울말씀사, 2002.
- 김녕,『한국 정치와 교회: 국가 갈등』, 서울: 소나무, 1996.
- 김순환,『예배학 총론』, 서울: 대한기독교서회, 2017.
- 김영래, "성경 시대 학습 방법과 기독교교육: 암기와 하브루타",『신학과 세계』 Vol. 101, 2021.
- 김영재 편,『기독교 신앙고백』, 서울: 영음사, 2015.
- 데이비드 보쉬,『세계를 향한 증거: 선교의 신학적 이해』, 전재옥 역, 서울: 두란노서원, 1993.
- 데이비드 왓슨,『제자도』, 문동학 역, 서울: 두란노서원, 1999.
- 데이비드 플랫,『팔로우 미(Follow Me)』, 최종훈 역, 서울: 두란노서원, 2013.
- 도날드 A. 맥가브란,『교회성장이해』, 전재옥 외 2인 역, 서울: 한국장로교출판사, 1997.
- 도날드 A. 맥가브란,『하나님의 선교전략』, 이광순 역, 서울: 한국장로교출판사, 1994.
- 도날드 밀러, 테쓰나오 야마모리,『왜 섬기는 교회에 세계가 열광하는가?』, 김성건·정종현 역, 서울: 교회성장연구소 2010.
- 도널드 크레이빌,『예수가 바라본 하나님 나라』, 김기철 역, 서울: 복있는사람, 2015.
- 디트리히 본회퍼,『이 땅에서 그리스도인으로 설 수 있을까?』, 정현숙 역, 서울: 좋은씨앗, 2012.
- 디트리히 본회퍼,『타인을 위한 그리스도인으로 살 수 있을까?』, 정현숙 역, 서울: 좋은씨앗, 2014.
- 로렌 커닝햄,『네 신을 벗으라』, 예수전도단 역, 서울: 도서출판 예수전도단, 2009.
- 리처드 니버,『그리스도와 문화』, 홍병룡 역, 서울: IVP, 2014.
- 리처드 포스터,『기도』, 송준인 역, 서울: 두란노서원, 1995.
- 리처드 포스터,『영적 훈련과 성장』, 권달천·황을호 역, 서울: 생명의말씀사, 1995.
- 마르틴 루터,『마르틴 루터 대교리문답』, 최주훈 역, 서울: 복있는사람, 2017.
- 마이클 호튼,『개혁주의 조직신학』, 이용중 역, 서울: 부흥과개혁사, 2014.
- 마틴 로이드 존스,『내가 자랑하는 복음』, 강봉재 역, 서울: 복있는사람, 2008.

• 마틴 셀리그만, 『긍정의 심리학』, 김인자·우문식 역, 안양: 물푸레, 2020.

• 브라이언 밀즈, 『3인조 기도 운동』, 이경진 역, 서울: 나침반, 1992.

• 손창남, 『풀뿌리 선교』, 서울: 죠이북스, 2023.

• 알리스터 맥그래스, 『기독교 기초신학』, 박태수 역, 서울: CLC, 2016.

• 엘머 타운즈 외 4인 저, 게리 매킨토시 편, 『교회성장운동 어떻게 볼 것인가: 비교신학 시리즈 02』, 김석원 역, 서울: 부흥과개혁사, 2009.

• 영산글로벌미션포럼 편, 『조용기 목사의 기도』, 서울: 교회성장연구소, 2022.

• 위르겐 몰트만, 『그리스도가 계신 곳에 생명이 있습니다』, 채수일 역, 서울: 대한기독교 서회, 1997.

• 위르겐 몰트만, 『생명의 영』, 김균진 역, 서울: 대한기독교서회, 1992.

• 월터 챈트리, 『그의 나라와 그의 의』, 김성욱 역, 서울: 기독지혜사, 1993.

• 유고 조릴라, 『복음과 사회정의』, 이희숙 역, 서울: 나단출판사, 1990.

• 이동원, 『양심 클린토피아』, 서울: 생명의말씀사, 2000.

• 이영훈, 『4차원 절대긍정학교』, 서울: 교회성장연구소, 2023.

• 이영훈, 『감사의 기적』, 서울: 두란노서원, 2015.

• 이영훈, 『기도의 기적』, 서울: 두란노서원, 2013.

• 이영훈, 『모든 일을 사랑으로 행하라』, 서울: 교회성장연구소, 2010.

• 이영훈, 『변화된 신분 변화된 삶』, 서울: 교회성장연구소, 2017.

• 이영훈, 『성공에 이르는 12가지 지혜』, 서울: 교회성장연구소, 2023.

• 이영훈, 『신앙을 이해하다』, 서울: 교회성장연구소, 2022.

• 이영훈, 『십자가 순복음 신앙의 뿌리』, 서울: 교회성장연구소, 2011.

• 이영훈, 『십자가의 기적』, 서울: 두란노서원, 2014.

• 이영훈, 『오직 기도로』, 서울: 교회성장연구소, 2022.

• 이영훈, 『오직 성령으로』, 서울: 교회성장연구소, 2022.

• 이영훈, 『작은 예수의 영성 1』, 서울: 넥서스CROSS, 2014.

• 이영훈, 『작은 예수의 영성 2』, 서울: 넥서스CROSS, 2014.

- 이영훈, 『절대긍정의 기적』, 서울: 교회성장연구소, 2023.
- 이영훈, 『절대긍정의 신학적 기초』, 서울: 교회성장연구소, 2024.
- 이영훈, 『치료하는 광선을 비추리니』, 서울: 교회성장연구소, 2017.
- 이영훈, 『하나님께서 기뻐하시는 교회』, 서울: 서울말씀사, 2009.
- 이영훈, 『행함이 있는 믿음』, 서울: 교회성장연구소, 2019.
- 이영훈, 『희망의 목회자』, 서울: 서울말씀사, 2022.
- 이영훈, 『MTS 전도자 훈련 학교』, 서울: 교회성장연구소, 2012.
- 이현식, 『멈출 수 없는 사명, 전도』, 서울: 교회성장연구소, 2016.
- 이현식, 『전도, 우리가 살아갈 이유』, 서울: 교회성장연구소, 2019.
- 임송수, "2022년 세계 식량 위기 보고서", 『세계농업』, Vol. 248, 2022.
- 제임스 데이비슨 헌터, 『기독교는 세상을 어떻게 변화시키는가』, 배덕만 역, 서울: 새물결플러스, 2014.
- 제임스 패커, 『주기도문』, 김진웅 역, 고양: 이레서원, 2022.
- 조셉 L. 알렌, 『기독교인은 전쟁을 어떻게 볼 것인가?』, 김흥규 역, 서울: 대한기독교서회, 1993.
- 조용기, 『4차원의 영적 세계』, 서울: 서울말씀사, 1996.
- 조용기, 『삼박자 구원』, 서울: 서울말씀사, 1977.
- 조용기, 『오중복음과 삼중축복』, 서울: 서울말씀사, 2020.
- 조용훈, 『기독교환경윤리의 실천과제』, 서울: 대한기독교서회, 1997.
- 조지 바너, 『성장하는 교회의 9가지 습관』, 조계광 역, 서울: 생명의말씀사, 2001.
- 존 맥스웰, 『기도 동역자』, 정인홍 역, 서울: 디모데, 1997.
- 존 스토트, 『현대 사회 문제와 그리스도인의 책임』, 정옥배 역, 서울: IVP, 2010.
- 최광덕, 『예배와 찬송, 그리고 회복』, 서울: 씨아이알, 2022.
- 최성일, "선교공동체로서의 교회와 코이노니아," 한국기독교학회 편, 『교회와 코이노니아』, 서울: 대한기독교서회, 1993.
- 톰 라이트, 『악의 문제와 하나님의 정의』, 노종문 역, 서울: IVP, 2009.

- 톰 S. 라이너,『우리가 교회 안 가는 이유』, 이혜림 역, 서울: 예수전도단, 2007.
- 칼 바르트,『칼 바르트 교의학 개요』, 신준호 역, 서울: 복있는사람, 2015.
- 폴 스티븐스, 앨빈 웅,『일 삶 구원』, 김은홍 역, 서울: IVP, 2012.
- 피터 크레이기,『시편 (上)』, 손석태 역, WBC 성경주석 19, 서울: 도서출판솔로몬, 2000.
- 하도균,『전도 바이블』, 서울: 예수전도단, 2014.
- 하워드 A. 스나이더, 조엘 스캔드랫,『피조물의 치유인 구원』, 권오훈·권지혜 역, 서울: 대한기독교서회, 2015.
- 한스 큉,『교회란 무엇인가?』, 김홍근 역, 서울: 분도출판사, 1992.
- 허버트 케인,『기독교세계선교사』, 박광철 역, 서울: 생명의말씀사, 1997.
- 헤르만 바빙크,『개혁파 교의학』, 김찬영·장호준 역, 서울: 새물결플러스, 2015.
- 홍기영, "인간의 치유와 예수의 선교", 한국선교신학회 편,『치유와 선교』, 서울: 다산글방, 2000.
- 홍영기,『24시간 그리스도인』, 서울: 예인출판사, 1995.
- 홍영기,『기도부흥 프로젝트』, 인천: 도서출판 바울, 2002.
- 홍영기,『하나님 나라 비전 프로젝트』, 서울: 대한기독교서회, 2002.

- Graham Cray, "A Theology of the Kingdom", Vinay Samuel and Chris Sugden (eds.), *Mission as Transformation*, Oxford: Regnum Books International, 1999.
- Dean M. Kelly, *Why Conservative Churches are Growing* (new ed.), Macon: Mercer University Press, 1986.
- Donald. A. McGavran, *The bridges of God: A study in the strategy of missions*, New York: Friendship press, 1955.
- Douglas Peterson, *"Missions in the Twenty-first Century"* A Paper Presented at the 9th Conference of the EPCRA(European Pentecostal Charismatic Research

Association) with the Academy of Mission in University of Hamburg, July 13-17, 1999, in Hamburg, Germany.

- Douglas Peterson, *Not by Might Nor by Power: A Pentecostal Theology of Social Concern in Latin America*, Oxford: Regnum, 1996.
- George Ladd, *The Gospel of the Kingdom*, Eerdmans, 1981.
- Gordon D. Fee, "The Kingdom of God and the Church's Global Mission", Muray Dempster, Byron D. Klaus, and Douglas Petersen (eds.), *Called and Empowered: Pentecostal Perspectives on Global Mission*, Peabody: Hendrickson, 1991.
- John Lancaster, *The Spirit-filled Church: A complete Handbook for the Charismatic Church*, Springfield: Gospel Publishing House, 1975.
- Grant L. McClung, "Try to Get People Saved: Revisiting the Paradigm of an Urgent Pentecostal Missiology", Murray Dempster, Byron D. Klaus, and Doublas Petersen (eds.), *The Globalization of Pentecostalism: A Religion Made to Travel*, Oxford: Regnum, 1999.
- Morton T. Kelsey, *Encounter with God : A Theology of Christian Experience*, Minneapolis: Bethany Fellowship. 1972.
- Orlando E. Costas, *The Integrity of Mission: The Inner Life and Outreach of the Church*, San Francisco CA: Harper and Row, 1979.
- Rodney Stark, *The Rise of Christianity*, New Jersey: Princeton University Press, 1996.
- Wilbert R. Shenk, "The Mission Dynamic", Willem Saayman and Klippies Kritzinger (eds.), *Mission in Bold Humility*, New York: Orbis, 1996.

- 김병삼, "울타리인가? 우물인가? 선교적 관점을 Change하라!", 만나교회설교, 2019. 2. 24.

- 이영훈, "감사와 찬양", 여의도순복음교회 주일예배설교, 2016. 11. 20.
- 이영훈, "감사함으로 그 문에 들어가며", 여의도순복음교회 주일예배설교, 2017. 11. 19.
- 이영훈, "궁창(하늘)을 창조하신 하나님", 여의도순복음교회 특별새벽기도회설교, 2023. 11. 14.
- 이영훈, "내 영혼이 주를 찬양하며", 여의도순복음교회 주일예배설교, 2009. 12. 13.
- 이영훈, "내가 그리스도와 함께", 여의도순복음교회 주일예배설교, 2021. 3. 7.
- 이영훈, "너도 이와 같이 하라", 여의도순복음교회 주일예배설교, 2012. 9. 20.
- 이영훈, "땅과 식물을 주신 하나님", 여의도순복음교회 특별새벽기도회설교, 2023. 11. 15.
- 이영훈, "믿기만 하라", 여의도순복음교회 주일예배설교, 2020. 8. 30.
- 이영훈, "사랑은 여기 있으니", 여의도순복음교회 주일예배설교, 2011. 12. 18.
- 이영훈, "성령의 시대", 여의도순복음교회 주일예배설교, 2023. 5. 7.
- 이영훈, "십자가 사랑", 여의도순복음교회 주일예배설교, 2010. 9. 5.
- 이영훈, "아브라함의 믿음", 여의도순복음교회 주일예배설교, 2023. 10. 29.
- 이영훈, "절대긍정 절대감사", 주일예배설교, 2021. 1. 3.
- 이영훈, "절대긍정과 감사의 기적", 여의도순복음교회 주일예배설교, 2023. 11. 12.
- 이영훈, "하나님은 사랑이시라", 여의도순복음교회 주일예배설교, 2021. 3. 14.
- 이영훈, "하나님을 찬송하라", 여의도순복음교회 주일예배설교, 2017. 9. 3.
- 조용기, "꿈과 희망", 여의도순복음교회 주일예배설교, 2012. 9. 30.
- 조용기, "믿음의 위력", 여의도순복음교회 주일예배설교, 2020. 5. 24.
- 조용기, "바라봄의 법칙", 여의도순복음교회 주일예배설교, 2018. 9. 2.
- 조용기, "보혈로 그린 자화상", 여의도순복음교회 주일예배설교, 1992. 3. 1.
- 조용기, "예수님 때문에", 여의도순복음교회 주일예배설교, 2015. 5. 17.
- 조용기, "전쟁터에서 부르는 노래", 여의도순복음교회 주일예배설교, 2015. 2. 22.
- 조용기, "하나님의 뜻과 마음의 건강", 여의도순복음교회 주일예배설교, 1998. 11. 15.

- "디트리히 본회퍼 서거 70주년 맞아 새롭게 번역한 기독교 신앙의 정수", http://news. kmib.co.kr/article/view.asp?arcid=0923631042&code=23111312&cp=nv, 2023. 11. 24 검색.
- "선데이 크리스천", https://ac.cts.tv/search/detail/P368/262447?pid=P368&dpid=&page=, 2023. 11. 16 검색.
- "성경 매일 읽는 성인 10명 중 1명도 안 돼", https://www.kcmusa.org/bbs/board.php?bo_table=mn01_1&wr_id=1044, 2023. 11. 14 검색.
- "Loving your Enemies", https://www.gardnerkansas.gov/Home/Components/News/News/684/72?arch=1, 2024. 5. 5 검색.

- 박득훈, "하나님은 올곧은 정치인을 원하신다", 『빛과 소금』, 2001년 10월 15일자.
- 조용기 목사와 이영훈 목사와의 신앙계 창간 50주년 인터뷰, "절대긍정의 믿음에서 사회를 변화시킬 힘이 나옵니다", 『신앙계』 Vol. 599, 2017년 2월호.
- 한국선교연구원(kriM), "세계 선교 통계(2023년)", 『International Bulletin of Missionary Research』, 2023년 1호.

*The Theological
Practice of
Absolute Positivity*

절대긍정의 신학적 실제

초판 1쇄 발행 | 2024년 5월 31일

지 은 이 | 이영훈
편 집 인 | 홍영기
발 행 인 | 교회성장연구소

등록번호 | 제 12-177호
주   소 | 서울시 영등포구 은행로 59, 4층
전   화 | 02-2036-7936
팩   스 | 02-2036-7910
홈페이지 | www.pastor21.net

I S B N | 978-89-8304-362-7 03230

"무슨 일을 하든지 마음을 다하여 주께 하듯 하라" 골 3:23

교회성장연구소는 한국 모든 교회가 건강한 교회성장을 이루어 하나님 나라에 영광을 돌리는 일꾼으로 성장하는 것을 목표로, 목회자의 사역은 물론 성도들의 영적 성장을 도울 수 있는 필독서를 출간하고 있다. 주를 섬기는 사명감을 바탕으로 모든 사역의 시작과 끝을 기도로 임하며 사람 중심이 아닌 하나님 중심으로 경영한다. "무슨 일을 하든지 마음을 다하여 주께 하듯 하라"는 말씀을 늘 마음에 새겨 하나님께서 주신 사명을 기쁨으로 감당한다.